SD에듀

독학사 3단계

─── 심리학과 ───

심리검사

SD에듀
(주)시대고시기획

머리말

심리학은 결코 멀리에 있는 학문이 아닙니다. 심리학은 굳이 전문용어로 다루지 않더라도 이미 우리가 일상 속에서 늘 접하고 있고 행하고 있는 모든 행동, 태도, 현상 등의 연장선상에 있습니다.

심리학 공부란 다른 공부도 그렇겠지만, 우리가 이미 알고 있는 것을 좀 더 체계화하고 세분화하며, 나에게 입력된 지식을 말로 풀어 설명할 수 있게 하고, 더 나아가 이를 실생활에서 응용하기 위하여 필요한 것입니다.

본서는 독학사 시험에서 심리학 학위를 목표로 하는 여러분들을 위하여 집필된 도서로 3단계 전공심화 과목을 다루고 있으며, 시험에 응시하는 수험생들이 효과적인 학습을 할 수 있도록 다음과 같이 구성하였습니다.

01 본서의 구성 및 특징
본서는 독학사 3단계 심리학과를 공부하시는 독자분들을 위하여 시행처의 평가영역 관련 Big data를 분석하여 집필된 도서입니다. 내용이 방대하면서 생소한 심리학의 이론을 최대한 압축하여 가급적이면 핵심만 전달하고자 노력한 것을 특징으로 합니다.

02 빨리보는 간단한 키워드
핵심적인 이론만을 꼼꼼하게 정리하여 수록한 빨리보는 간단한 키워드로 전반적인 내용을 한 눈에 파악할 수 있습니다. 빨리보는 간단한 키워드는 시험장에서 마지막까지 개별이론의 내용을 정리하고 더 쉽게 기억하게 하는 용도로도 사용이 가능합니다.

03 핵심이론 및 실제예상문제
독학학위제 평가영역과 관련 내용을 면밀히 분석한 핵심이론을 제시하였고, 실제예상문제를 풀면서 앞서 공부한 이론이 머릿속에 잘 정리되었는지 확인해 볼 수 있도록 하였습니다. '실제예상문제'를 통해 핵심이론의 내용을 문제로 풀어보면서 3단계 객관식 문제와 주관식 문제를 충분히 연습할 수 있게 구성하였습니다.

04 최종모의고사
최신출제유형을 반영한 최종모의고사 2회분으로 자신의 실력을 점검해 볼 수 있습니다. 실제시험에 임하듯이 시간을 재고 풀어보면 시험장에서 실수를 줄일 수 있습니다.

심리학은 독자의 학습자세에 따라 흥미롭고 매력적인 학문일 수도 아닐 수도 있습니다. 사실, 어떻게 보면 심리학은 지나칠 정도로 방대하고 또한 어렵습니다. 왜 자신이 심리학이라는 분야에서 학위를 받기로 결심하였는지를 우선 명확히 하시고, 그 결심이 흔들릴 것 같으면 그 결심을 바로 세운 뒤에 계속 도전하십시오. 본서를 선택하여 주신 분들께 감사드립니다.

편저자 드림

BDES

독학학위제 소개

독학학위제란?

「독학에 의한 학위취득에 관한 법률」에 의거하여 국가에서 시행하는 시험에 합격한 사람에게 학사학위를
수여하는 제도

- ✓ 고등학교 졸업 이상의 학력을 가진 사람이면 누구나 응시 가능
- ✓ 대학교를 다니지 않아도 스스로 공부해서 학위취득 가능
- ✓ 일과 학습의 병행이 가능하여 시간과 비용 최소화
- ✓ 언제, 어디서나 학습이 가능한 평생학습시대의 자아실현을 위한 제도
- ✓ 학위취득시험은 4개의 과정(교양, 전공기초, 전공심화, 학위취득 종합시험)으로 이루어져 있으며 각
  과정별 시험을 모두 거쳐 학위취득 종합시험에 합격하면 학사학위취득

독학학위제 전공 분야 (11개 전공)

국어
국문학

영어
영문학

***
심리학

***
경영학

법학

행정학

***
컴퓨터
공학

가정학

유아
교육학

정보
통신학

***
간호학

※ 유아교육학 및 정보통신학 전공 : 3, 4과정만 개설
※ 간호학 전공 : 4과정만 개설
※ 중어중문학, 수학, 농학 전공 : 폐지 전공으로 기존에 해당 전공 학적 보유자에 한하여 응시 가능

※ SD에듀는 현재 4개 학과(심리학과, 경영학과, 컴퓨터공학과, 간호학과) 개설 중

독학학위제 시험안내

과정별 응시자격

단계	과정	응시자격	과정(과목) 시험 면제 요건
1	교양	고등학교 졸업 이상 학력 소지자	• 대학(교)에서 각 학년 수료 및 일정 학점 취득 • 학점은행제 일정 학점 인정 • 국가기술자격법에 따른 자격 취득 • 교육부령에 따른 각종 시험 합격 • 면제지정기관 이수 등
2	전공기초		
3	전공심화		
4	학위취득	• 1~3과정 합격 및 면제 • 대학에서 동일 전공으로 3년 이상 수료 (3년제의 경우 졸업) 또는 105학점 이상 취득 • 학점은행제 동일 전공 105학점 이상 인정 (전공 28학점 포함) → 22.1.1. 시행 • 외국에서 15년 이상의 학교교육과정 수료	없음(반드시 응시)

응시 방법 및 응시료

• 접수 방법 : 온라인으로만 가능
• 제출 서류 : 응시자격 증빙 서류 등 자세한 내용은 홈페이지 참조
• 응시료 : 20,400원

독학학위제 시험 범위

• 시험과목별 평가 영역 범위에서 대학 전공자에게 요구되는 수준으로 출제
• 시험 범위 및 예시문항은 독학학위제 홈페이지(bdes.nile.or.kr) − 학습정보−과목별 평가영역에서 확인

문항 수 및 배점

과정	일반 과목			예외 과목		
	객관식	주관식	합계	객관식	주관식	합계
교양, 전공기초 (1~2과정)	40문항×2.5점 =100점	–	40문항 100점	25문항×4점 =100점	–	25문항 100점
전공심화, 학위취득 (3~4과정)	24문항×2.5점 =60점	4문항×10점 =40점	28문항 100점	15문항×4점 =60점	5문항×8점 =40점	20문항 100점

※ 2017년도부터 교양과정 인정시험 및 전공기초과정 인정시험은 객관식 문항으로만 출제

합격 기준

• 1~3과정(교양, 전공기초, 전공심화) 시험

단계	과정	합격 기준	유의 사항
1	교양	매 과목 60점 이상 득점을 합격으로 하고, 과목 합격 인정(합격 여부만 결정)	5과목 합격
2	전공기초		6과목 이상 합격
3	전공심화		

• 4과정(학위취득) 시험 : 총점 합격제 또는 과목별 합격제 선택

구분	합격 기준	유의 사항
총점 합격제	• 총점(600점)의 60% 이상 득점(360점) • 과목 낙제 없음	• 6과목 모두 신규 응시 • 기존 합격 과목 불인정
과목별 합격제	• 매 과목 100점 만점으로 하여 전 과목(교양 2, 전공 4) 60점 이상 득점	• 기존 합격 과목 재응시 불가 • 1과목이라도 60점 미만 득점하면 불합격

시험 일정

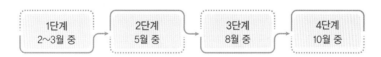

| 1단계
2~3월 중 | 2단계
5월 중 | 3단계
8월 중 | 4단계
10월 중 |

• 심리학과 3단계 시험 과목 및 시험 시간표 (2022년 기준)

구분(교시별)	시간	시험 과목명
1교시	09:00~10:40 (100분)	• 상담심리학 • 심리검사
2교시	11:10~12:50 (100분)	• 산업 및 조직심리학 • 학습심리학
중식	12:50~13:40 (50분)	
3교시	14:00~15:40 (100분)	• 인지심리학 • 중독심리학
4교시	16:10~17:50 (100분)	• 건강심리학 • 학교심리학

※ 시험 일정 및 시험 시간표는 반드시 독학학위제 홈페이지(bdes.nile.or.kr)를 통해 확인하시기 바랍니다.

※ SD에듀에서 개설되었거나 개설 예정인 과목은 빨간색으로 표시했습니다.

독학학위제 과정

1단계 교양과정 01

대학의 교양과정을 이수한 사람이 일반적으로 갖추어야 할 학력 수준 평가

02 **2단계 전공기초**

각 전공영역의 학문을 연구하기 위하여 각 학문 계열에서 공통적으로 필요한 지식과 기술 평가

3단계 전공심화 03

각 전공영역에서의 보다 심화된 전문 지식과 기술 평가

04 **4단계 학위취득**

학위를 취득한 사람이 일반적으로 갖추어야 할 소양 및 전문 지식과 기술을 종합적으로 평가

GUIDE
독학학위제 출제방향

국가평생교육진흥원에서 고시한 과목별 평가영역에 준거하여 출제하되, 특정한 영역이나 분야가 지나치게 중시되거나 경시되지 않도록 한다.

교양과정 인정시험 및 전공기초과정 인정시험의 시험방법은 객관식(4지택1형)으로 한다.

단편적 지식의 암기로 풀 수 있는 문항의 출제는 지양하고, 이해력·적용력·분석력 등 폭넓고 고차원적인 능력을 측정하는 문항을 위주로 한다.

독학자들의 취업 비율이 높은 점을 감안하여, 과목의 특성상 가능한 경우에는 학문적이고 이론적인 문항뿐만 아니라 실무적인 문항도 출제한다.

교양과정 인정시험(1과정)은 대학 교양교재에서 공통적으로 다루고 있는 기본적이고 핵심적인 내용을 출제하되, 교양과정 범위를 넘는 전문적이거나 지엽적인 내용의 출제는 지양한다.

이설(異說)이 많은 내용의 출제는 지양하고 보편적이고 정설화된 내용에 근거하여 출제하며, 그럴 수 없는 경우에는 해당 학자의 성명이나 학파를 명시한다.

전공기초과정 인정시험(2과정)은 각 전공영역의 학문을 연구하기 위하여 각 학문 계열에서 공통적으로 필요한 지식과 기술을 평가한다.

전공심화과정 인정시험(3과정)은 각 전공영역에 관하여 보다 심화된 전문적인 지식과 기술을 평가한다.

학위취득 종합시험(4과정)은 시험의 최종 과정으로서 학위를 취득한 자가 일반적으로 갖추어야 할 소양 및 전문지식과 기술을 종합적으로 평가한다.

전공심화과정 인정시험 및 학위취득 종합시험의 시험방법은 객관식(4지택1형)과 주관식(80자 내외의 서술형)으로 하되, 과목의 특성에 따라 다소 융통성 있게 출제한다.

독학학위제 단계별 학습법

1단계 평가영역에 기반을 둔 이론 공부!

독학학위제에서 발표한 평가영역에 기반을 두어 효율적으로 이론 공부를 해야 합니다. 각 장별로 정리된 '핵심이론'을 통해 핵심적인 개념을 파악합니다. 모든 내용을 다 암기하는 것이 아니라, 포괄적으로 이해한 후 핵심내용을 파악하여 이 부분을 확실히 알고 넘어가야 합니다.

2단계 시험 경향 및 문제 유형 파악!

독학사 시험 문제는 지금까지 출제된 유형에서 크게 벗어나지 않는 범위에서 비슷한 유형으로 줄곧 출제되고 있습니다. 본서에 수록된 이론을 충실히 학습한 후 '기출복원문제'와 '실제예상문제'를 풀어 보면서 문제의 유형과 출제의도를 파악하는 데 집중하도록 합니다. 교재에 수록된 문제는 시험 유형의 가장 핵심적인 부분이 반영된 문항들이므로 실제 시험에서 어떠한 유형이 출제되는지에 대한 감을 잡을 수 있을 것입니다.

3단계 '실제예상문제'를 통한 효과적인 대비!

독학사 시험 문제는 비슷한 유형들이 반복되어 출제되므로 다양한 문제를 풀어 보는 것이 필수적입니다. 각 단원의 끝에 수록된 '실제예상문제'를 통해 단원별 내용을 제대로 학습했는지 꼼꼼하게 확인하고, 실력점검을 합니다. 이때 부족한 부분은 따로 체크해 두고 복습할 때 중점적으로 공부하는 것도 좋은 학습 전략입니다.

4단계 복습을 통한 학습 마무리!

이론 공부를 하면서, 혹은 문제를 풀어 보면서 헷갈리고 이해하기 어려운 부분은 따로 체크해 두는 것이 좋습니다. 중요 개념은 반복학습을 통해 놓치지 않고 확실하게 익히고 넘어가야 합니다. 마무리 단계에서는 '빨리보는 간단한 키워드'를 통해 핵심개념을 다시 한 번 더 정리하고 마무리할 수 있도록 합니다.

COMMENT

합격수기

저는 학사편입 제도를 이용하기 위해 2~4단계를 순차로 응시했고 한 번에 합격했습니다.
아슬아슬한 점수라서 부끄럽지만 독학사는 자료가 부족해서 부족하나마 후기를 쓰는 것이 도움이 될까 하여
제 합격전략을 정리하여 알려 드립니다.

#1. 교재와 전공서적을 가까이에!

학사학위취득은 본래 4년을 기본으로 합니다. 독학사는 이를 1년으로 단축하는 것을 목표로 하는 시험이라 실제 시험도 변별력을 높이는 몇 문제를 제외한다면 기본이 되는 중요한 이론 위주로 출제됩니다. SD에듀의 독학사 시리즈 역시 이에 맞추어 중요한 내용이 일목요연하게 압축·정리되어 있습니다. 빠르게 훑어보기 좋지만 내가 목표로 한 전공에 대해 자세히 알고 싶다면 전공서적과 함께 공부하는 것이 좋습니다. 교재와 전공서적을 함께 보면서 교재에 전공서적 내용을 정리하여 단권화하면 시험이 임박했을 때 교재 한 권으로도 자신 있게 시험을 치를 수 있습니다.

#2. 아리송한 용어들에 주의!

강화계획은 강화스케줄이라고도 합니다. 강화계획은 가변비율계획(또는 변동비율계획), 고정비율계획, 가변간격계획(또는 변동간격계획), 고정간격계획으로 나눌 수 있습니다. 또 다른 예를 들어볼까요? 도식은 스키마, 쉐마라고 부르기도 합니다. 공부를 하다보면 이렇게 같은 의미를 가진 여러 용어들을 볼 수 있습니다. 내용을 알더라도 용어 때문에 정답을 찾지 못할 수 있으니 주의하면서 공부하시기 바랍니다.

#3. 시간확인은 필수!

쉬운 문제는 금방 넘어가지만 지문이 길거나 어렵고 헷갈리는 문제도 있고, OMR 카드에 마킹까지 해야 하니 실제로 주어진 시간은 더 짧습니다. 1번에 어려운 문제가 있다고 해서 시간을 많이 허비하면 쉽게 풀 수 있는 마지막 문제들을 놓칠 수 있습니다. 문제 푸는 속도도 느려지니 집중력도 떨어집니다. 그래서 어차피 배점은 같으니 아는 문제를 최대한 많이 맞히는 것을 목표로 했습니다.
① 어려운 문제는 빠르게 넘기면서 문제를 끝까지 다 풀고 ② 확실한 답부터 우선 마킹한 후 ③ 다시 시험지로 돌아가 건너뛴 문제들을 다시 풀었습니다. 확실히 시간을 재고 문제를 많이 풀어봐야 실전에 도움이 되는 것 같습니다.

#4. 문제풀이의 반복!

여느 시험과 마찬가지로 문제는 많이 풀어볼수록 좋습니다. 이론을 공부한 후 실제예상문제를 풀다보니 부족한 부분이 어딘지 확인할 수 있었고, 공부한 이론이 시험에 어떤 식으로 출제될 지 예상할 수 있었습니다. 그렇게 부족한 부분을 보충해가며 문제유형을 파악하면 이론을 복습할 때도 어떤 부분을 중점적으로 암기해야 할 지 알 수 있습니다. 이론 공부가 어느 정도 마무리되었을 때 시계를 준비하고 최종모의고사를 풀었습니다. 실제 시험시간을 생각하면서 예행연습을 하니 시험 당일에는 덜 긴장할 수 있었습니다.

학위취득을 위해 오늘도 열심히 학습하시는 동지 여러분에게도 합격의 영광이 있으시길 기원하면서 이만 줄입니다.

이 책의 구성과 특징

01

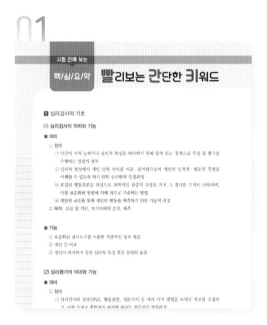

빨리보는 간단한 키워드

'빨리보는 간단한 키워드(빨간키)'는
핵심요약집으로 시험 직전까지 해당 과목의
중요 핵심내용을 체크할 수 있습니다.

핵심이론

독학사 시험의 출제 경향에 맞춰 시행처의
평가영역을 바탕으로 과년도 출제문제와
이론을 빅데이터 방식에 맞게 선별하여
가장 최신의 이론과 문제를 시험에
출제되는 영역 위주로 정리하였습니다.

02

제 1 장 심리검사의 기초

제 1 절 심리검사의 의미와 기능

1 심리검사의 의미

(1) 정의

① 심리검사는 지능, 성격, 적성, 흥미 등 인간의 지적 능력이나 심리적 특성을 파악하기 위해 양적 또는 질서으로 측정 및 평가를 수행하는 일련의 절차를 말한다.

② 심리적 현상에서 개인 간의 차이를 비교 · 분석함으로써 개인의 인격적 · 행동적 측면을 이해할 수 있도록 하기 위한 심리학적 측정과정이다.

③ 표집된 행동표본을 대상으로 과학적인 검증의 과정을 거쳐 그 결과를 수치로 나타내며, 이를 표준화된 방법에 의해 점수로 기술하는 방법이다.

④ 제한된 규준을 통해 개인의 행동을 예측하기 위한 기술적 과정으로서, 개인의 소수 표본행동을 측정하여 그 결과를 토대로 개인의 전체 행동을 예견할 수 있다.

(2) 목적

① 분류 및 진단: 내담자(수검자)의 적성 · 흥미 · 동기 등 내담자에 관한 자료를 수집하여 내담자의 문제원인을 파악하며, 이를 해결하기 위한 효과적인 도구로 활용한다.

② 자기이해의 증진: 표준화된 검사를 통해 과학적이고 객관적인 결과를 제시함으로써 내담자가 자기 자신에 대하여 바르게 이해하고 더불어 현명하고 합리적인 의사결정을 내릴 수 있도록 한다.

③ 예측: 심리검사를 통해 내담자의 특성을 밝혀냄으로써 내담자의 장래 행동이나 성취 등을 예측하며,

03

제 1 장 실제예상문제

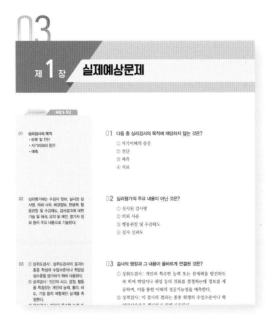

실제예상문제

독학사 시험의 경향에 맞춰 전 영역의 문제를
새롭게 구성하고 지극히 지엽적인 문제나
쉬운 문제를 배제하여 학습자가 해당 교과정에서
필수로 알아야 할 내용을 문제로 정리하였습니다.
'실제예상문제'를 통해 핵심이론의 내용을 문제로
풀어보면서 3단계 객관식 문제와 주관식 문제를
충분히 연습할 수 있게 구성하였습니다.

04

최종모의고사

'핵심이론'을 공부하고, '실제예상문제'를
풀어보았다면 이제 남은 것은 실전 감각
기르기와 최종 점검입니다. '최종모의고사
(총 2회분)'를 실제 시험처럼 시간을 두고
풀어보고, 정답과 해설을 통해 복습한다면
좋은 결과가 있을 것입니다.

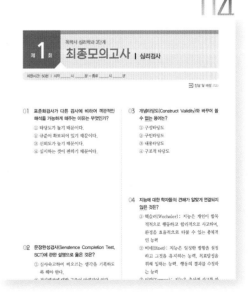

CONTENTS
목차

빨리보는 간단한 키워드

심리검사

1 심리검사의 기초

(1) 심리검사의 의미와 기능

■ 의미

① 정의

  ㉠ 인간의 지적 능력이나 심리적 특성을 파악하기 위해 양적 또는 질적으로 측정 및 평가를
   수행하는 일련의 절차

  ㉡ 심리적 현상에서 개인 간의 차이를 비교·분석함으로써 개인의 인격적·행동적 측면을
   이해할 수 있도록 하기 위한 심리학적 측정과정

  ㉢ 표집된 행동표본을 대상으로 과학적인 검증의 과정을 거쳐 그 결과를 수치로 나타내며,
   이를 표준화된 방법에 의해 점수로 기술하는 방법

  ㉣ 제한된 규준을 통해 개인의 행동을 예측하기 위한 기술적 과정

② 목적: 분류 및 진단, 자기이해의 증진, 예측

■ 기능

① 표준화된 검사도구를 이용한 객관적인 정보 제공

② 개인 간 비교

③ 개인이 의식하지 못한 심리적 특성 혹은 상태의 표출

(2) 심리평가의 의미와 기능

■ 의미

① 정의

  ㉠ 심리검사와 상담(면담), 행동관찰, 전문지식 등 여러 가지 방법을 토대로 자료를 수집하
   고, 이를 토대로 종합적인 평가를 내리는 전문적인 작업과정

  ㉡ 단순히 심리검사의 결과를 제시하는 것이 아닌 다양한 정보의 종합을 통해 문제해결에 도
   움을 제공하는 과정

② 목적: 임상적 진단, 자아기능 평가, 치료전략 평가

■ 기능

① 문제의 명료화 및 세분화

② 개인의 인지적 기능 및 강점 평가

③ 문제해결을 위한 적절한 치료계획 및 치료전략의 제시

④ 내담자(수검자)에 대한 이해 및 치료적 관계로의 유도

⑤ 치료 결과 및 효과에 대한 평가

(3) 심리평가의 시행

■ **심리검사 선정 시 주요 고려사항**

① 검사내용 상 검사목적에 가장 잘 부합하는 심리검사를 선정

② 타당성, 신뢰성, 객관성, 경제성, 실용성 등을 종합적으로 고려

③ 검사에서 발생할 수 있는 결과와 검사사용으로 인한 편향 감소방법에 대해 명확히 알고 있어야 함

④ 해당 검사의 사용과 관련된 폭넓은 지식을 가지고 있어야 하며 도구선정 시 내담자를 포함

■ **심리검사의 일반적인 시행단계**

① 제1단계 : 심리검사의 선택

② 제2단계 : 검사요강에 대한 이해

③ 제3단계 : 검사에 대한 동기화

④ 제4단계 : 검사의 실시

⑤ 제5단계 : 검사의 채점

⑥ 제6단계 : 검사결과에 대한 해석

■ **심리평가에 의한 종합적인 평가 및 진단**

① **심리평가** : 개인의 심리적 특성과 상태를 파악하기 위한 체계적이고 종합적인 기술 과정

ㄱ 심리검사, 임상면접, 행동관찰, 신경학적 검사 등의 결과를 종합하여 개인의 심리에 대한 다양한 결정을 내리게 됨

ㄴ 내담자의 생활사적 · 발달사적 정보나 면담을 통한 정보, 자연적 또는 체계적 상황에서의 행동관찰이나 내담자에 대한 기록, 관련 분야에 대한 전문적인 지식 등도 함께 고려

② **상담자가 관찰자 또는 치료자로서 수집하는 정보** : 내담자에 대한 보다 객관적인 정보를 제공

■ **심리평가 보고서의 일반적 형식**

① 제목

② 수검자 정보 등록

③ 실시된 검사명

④ 의뢰 사유

⑤ 배경정보, 현병력

⑥ 행동관찰 및 수검태도

⑦ 검사결과에 대한 기술 및 해석

⑧ 요약 및 제언

(4) 검사개발과 사용에 관한 윤리

■ **사전동의**

■ **비밀보장**

■ **검사과정의 공정성**

■ **검사사용의 불공정성 감소방안**

■ **검사자의 전문성**

(5) 검사결과의 활용

■ **검사결과 해석 시 주의사항**

① 검사매뉴얼 : 검사이용의 한계와 결과해석에 대한 정보를 제공해 주므로 정확히 이해할 것

② 검사결과 해석 시

　㉠ 검사의 목적과 제한점, 장점 등을 포괄적으로 고려

　㉡ 백분위나 표준점수가 포함된다면, 검사가 채점되는 과정이 설명되어야 함

③ 검사결과

　㉠ 확실성이나 구체적 예측보다는 가능성의 관점에서 제시될 필요가 있음

　㉡ 내담자가 이용 가능한 다른 정보와 관련하여 제시되어야 함

　㉢ 장점과 약점 모두가 객관적으로 검토되어야 함

■ **검사결과 해석을 활용한 상담 시 주의사항**

① 검사결과를 지나치게 규정짓는 것은 바람직하지 않음

② 결과해석 면담이 끝날 무렵 전체 결과를 요약하되 이를 내담자가 하도록 함

2 심리검사의 측정이론

(1) 신뢰도

■ **개념**

① 측정도구가 측정하고자 하는 현상을 일관성 있게 측정하는 능력

② 측정도구를 사용해서 동일한 대상을 측정하였을 때

항상 같은 결과 → 신뢰도↑ vs. 측정할 때마다 다른 결과 → 신뢰도↓

■ **종류**

① **검사-재검사신뢰도** : 동일한 대상에 동일한 측정도구를 서로 상이한 시간에 두 번 측정한 다음 그 결과를 비교하는 것

② **동형검사신뢰도** : 새로 개발한 검사와 여러 면에서 거의 동일한 검사를 하나 더 개발해서 두 검사 점수 간의 상관계수를 구하는 방법

③ **반분신뢰도** : 검사를 한 번 실시한 후 이를 적절한 방법에 의해 두 부분의 점수로 분할하여 그 각각을 독립된 두 개의 척도로 사용함으로써 신뢰도를 추정하는 방법

④ **문항내적합치도** : 가능한 한 모든 반분신뢰도를 구한 다음 그 평균값을 신뢰도로 추정하는 방법

⑤ **관찰자신뢰도**

㉠ **재검사적 관찰자신뢰도** : 한 사람의 관찰자가 일정한 관찰지침과 절차에 의거하여 동일 측정대상에 대해 시간적 간격에 의한 반복관찰을 시행한 후, 그 결과의 상관관계를 점수로 산정하여 신뢰도를 평가하는 방법

㉡ **대안적 관찰자신뢰도** : 두 사람 이상의 관찰자가 일정한 관찰지침과 절차에 의거하여 동시에 독립적인 관찰을 시행한 후, 관찰자 간 관찰의 결과를 점수로 산정하여 신뢰도를 평가하는 방법

(2) 타당도

■ 개념

① 조사자가 측정하고자 한 것을 실제로 정확히 측정했는지와 관련됨 → 실증적 수단인 조작적 정의나 지표가 측정하고자 하는 개념을 제대로 반영하는 정도

② 처음 측정하고자 했던 개념이 의미하는 바를 제대로 측정 → 타당도↑

■ 종류

① 내용타당도 : 측정항목이 연구자가 의도한 내용대로 실제로 측정되고 있는가와 관련됨

② 기준타당도

　㉠ 경험적 근거에 의해 타당도를 확인하는 방법으로, 이미 전문가가 만들어놓은 신뢰도와 타당도가 검증된 측정도구에 의한 측정결과를 기준으로 함

　㉡ 동시타당도 및 예측타당도로 구분됨

③ 개념타당도

　㉠ 조작적으로 정의되지 않은 인간의 심리적 특성이나 성질을 심리적 개념으로 분석하여 조작적 정의를 부여한 후, 검사점수가 조작적 정의에서 규명한 심리적 개념들을 제대로 측정하였는가를 검정하는 방법

　㉡ 수렴타당도 및 변별타당도로 구분됨

(3) 규준과 표준점수

■ 검사의 표준화

① 검사의 제반과정에 대한 일관성을 확보하기 위한 노력을 의미

② 표준화된 검사 : 검사의 실시에서부터 채점 및 해석에 이르기까지의 과정을 단일화·조건화 → 검사의 제반과정에서 검사자의 주관적인 의도나 해석이 개입될 수 없도록 함

③ 검사절차의 표준화 : 검사실시상황이나 환경적 조건에 대한 엄격한 지침을 제공 + 검사자의 질문 방식이나 수검자의 응답방식까지 구체적으로 규정 → 시간 및 공간의 변화에 따라 검사 실시절차 가 달라지지 않도록 함

④ 채점 및 해석의 표준화 : 검사의 최종판을 검사 예정집단과 가능한 한 비슷하게 구성한 규준집단 (Norming Sample)에 실시하여 채점 및 해석의 기준[= 규준(Norm)]을 미리 설정

⑤ 표준화검사 vs. 비표준화검사

표준화검사	• 정해진 절차에 따라 실시되고 채점되는 검사. 검사조건이 모든 수검자(피검사자)에게 동일하며, 모든 채점은 객관적 • 표준화된 평가절차를 위해 검사의 구조, 실시방법, 해석에 대한 특정한 기준을 갖춤 • 신뢰도와 타당도가 비교적 높음 • 검사결과는 대규모 표집으로부터 얻은 규준자료를 참고하여 해석 → 규준집단에 비교해서 수검자의 상대적 위치를 알 수 있음
비표준화검사	• 표준화된 검사에 비해 신뢰도가 떨어지지만, 기존의 심리검사에 의해 다루어지지 못한 측면들 을 융통성 있게 고려할 수 있음 • 투사적 기법, 행동관찰, 질문지 등이 포함 → 평가절차상 신뢰도는 낮지만 검사대상자의 일상 생활, 주관적인 생각 등 표준화검사를 통해 얻기 어려운 정보들을 제공

■ 표준화검사의 제작절차

검사목적정의 → 사전검사설계 → 문항준비 → 문항분석 → 표준화 및 규준작성 → 최종검사준비 및 출판

■ 규준

① 검사점수의 해석에 필요한 기준이 되는 자료 → 한 개인의 점수가 어떤 의미를 지니고 있는지에 관한 정보를 제공
② 비교대상의 점수들을 연령별, 사회계층별, 직업군별로 체계적으로 정리하여 자료로 구성한 것
③ 규준집단 : 개인의 점수를 다른 사람들의 점수와 비교하고 해석하는 과정에서 비교대상이 되는 집단
④ 규준참조검사 : 개인의 점수를 해석하기 위해 유사한 다른 사람들의 점수를 비교하여 평가하는 상대평가 목적의 검사

■ 표준점수의 종류

① Z점수 : 원점수를 평균이 0, 표준편차가 1인 Z분포상의 점수로 변환한 점수
② T점수 : Z점수에 10을 곱한 후 50을 더하여 평균이 50, 표준편차가 10인 분포로 전환시킨 것
③ H점수 : T점수를 변형한 것으로, 평균이 50, 표준편차가 14인 표준점수
④ C점수 : 평균이 5, 표준편차가 2인 표준점수

■ **표준점수의 의미와 해석**

① 대부분의 심리검사에서 검사결과를 작성하는 방법으로 표준점수를 사용

② 표준점수는 원점수를 주어진 집단의 평균을 중심으로 표준편차 단위를 사용하여 분포상 어느 위치에 해당하는가를 나타낸 것

③ 원점수를 표준점수로 변환함으로써 상대적인 위치를 짐작할 수 있으며, 검사결과를 비교할 수 있음

(4) 검사자료 해석을 위한 통계

■ **변수(변인)의 종류**

① 연속 수의 연속 변수

② 양측 변수의 질적 변수

③ 독립변수와 종속변수

④ 예언변수와 준거변수

■ **척도의 종류**

① 명명척도(= 명목척도) : 정보의 차이만을 담고 있는 척도

② 서열척도(= 순위척도) : 상대적 크기, 순위 관계에 관한 정보도 담고 있는 척도

③ 등간척도(= 동간척도) : 수치 차이가 반영하는 속성 차이가 동일하다는 등간정보도 포함하는 척도

④ 비율척도 : 수의 비율에 관한 정보도 담고 있는 척도로 절대영점이 있는 변수를 측정한 경우에 얻을 수 있음

■ **확률 표본추출**

① 단순무작위 표집(simple random sampling)

② 계통적 표집(systematic sampling = 계층적 표집 = 체계적 표집)

③ 층화표집(우층표집, stratified sampling)

④ 집락표집(군집표집, cluster sampling)

■ **비확률 표본추출**

① 편의표집(임의표집 = 우발적 표집, convenient sampling / accidental sampling)

② 유의표집(판단표집 = 의도적 표집, purposive sampling)

③ 할당표집(quota sampling)

④ 누적표집(눈덩이 표집, snowball sampling)

■ **집중 경향**

① 한 집단의 점수분포를 하나의 값으로 요약해 주는 지수를 말한다.

② 가장 대표적인 것이 산술평균이 있으며 이외에 중앙치, 최빈치 등이 있다.

③ 산술평균은 측정수준이 동간성이나 비율성을 가정할 수 있는 변인에 적절하며 중앙치나 최빈치는 서열변인이나 명명변인에 적절하다.

④ 정상분포곡선 하에서는 평균치 = 중앙치 = 최빈치이다.

■ **변산도**

① 범위(range)

② 사분편차(interquartile range)

③ 평균편차

④ 표준편차

❸ 지능검사와 신경심리검사

(1) 지능의 이론

■ **지능의 정의**

① 일반적 정의

ㄱ 학습능력 　　　　　　　　　　ㄴ 적응능력

ㄷ 추상적 사고능력 　　　　　　　ㄹ 총합적 · 전체적 능력

② 학자별 정의

ㄱ 웩슬러(Wechsler) : 지능은 개인이 합목적적으로 행동하고 합리적으로 사고하며, 환경을 효율적으로 다룰 수 있는 총체적인 능력

ⓛ 비네(Binet) : 지능은 일정한 방향을 설정하고 그것을 유지하는 능력, 목표달성을 위해 일하는 능력, 행동의 결과를 수정하는 능력

ⓒ 터만(Terman) : 지능은 추상적 사고를 하는 능력, 즉 다양한 문제들을 해결하기 위해 추상적 상징을 사용하는 능력

ⓔ 스피어만(Spearman) : 지능은 사물의 관련성을 추출할 수 있도록 하는 정신작용

ⓜ 서스톤(Thurston) : 지능은 추상적 개념과 구체적 사실을 연관시킬 수 있는 능력

ⓗ 피아제(Piaget) : 지능은 단일형식의 조직이 아닌 적응과정을 통해 동화와 조절이 균형을 이루는 형태

ⓢ 스턴(Stern) : 지능은 사고를 작동시켜 새로운 요구에 의식적으로 적응하는 일반적 능력

ⓞ 핀트너(Pintner) : 지능은 새로운 환경에 자신을 적응시키는 능력

ⓩ 게이츠(Gates) : 지능은 학습해 가는 능력 또는 다양하고 광범위한 사실들을 파악하는 복합화된 능력

ⓩ 디어본(Dearborn) : 지능은 학습된 능력, 즉 경험에 의해 습득되는 능력

ⓚ 프리만(Freeman) : 지능은 지능검사에 의해 측정된 것

■ 유전과 환경의 영향

① **유전론** : 지능은 타고나는 것으로 학습이나 후천적 경험을 통해 변화하는 것이 어렵다는 입장

② **환경론** : 지능은 개인을 둘러싼 환경의 영향을 더 많이 받으며 주변 환경에 따라 지능이 변화하는 것이 가능하다는 입장

③ **절충론** : 유전적 요인과 환경적 요인이 모두 지능에 영향을 미치고 중요하다는 입장

■ 지능이론

① 스피어만(Spearman)의 2요인설

일반요인	생득적인 것으로, 모든 유형의 지적 활동에 공통적으로 작용 예 이해력, 관계추출능력, 상관추출능력 등
특수요인	일반요인만으로 해결하기 어려운 특수한 과제를 수행하기 위해 작용 예 언어능력, 수리능력, 정신적 속도, 상상력 등

② 손다이크(Thorndike)의 다요인설

ⓐ 지능 : 진리 또는 사실의 견지에서 올바른 반응을 행하는 능력

ⓛ 지능구조
- 추상적 지능 : 언어나 수 등 상징적 기호를 처리하는 능력
- 구체적(실제적) 지능 : 동작에 의해 사물을 조작하는 능력
- 사회적 지능 : 다른 사람을 이해하거나 사람과 협력하는 능력

③ 서스톤(Thurstone)의 다요인설 : 지능은 언어이해(Verbal Comprehension), 수(Numerical), 공간시각(Spatial Visualization), 지각속도(Perceptual Speed), 기억(Memory), 추리(Reasoning), 단어유창성(Word Fluency) 등 7가지 요인으로 구성

④ 길포드(Guilford)의 복합요인설
- ㉠ 지능 : 다양한 방법에 의해 상이한 정보들을 처리하는 다각적 능력의 체계적인 집합체
- ㉡ 지능구조 : 내용(Content), 조작(Operation), 결과(Product)의 3차원적 입체모형으로 이루어지며, 이들의 상호작용에 의한 180개의 조작적 지적 능력으로 구성
  - 내용(사고의 대상) : 주어진 정보의 내용에 관한 것
  - 조작(사고의 과정) : 정보를 처리하고 작동하는 지적 활동에 관한 것
  - 결과(사고의 결과) : 정보조작의 결과에 관한 것

⑤ 카텔과 혼(Cattell & Horn)의 위계적 요인설

유동성지능	• 유전적 · 신경생리적 영향에 의해 발달이 이루어지는 반면 경험이나 학습의 영향을 거의 받지 않음 • 신체적 요인에 따라 청소년기에 이르기까지 발달이 이루어지다가 이후 퇴보현상이 나타남 • 속도, 기계적 암기, 지각능력, 일반적 추론능력 등이 해당
결정성지능	• 경험적 · 환경적 · 문화적 영향의 누적에 의해 발달이 이루어지며, 교육 및 가정환경 등에 의해 영향을 받음 • 나이가 들수록 더욱 발달하는 경향이 있음 • 언어이해능력, 문제해결능력, 상식, 논리적 추리력 등이 해당

⑥ 가드너(Gardner)의 다중지능이론
- ㉠ 가드너는 문제해결능력과 함께 특정 사회적 · 문화적 상황에서 산물을 창조하는 능력을 강조
- ㉡ 인간의 지능은 단일한 능력이 아닌 다수의 능력으로 구성되며, 각각의 능력들의 상대적 중요도는 서로 동일 → 언어지능(Linguistic Intelligence), 논리 - 수학지능(Logical - Mathematical Intelligence), 공간지능(Spatial Intelligence), 신체 - 운동지능(Bodily - Kinesthetic Intelligence), 음악지능(Musical Intelligence), 대인관계지능(Interpersonal Intelligence), 개인 내적 지능(Intra Personal Intelligence) 등

⑦ 스턴버그(Sternberg)의 삼원지능이론 : 지능을 개인의 내부세계와 외부세계에서 비롯되는 경험의 측면에서 성분적 지능(Componential Intelligence), 경험적 지능(Experiential Intelligence), 상황적(맥락적) 지능(Contextual Intelligence)으로 구분

(2) 지능검사의 종류

■ 비네지능검사

① 의의
  ㉠ 비네(Binet)와 시몬(Simon)이 개발한 최초의 공식적인 지능검사
  ㉡ 초기에는 정상아동과 지적 장애아동을 식별하여 초등학교 입학여부를 결정하기 위한 목적으로 고안
  ㉢ 어떤 아동이 또래의 아동보다 과제를 잘하는 경우 지능이 더 높다고 전제함

② 스탠포드-비네지능검사

  ㉠ 지능지수(IQ)$=\dfrac{\text{정신연령}}{\text{생활연령}}\times100$

  ㉡ 각 아동의 정신연령이 실제연령과 같다면 지능지수는 항상 100이 된다고 가정
  ㉢ 2세~18세까지의 연령을 대상으로 하며 언어, 조작, 기억, 산수, 추리, 평가, 인지, 문제해결 등의 하위영역으로 구성

■ 웩슬러지능검사

① 의의
  ㉠ 웩슬러(Wechsler)가 1939년에 제작한 개인지능검사
  ㉡ 지능이 다차원적이고 중다적인 구조로 이루어져 있음을 전제로 하여, 지능의 다양한 영역을 총체적인 관점으로 평가

  ㉢ 지능지수(IQ)$=15\times\dfrac{\text{개인점수}-\text{해당연령규준의 평균}}{\text{해당연령규준의 표준편차}}+100$

② 특징
  ㉠ 개인검사   ㉡ 객관적 검사
  ㉢ 편차지능지수를 사용   ㉣ 언어성검사와 동작성검사로 구성
  ㉤ 병전 지능수준을 추정   ㉥ 문맹자도 검사 가능

③ 개발과정

㉠ 웩슬러지능검사의 개발과정

용도	구분	개발연도	대상연령
범용	W-B I (Wechsler Bellevue I)	1939년	7～69세
	W-B II (Wechsler Bellevue II)	1946년	10～79세
성인용	WAIS (Wechsler Adult Intelligence Scale)	1955년	16～64세
	WAIS-R (Wechsler Adult Intelligence Scale-Revised)	1981년	16～74세
	WAIS-III (Wechsler Adult Intelligence Scale-III)	1997년	16～89세
	WAIS-IV (Wechsler Adult Intelligence Scale-IV)	2008년	16～90세
아동용	WISC(Wechsler Intelligence Scale for Children)	1949년	5～15세
	WISC-R(Wechsler Intelligence Scale for Children-Revised)	1974년	6～16세
	WISC-III (Wechsler Intelligence Scale for Children-III)	1991년	6～16세
	WISC-IV (Wechsler Intelligence Scale for Children-IV)	2003년	6～16세
	WISC-V (Wechsler Inteligence Scale for Children-V)	2014년	6세～16세
유아용	WPPSI(Wechsler Preschool & Primary Scale of Intelligence)	1967년	4～6.5세
	WPPSI-R(Wechsler Preschool & Primary Scale of Intelligence-Revised)	1989년	3～7.5세
	WPPSI-III (Wechsler Preschool & Primary Scale of Intelligence-III)	2002년	2.6～7.3세
	WPPSI-IV (Wechsler Preschool & Primary Scale of Intelligence-IV)	2012년	2.5～7.25세

㉡ 한국판 웩슬러지능검사의 개발과정

용도	구분	개발연도	대상연령
성인용 (청소년)	KWIS(Korean Wechsler Intelligence Scale)	1963년	12～64세
	K-WAIS(Korean Wechsler Adult Intelligence Scale)	1992년	16～64세
	K-WAIS-IV(Korean Wechsler Adult Intelligence Scale-IV)	2012년	16～69세
아동용	K-WISC(Korean Wechsler Intelligence Scale for Children)	1974년	5～16세
	KEDI-WISC(Korean Educational Developmental Institute-Wechsler Intelligence Scale for Children)	1987년	5～15세
	K-WISC-III (Korean Wechsler Intelligence Scale for Children-III)	2001년	6～16세
	K-WISC-IV(Korean Wechsler Intelligence Scale for Children-IV)	2011년	6～16세
	K-WISC-V (Koren Wechsler Inteligence Scale for Children-V)	2019년	6세～16세

유아용	K-WPPSI(Korean Wechsler Preschool & Primary Scale of Intelligence)	1995년	3~7.5세
	K-WPPSI-IV(Korean Wechsler Preschool & Primary Scale of Intelligence-IV)	2015년	2.6-7.7세

■ **카우프만 아동용 지능검사(K-ABC)**

① 의의

- ㉠ 만 2세 6개월부터 만 12세 6개월까지의 아동을 대상으로 함
- ㉡ 인지심리학과 신경심리학의 지능이론을 토대로 문항을 개발
- ㉢ 비언어적 과제에 비중을 두어 의사소통에 문제가 있는 특수아동이나 타문화권 아동에게도 실시할 수 있도록 제작

② 특징

- ㉠ 지능=인지처리 과정 : 순차처리 척도(Sequential Processing Scales), 동시처리 척도(Simultaneous Processing Scales), 인지처리과정 척도(Mental Processing Composite), 습득도 척도(Achievement Scales), 비언어성 척도(Nonverbal Scales)
- ㉡ 처리과정 중심의 검사 → 아동이 왜 그러한 정도의 수행을 하였는지에 대해 설명해 줄 수 있음
- ㉢ 인지발달이론에 근거하여 연령별로 실시하는 하위검사를 차별화하였으며, 좌뇌와 우뇌의 기능을 고루 측정할 수 있는 하위검사들로 구성

■ **그림지능검사(PTI)**

① 의의

- ㉠ French가 지능검사의 측정치가 아동의 능력을 제대로 반영하기 위해서는 반응상의 어려움(언어성, 동작성)을 최소화할 필요가 있다는 것에 착안하여 고안한 검사
- ㉡ 그림으로 된 검사이므로 간단한 지시를 알아듣고 따를 수 있는 아동이라면 정상아동 뿐 아니라 언어나 동작성장애를 가진 아동, 정서장애 및 자폐를 가진 아동, 그리고 뇌성마비가 있는 아동들도 쉽게 검사를 받을 수 있음

② 특징

ㄱ 주의산만한 아동이나 학습에 흥미가 없는 아동도 쉽게 검사에 집중하게 할 수 있음

ㄴ 간단한 지시를 이해할 수 있는 아동이면 누구나 아는 것을 충분히 나타낼 수 있음

ㄷ 지능지수와 정신연령의 두 가지 규준을 모두 사용

ㄹ 지적 장애아동 등의 지능지수나 정신연령도 측정하는 것이 가능

■ 인물화지능검사

① 의의

ㄱ Goodenough와 이후 Harris는 아동용 지능검사 도구로 인물화검사를 고안 → 아동의 그림에서 보이는 발달적 특징을 기준으로 간편히 지능을 측정

ㄴ 3~15세 아동을 대상으로 남아 71항목, 여아 73항목의 각기 구분된 세분화된 준거목록을 개발

② 특징

ㄱ 3세에서 12세의 아동에게 적용이 가능하며, 집단검사로도 개별검사로도 모두 사용이 가능

ㄴ 투사법검사로서 아동에 대한 유용한 자료를 제공해 줄 수 있음

ㄷ 제한된 언어적 능력으로 인하여 표준화된 지능검사를 실시하기가 어려운 경우에 비언어적이고 일반적인 지능을 신속하게 평가하는 데 사용

ㄹ 신뢰도↑, 타당도는 중간수준

■ 한국판 라이터 비언어성지능검사 : 의사소통장애가 있는 아동, 이중언어 환경에서 자란 아동, 인지발달이 부진한 아동, 청각장애가 있는 아동, 운동기능이 부진한 아동, 외상성뇌손상 아동, ADHD 및 학습장애 아동들의 지적 능력, 기억력 및 주의력에 대하여 신뢰할 수 있는 타당한 비언어적 측정을 위하여 개발

(3) 웩슬러 지능검사

■ 웩슬러 지능검사의 실시

① 먼저 라포 형성과 유지를 위해 노력한다.

② 검사환경을 일정하게 하고 주변자극을 차단한다.

③ 지시문이나 질문은 미리 정해져 있어야 한다.

④ 채광 및 온도를 유지하고, 소음이 없는 최적의 장소를 선택하여야 한다.

⑤ 검사로 인한 피로를 최소화해야 한다.

⑥ 검사는 표준화된 절차를 따라 실시한다.

■ **웩슬러 지능검사의 해석**

① 전체 지능지수

　　㉠ 전체 지능지수는 어떤 소검사의 점수보다 신뢰가 높은 점수이므로 전체 지능지수, 지능수준, 백분의, 오차범위에 따라 기술한다.

　　㉡ 개인의 전체 지능점수가 피검사자의 과거력, 특히 지적성취수준과 어느 정도 일치하는지 아니면 불일치하는지를 검토해야 한다.

② 언어성 지능과 동작성 지능의 비교

　　㉠ 언어성 지능과 동작성 지능의 차이가 유의한 수준인가를 밝혀야 한다.

　　㉡ 언어성 지능 〈 동작성 지능 : 동작성 지능이 언어성 지능보다 유의미하게 높을 때

> • 동작성 기술이 언어적 기술보다 더 잘 발달되어 있다.
> • 시각-운동 협응 능력이 청각적-언어적 처리 능력보다 더 잘 발달되어 있다.
> • 즉각적인 문제해결 능력이 경험을 통해 축적된 지식보다 더 잘 발달되어 있다.
> • 읽기 능력과 학업 성취에 어려움이 있을 수 있다.

　　㉢ 언어성 지능 〉 동작성 지능 : 언어성 지능이 동작성 지능보다 유의미하게 높을 때

> • 언어적 기술이 동작성 기술보다 더 잘 발달되어 있다.
> • 청각적-언어적 정보처리 능력이 시각-운동 협응 능력보다 더 잘 발달되어 있다.
> • 경험을 통해 축적된 지식이 즉각적인 문제 해결 능력보다 더 잘 발달되어 있다.
> • 대처기술 및 속도를 요하는 과제를 수행하는데 어려움이 있다.

■ **성인용 웩슬러 지능검사**

① K-WAIS의 구성

언어성소검사	• 기본지식(Information)	• 숫자외우기(Digit Span)
	• 어휘문제(Vocabulary)	• 산수문제(Arithmetic)
	• 이해문제(Comprehension)	• 공통성문제(Similarity)

동작성소검사	• 빠진곳찾기(Picture Completion)	• 차례맞추기(Picture Arrangement)
	• 토막짜기(Block Design)	• 모양맞추기(Object Assembly)
	• 바꿔쓰기(Digit Symbol)	

② K-WAIS-IV의 구성 및 주요 측정내용

㉠ 언어이해(Verbal Comprehension)

공통성 (Similarity)	언어적 개념형성능력, 논리적·추상적 추론능력, 연합 및 범주적 사고력, 본질과 비본질을 구분하는 능력 등
어휘 (Vocabulary)	언어발달 정도, 단어지식 및 언어적 개념형성능력, 언어 사용 및 축적된 언어학습 능력, 우수한 학업성취 및 교육적 배경, 장기기억 등
상식 (Information)	일반적·실제적 지식의 범위, 과거의 학습 또는 학교교육, 지적 호기심 또는 지식을 얻고자 하는 욕구, 장기기억과 정보축적, 결정성 지능, 획득된 지식 등
이해-보충 (Comprehension)	사회적 상황의 이해력 및 사회적 성숙도, 관습적 행동규준에 관한 지식 정도, 과거 경험을 평가하고 사용하는 능력, 실질적 지식과 판단력, 언어적 추론 및 개념형성능력, 언어적 이해와 표현 등

㉡ 지각추론(Perceptual Reasoning)

토막짜기 (Block Design)	시각적 자극의 분석 및 통합능력, 시각-운동 협응능력, 지각적 조직화 능력, 비언어적 개념형성능력, 시간적 압박 하에서의 작업능력 등
행렬추론 (Matrix Reasoning)	광범위한 시각적 지능, 부분과 전체의 관계를 파악하는 능력, 지각적 조직화 능력, 시공간 정보에 대한 동시적 처리능력, 유동성 지능 등
퍼즐 (Visual Puzzles)	광범위한 시각적 지능, 부분들 간의 관계를 예상할 수 있는 능력, 시각적·지각적 조직화 능력, 시각적 기억능력, 공간적 표상능력 등
무게비교-보충 (Figure Weights)	양적·수학적 추론능력, 유추적 추론능력, 시각적 조직화 및 주의집중력 등
빠진곳찾기-보충 (Picture Completion)	시각적·지각적 조직화 능력, 대상의 핵심적인 세부사항을 시각적으로 인식해내는 능력, 본질과 비본질을 구분하는 능력, 시각적 기억능력, 환경적 세부사항에 대한 인식 등

㉢ 작업기억(Working Memory)

숫자 (Digit Span)	청각적 단기기억능력, 즉각적인 기계적 회상능력, 연속적 정보처리능력, 암기학습능력, 주의력 및 주의집중력, 정신적 조작능력 등
산수 (Arithmetic)	청각적 단기기억능력, 연속적 정보처리능력, 주의력 및 주의집중력, 수리적 추론능력, 계산능력, 단기 및 장기기억 등
순서화-보충 (Letter-Number Sequencing)	청각적 단기기억능력, 주의력 및 주의집중력, 정신적 조작능력, 순차적 처리능력 등

ⓔ 처리속도(Processing Speed)

동형찾기 (Symbol Search)	정보처리속도, 시각-운동 협응능력, 시각적 단기기억능력, 시각적 변별력, 주의력 및 주의집중력 등
기호쓰기 (Coding)	정보처리속도, 시각-운동 협응능력, 시각적 단기기억능력, 시각적 지각능력 및 탐색능력, 주의력 및 주의집중력, 사무적 과제의 속도 및 정확성, 친숙하지 않은 과제를 학습하는 능력, 새로운 시각적 학습자극에 대한 모방능력 및 연합능력 등
지우기-보충 (Cancellation)	정보처리속도, 시각-운동 협응능력, 시각적 단기기억능력, 선택적 주의력, 속도와 정확성 등

③ K-WISC-Ⅳ의 구성

언어이해 (Verbal Comprehension)	• 공통성(Similarity) • 어휘(Vocabulary) • 이해(Comprehension) • 상식-보충(Information) • 단어추리-보충(Word Reasoning)
지각추론 (Perceptual Reasoning)	• 토막짜기(Block Design) • 공통그림찾기(Picture Concepts) • 행렬추리(Matrix Reasoning) • 빠진곳찾기-보충(Picture Completion)
작업기억 (Working Memory)	• 숫자(Digit Span) • 순차연결(Letter-Number Sequencing) • 산수-보충(Arithmetic)
처리속도 (Processing Speed)	• 기호쓰기(Coding) • 동형찾기(Symbol Search) • 선택-보충(Cancellation)

④ 웩슬러지능검사의 분석과 해석(K-WAIS-Ⅳ & K-WISC-Ⅳ)

　㉠ 소검사의 원점수 구하기

　㉡ 원점수를 표준점수로 환산하여 환산점수 도출하기

　㉢ 조합점수(합산점수) 도출하기

■ **아동용 웩슬러 지능검사**

① 전체척도

언어이해	시공간	유동추론	작업기억	처리속도
공통성 어휘 상식 이해	토막짜기 퍼즐	행렬추리 무게비교 공통그림찾기 산수	숫자 그림기억 순차연결	기호쓰기 동형찾기 선택

② 기본지표척도

언어이해	시공간	유동추론	작업기억	처리속도
공통성 어휘	토막짜기 퍼즐	행렬추리 무게비교	숫자 그림기억	기호쓰기 동형찾기

③ 추가지표척도

양적추론	청각작업기억	비언어	일반능력	인지효율
무게비교 산수	숫자 순차연결	토막짜기 퍼즐 행렬추리 무게비교 그림기억 기호쓰기	공통성 어휘 토막짜기 행렬추리 무게비교	숫자 그림기억 기호쓰기 동형찾기

■ **유아용 웩슬러 지능검사**

언어이해	시공간	유동추론	작업기억	처리속도
상식 공통성 어휘-보충 이해-보충	토막짜기 모양맞추기-보충	행렬추리 공통그림찾기-보충	그림기억 위치찾기-보충	동형찾기 선택하기-보충 동물짝짓기-보충

(4) 신경심리검사

■ **의의 및 목적**

① 의의

　　㉠ 선천적 또는 후천적 뇌손상 및 뇌기능 장애를 진단하는 검사도구

ⓛ 환자의 행동 변화를 야기하는 뇌손상과 그로 인한 신체적·인지적 기능상의 변화 등을 감별하기 위한 것

ⓒ 가벼운 초기 뇌손상의 진단에 효과적인 도구

ⓔ 신경심리평가: 뇌손상 및 뇌기능장애에 특화된 심리검사와 함께 신경심리상태에 대한 과학적·체계적인 검사 및 환자의 행동장애에 대한 평가를 통해 인지기능의 손상여부를 판정하고 치료계획을 세우기 위한 과정

② 목적

　　㉠ 환자상태의 예측　　　　　　　　㉡ 환자관리 및 치료계획수립

　　㉢ 재활 및 치료평가　　　　　　　　㉣ 연구

■ 평가영역 및 주요 신경심리검사

① 평가영역

　　㉠ 지능　　　　　　　　　　　　　　㉡ 기억 및 학습능력

　　㉢ 언어기능　　　　　　　　　　　　㉣ 주의력과 정신적 처리속도

　　㉤ 시각구성능력　　　　　　　　　　㉥ 집행기능(실행기능)

　　㉦ 성격 및 정서적 행동

② 주요 신경심리검사 및 배터리

　　㉠ 루리아-네브라스카 신경심리배터리(Luria-Nebraska Neuropsychological Battery, LNNB): 뇌손상의 유무, 뇌기능장애로 인한 운동기능과 감각기능의 결함, 지적 기능장애를 비롯하여 기억력과 학습능력, 주의집중력 등을 포괄적으로 평가

　　㉡ 할스테드-라이탄 신경심리배터리(Halstead-Reitan Neuropsychological Battery, HRNB): 뇌손상의 유무는 물론 그 부위를 미리 알지 않고도 대뇌기능과 함께 그 손상 정도를 의미 있게 측정할 수 있도록 여러 가지 서로 다른 검사들의 배터리로 구성

　　㉢ 서울신경심리검사(Seoul Neuropsychological Screening Battery, SNSB): 단시간 내에 치매를 선별하기 위한 검사도구

　　㉣ 한국판 치매평가검사(Korean-Dementia Rating Scale-2, K-DRS-2): 치매 환자의 진단 및 경과 측정을 위해 개발된 치매평가검사(DRS-2)를 국내 실정에 맞도록 재표준화한 것

　　㉤ 한국판 세라드 치매진단검사(Korean Version of Consortium to Establish a Registry for Alzheimer's Disease, CERAD-K): 알츠하이머병 환자의 진단 및 평가, 연구에 표준화된 평가도구 및 진단방법을 사용함으로써 연구자 간 협력기반을 구축하고자 개발된 것

■ 관련 장애 및 검사해석 시 고려사항

① 관련 장애 : 신경장애 또는 치매, 약물중독 또는 물질남용, 뇌졸중, 두부손상, 뇌전증
② 검사 해석 시 고려사항 : 환자 및 환자가족의 사회력, 생활환경, 의학적 상태, 평가상의 문제

4 객관적 검사와 투사적 검사

(1) 객관적 검사

■ 특징과 장·단점

① 특징

  ㉠ 구조적 검사(Structured Test)라고도 함
  ㉡ 문항의 내용이나 의미가 객관적으로 명료화되어 있으므로 모든 사람에게서 동일한 방식의 해석이 내려질 것을 기대
  ㉢ 객관적 검사의 목적은 개인마다 공통적으로 지니고 있는 특성이나 차원을 기준으로 하여 개인들을 상대적으로 비교하는 것

② 장·단점

  ㉠ 장점
    • 검사실시의 간편성   • 시간과 노력의 절약
    • 객관성의 증대   • 신뢰도 및 타당도의 확보
    • 부적합한 응답의 최소화
  ㉡ 단점
    • 사회적 바람직성   • 반응경향성
    • 묵종경향성   • 문항제한성
    • 응답제한성

■ 종류

한국판 성인용 웩슬러지능검사(K-WAIS), 한국판 웩슬러 아동용지능검사(K-WISC), 미네소타다면적인성검사(MMPI), 마이어스-브릭스 성격유형검사(MBTI), 기질 및 성격검사(TCI), 16성격 요인검사(16PF) 등

■ **다면적인성검사(MMPI)**

① 의의 및 특징

　㉠ 세계적으로 가장 널리 쓰이고 가장 많이 연구되어 있는 객관적 성격검사

　㉡ 임상장면의 규준집단을 사용하여 개발. 비정상적인 행동과 증상을 객관적으로 측정하여 임상진단에 관한 정보를 제공해 주는 것이 주목적

　㉢ 실제 환자들의 반응을 토대로 외적 준거 접근의 경험적 제작방법에 의해 만들어짐

　㉣ 자기보고식 검사로, 검사의 실시 · 채점 · 해석이 용이하며, 시간과 노력을 절약

　㉤ 비교적 덜 숙련된 임상가라도 간편하고 정확한 해석을 할 수 있음

② 검사실시 전 수검자 고려사항

　㉠ 수검자의 독해력

　㉡ 수검자의 연령

　㉢ 수검자의 지능수준

　㉣ 수검자의 임상적 상태

③ 검사해석 시 고려해야 할 절차

　㉠ 수검자의 특징적인 검사태도에 대한 고려

　㉡ 개별척도에 대한 해석의 시도

　㉢ 2 코드 해석의 시도

　㉣ 낮은 임상척도에 대한 고려

　㉤ 전체 프로파일에 대한 형태분석

④ 타당도척도(MMPI-2)

　㉠ ?척도(무응답척도, Cannot Say)

　㉡ VRIN척도(무선반응 비일관성척도, Validity Response INconsistency), TRIN척도(고정반응 비일관성척도, True Response INconsistency)

　㉢ F척도(비전형척도, Infrequency)

　㉣ FB척도, FP척도

　㉤ FBS척도(증상타당도척도, Fake Bad Scale)

　㉥ L척도(부인척도, Lie)

　㉦ K척도(교정척도, Correction)

　㉧ S척도(과장된 자기제시척도, Superlative Self-Presentation)

⑤ 임상척도

　㉠ 척도 1 Hs(Hypochondriasis, 건강염려증)

　㉡ 척도 2 D(Depression, 우울증)

  ⓒ 척도 3 Hy(Hysteria, 히스테리)

  ⓔ 척도 4 Pd(Psychopathic Deviate, 반사회성)

  ⓜ 척도 5 Mf(Masculinity-Femininity, 남성성-여성성)

  ⓗ 척도 6 Pa(Paranoia, 편집증)

  ⓢ 척도 7 Pt(Psychasthenia, 강박증)

  ⓞ 척도 8 Sc(Schizophrenia, 조현병)

  ⓩ 척도 9 Ma(Hypomania, 경조증)

  ⓩ 척도 0 Si(Social Introversion, 내향성)

⑥ 주요 상승척도쌍

  ㉠ 1-2 또는 2-1코드(Hs & D) : 신체화장애, 불안장애

  ㉡ 1-3 또는 3-1코드(Hs & Hy) : 전환장애

  ㉢ 2-6 또는 6-2코드(D & Pa) : 편집성성격장애

  ㉣ 3-8 또는 8-3코드(Hy & Sc) : 조현병(정신분열증), 신체증상 및 관련 장애(신체형장애)

  ㉤ 4-6 또는 6-4코드(Pd & Pa) : 수동-공격성성격장애, 조현병(정신분열증)(편집형)

  ㉥ 4-9 또는 9-4코드(Pd & Ma) : 반사회성성격장애

  ㉦ 6-8 또는 8-6코드(Pa & Sc) : 조현병(정신분열증)(편집형), 조현(분열)성성격장애

  ㉧ 7-8 또는 8-7코드(Pt & Sc) : 우울장애, 불안장애, 조현(분열)성성격장애, 조현(분열)형
    성격장애

  ㉨ 8-9 또는 9-8코드(Sc & Ma) : 조현병(정신분열증), 양극성장애

  ㉩ 1-2-3/2-1-3코드(Hs, D & Hy) : 신체증상 및 관련 장애, 불안장애

  ㉠ 1-3-8/9-3-1/3-1-8코드(Hs, Hy & Sc) : 조현병(정신분열증)(망상형), 경계성성격장
    애

  ㉡ 2-4-7/2-7-4/4-7-2코드(D, Pd & Pt) : 구강-의존기적인 성격

  ㉣ 4-6-8코드(Pd, Pa & Sc) : 자기도취적이고 자기중심적인 태도

  ㉭ 6-7-8/6-8-7코드(Pa, Pt & Sc) : 주의력 및 주의집중의 어려움

■ 마이어스-브릭스 성격유형검사(MBTI)

① 의의 및 특징

  ㉠ 융(Jung)의 심리유형이론을 토대로 마이어스와 브릭스(Myers & Briggs)가 제작한 객관
    적 검사

  ㉡ 인간성격의 일관성 및 상이성에 근거

ⓒ 자신을 보다 깊이 이해하며, 진로나 직업을 선택하는 데 도움을 제공

ⓔ 개인의 성격을 4개의 양극차원에 따라 분류하고 각 차원별로 2개의 선호 중 하나를 선택하도록 함으로써 총 16가지의 성격유형으로 구분

② 선호지표에 따른 성격특징

㉠ 에너지의 방향 : 에너지의 방향은 어느 쪽인가?

외향형(E)	내향형(I)
• 자기 외부에 주의집중 • 폭넓은 활동력, 활동성 • 정열적 · 사교적 • 글보다는 말로 표현 • 경험 우선 • 솔직함 • 쉽게 알려짐	• 자기 내부에 주의집중 • 내부 활동, 아이디어에 집중 • 조용하고 신중 • 말보다는 글로 표현 • 이해 우선 • 사려 깊음 • 서서히 알려짐

㉡ 인식기능 : 무엇을 인식하는가?

감각형(S)	직관형(N)
• 지금, 현재에 초점 • 실제 경험을 강조 • 정확함, 철저한 일처리 • 나무를 보려는 경향 • 세부적 · 사실적 · 실리적 • 일관성 • 가꾸고 추수함	• 미래 가능성에 초점 • 아이디어, 영감을 강조 • 신속 · 비약적인 일처리 • 숲을 보려는 경향 • 상상적 · 임의적 · 개혁적 • 다양성 • 씨뿌림

㉢ 판단기능 : 어떻게 결정하는가?

사고형(T)	감정형(F)
• 사실과 논리에 근거 • 원리와 원칙을 강조 • 객관적인 가치에 따라 결정 • 맞다/틀리다 • 규범, 기준 중시 • 머리로 생각 • 지적 논평, 비판	• 인간 및 인간관계에 주목 • 의미와 영향을 강조 • 인간중심적 가치에 따라 결정 • 좋다/나쁘다 • 나에게 주는 의미 중시 • 가슴으로 느낌 • 우호적 협조, 설득

ㄹ 생활양식 또는 이행양식 : 어떤 생활양식을 채택하는가?

판단형(J)	인식형(P)
• 철저한 준비와 계획 중시 • 의지적 추진 • 임무 완수, 신속한 결론 강조 • 통제와 조정 • 조직과 체계 • 분명한 목적의식과 방향감각 • 뚜렷한 기준과 자기 의사	• 가능성 중시 • 이해로 수용 • 과정을 즐김 • 융통성과 적응성 • 유연성, 호기심 • 목적과 방향의 변화에 대한 개방성 • 상황 및 재량에 따른 포용성

■ NEO-Ⅱ

① 특징

   ㄱ 5요인 특성구조를 따르면서 각 특성요인의 하위척도들은 우리의 문화권에서 적용 가능하도록 총 26개의 요소로 새로이 구성되었다.

   ㄴ 정상인의 성격 구조를 측정하는 도구이지만 신경성 요인이 포함되어 있어 행동장애나 성격적 취약성, 심리적 부적응을 예측하게 하는 임상적 정보 제공도 가능하다.

   ㄷ 아동/청소년용에서는 발달적 행동장애들, 시험불안, 따돌림, 학교폭력, 우울, ADHD의 여부, 사회적 위축, 아동학대, 정서적 충격, 청소년 비행등의 예측과 예방적 지도 및 치료적 상담에 유익한 정보를 제공해준다.

② 구성

5요인	하위요인
외향성(E)	사회성 / 지배성 / 자극추구 / 활동성
개방성(O)	창의성 / 정서성 / 사고유연성 / 행동 진취성
친화성(A)	온정성 / 신뢰성 / 공감성 / 관용성
성실성(C)	유능감 / 성취동기 / 조직성 / 책임감
신경증(N)	불안 / 적대감 / 우울 / 충동성 / 사회적 위축 / 정서충격 / 심약성 / 특이성 / 반사회성 / 자손감

(2) 투사적 검사

■ 특징

① 비구조적 검사(Unstructured Test)라고도 함
② 검사지시방법이 간단하고 일반적인 방식으로 주어지며, 개인의 독특한 심리적 특성을 측정하는 데 주목적을 둠
③ 모호한 검사자극에 대한 수검자의 비의도적 · 자기노출적 반응으로 나타남
④ 검사자극 내용을 불분명하게 함으로써 막연한 자극을 통해 수검자가 자신의 내면적인 욕구나 성향을 외부에 자연스럽게 투사할 수 있도록 유도

■ 장 · 단점

① 장점
  ㉠ 반응의 독특성   ㉡ 방어의 어려움
  ㉢ 반응의 풍부함   ㉣ 무의식적 내용의 반응
② 단점
  ㉠ 검사의 신뢰도 ↓   ㉡ 검사의 타당도 ↓
  ㉢ 반응에 대한 상황적 영향력

■ 종류

연상기법을 통한 로샤검사(Rorschach Test), 단어연상검사, 구성기법을 통한 주제통각검사(Thematic Apperception Test, TAT), 표현기법을 통한 인물화검사(Drawing A Person Test, DAP), 집-나무-사람검사(House-Tree-Person Test, HTP), 완성기법을 통한 문장완성검사(Sentence Complection Test, SCT) 등

■ 로샤검사(Rorschach Test)

① 특징
  ㉠ 대표적인 투사적 · 비구조적 검사로, 지각과 성격의 관계를 상정
  ㉡ 추상적 · 비구성적인 잉크반점을 자극 자료로 하여 수검자의 학습된 특정 반응이 아닌 여러 가지 다양한 반응을 유도
  ㉢ 개인이 잉크반점을 조직하고 구조화하는 방식이 근본적으로 그 사람의 심리적 기능을 반영한다고 봄

  ㄹ 수검자는 그가 지각한 것 속에 자신의 욕구, 경험, 습관적 반응양식을 투사

  ㅁ 로샤카드에서는 형태와 색채는 물론 음영에 대한 지각적 속성까지 고려

  ㅂ 우울증상이 있는 사람은 보통 음영차원과 무채색 반응의 빈도가 높게 나타남

  ㅅ 주관적 검사로 신뢰도 및 타당도가 검증되지 못했으므로 객관적·심리측정적 측면에서는 부적합

② 로샤검사의 잉크반점카드(Ink-Blot Card)

순서	색상	평범반응
카드 Ⅰ	무채색	박쥐 또는 나비
카드 Ⅱ	무채색에 부분 적색	동물
카드 Ⅲ	무채색에 부분 적색	인간의 형상
카드 Ⅳ	무채색	인간 또는 거인
카드 Ⅴ	무채색	박쥐 또는 나비
카드 Ⅵ	무채색	양탄자 또는 동물가죽
카드 Ⅶ	무채색	인간의 얼굴 또는 동물의 머리
카드 Ⅷ	유채색	움직이는 동물
카드 Ⅸ	유채색	인간 또는 인간과 흡사한 형상
카드 Ⅹ	유채색	게 또는 거미

③ 로샤검사의 실시과정

  ㄱ 소개단계   ㄴ 반응단계

  ㄷ 질문단계   ㄹ 한계검증단계

④ 엑스너(Exner)의 종합체계방식에 따른 주요 채점항목

  ㄱ 위치(Location) : 내담자가 반응한 반점이 어느 위치인가?

  ㄴ 발달질(Developmental Quality) : 그 위치선택에서의 발달질이 어떠한가?

  ㄷ 반응결정인(Determinant) : 반응하게 하는데 기여한 반점의 특징은 무엇인가?

  ㄹ 형태질(Form Quality) : 수검자가 기술한 대상이 반점에 적절한가?

  ㅁ 내용(Content) : 반응이 어떤 내용의 범주에 속하는가?

  ㅂ 평범(Popular)반응 : 그 반응이 일반적으로 사람들이 많이 하는 반응인가?

  ㅅ 조직화(Organizational Activity)점수 : 반점을 의미 있게 통합했는가?

  ㅇ 특수점수(Special Scores) : 반응에서 이상한 언어화가 있는가? 병리를 나타내는 특징이 있는가?

⑤ 로샤검사의 해석

각 반응을 정확하게 부호화하고 채점하는 목적은 궁극적으로 구조적 요약을 완성하기 위함이다.

군집의 종류	나타내는 영역
정보-처리 군집	자신의 세계에 주의를 기울이는 방식
인지적 중재	주의를 기울이는 대상을 지각하는 방식
관념	지각한 것에 대해 생각하는 방식
통제와 스트레스 안내	요구에 대처해 나가고 스트레스를 관리하는데 유용한 적응 자원
감정적 속성	정서상황을 다루는 방식과 느낌을 표현하는 방식
자기 지각	자기 자신에 대한 관점
대인관계 지각	다른 사람에 대한 관점과 관계 맺는 방식

■ 주제통각검사(TAT)

① 특징

㉠ 투사적 검사로, 자아와 환경관계 및 대인관계의 역동적 측면 등을 평가

㉡ 정신분석이론을 토대로 수검자 자신의 과거경험 및 꿈에서 비롯되는 투사와 상징을 기초로 함

㉢ 수검자가 동일시할 수 있는 인물과 상황을 그림으로 제시하여 수검자의 반응양상을 분석·해석

㉣ 수검자의 그림에 대한 반응을 통해 현재 수검자의 성격 및 정서, 갈등, 콤플렉스 등을 이해하는 동시에 수검자 개인의 내적 동기와 상황에 대한 지각방식 등에 대한 정보를 얻을 수 있음

㉤ 가족관계 및 남녀관계와 같은 대인관계 상황에서의 욕구내용 및 위계, 원초아(Id), 자아(Ego), 초자아(Superego)의 타협구조 등을 파악할 수 있도록 함

② 구성

㉠ 30장의 흑백그림카드와 1장의 백지카드 등 총 31장으로 구성

㉡ 뒷면에는 공용도판, 남성공용도판(BM), 여성공용도판(GF), 성인공용도판(MF), 미성인공용도판(BG), 성인남성전용도판(M), 성인여성전용도판(12F), 소년전용도판(B), 소녀전용도판(G)으로 구분되어 있으며, 한 사람의 수검자에게 20장을 적용할 수 있도록 구성

㉢ 숫자로만 표시되어 있는 카드는 연령과 성별의 구분 없이 공통적으로 적용

③ 해석

    ㉠ 표준화법(Hartman)   ㉡ 욕구–압력분석법(Murray)

    ㉢ 대인관계법(Arnold)   ㉣ 직관적 해석법(Bellak)

    ㉤ 지각법(Rapaport)

■ HTP와 KFD

① 집–나무–사람 그림검사(HTP)

    ㉠ 의의 : 수검자가 자신의 개인적 발달사와 관련된 경험을 그림에 투사한다는 점에 기초

    ㉡ 투사적 상징

- 집(House) : 자기–지각(Self-Awareness), 가정생활의 질, 자신의 가족 내 관계에 대한 지각
- 나무(Tree) : 무의식적 · 원시적 자아개념, 심리적 갈등과 방어, 정신적 성숙도, 환경에 대한 적응수준 등
- 사람(Person) : 보다 직접적인 자기상(Self-Image), 이상적인 자아, 중요한 타인 등
  - 머리 : 인지능력 및 지적 능력, 공상 활동, 충동 및 정서의 통제
  - 얼굴 : 타인과의 의사소통 및 관계형성
  - 몸통 : 기본적 추동(Drive)의 양상

    ㉢ 구조적 해석

- 검사 소요시간
  - 일반적 소요시간 : 하나의 그림을 완성하는 데 대략 10분 정도 소요
  - 과도하게 빨리(2분 이내) 또는 느리게(30분 이상) 그린 경우 : 수검자의 갈등과 연관됨
  - 오랜 시간 소요 : 완벽 성향, 강박 성향
  - 어려움 호소 : 낮은 자존감, 우울감
- 그림의 순서
  - 일반적 순서

> 집 : 지붕 → 벽 → 문 → 창문
> 나무 : 둥치(큰 줄기) → 가지 → 수관 → 뿌리 등
> 사람 : 얼굴 → 눈 → 코 → 입 → 목 → 몸 → 팔 → 다리

- 일반적 순서와 다르게 그린 경우 : 사고장애, 발달장애
- 얼굴의 내부를 먼저, 윤곽을 나중에 그린 경우 : 평소 타인과의 대인관계에 문제가 있음
- 그림을 지우고 새로 그린 경우 : 해당 영역이 상징하는 것과 관련하여 열등감 또는 가
  장 성향을 지니고 있음
- 그림의 크기
  - 일반적 크기 : 종이 크기의 2/3 정도 사용
  - 그림을 과도하게 크게 그린 경우 : 공격성, 과장성, 낙천성, 행동화성향, 자기확대욕구 등
  - 그림을 과도하게 작게 그린 경우 : 열등감, 불안감, 위축감, 낮은 자존감, 의존성 등
- 그림의 위치
  - 일반적 위치 : 종이 가운데
  - 가운데 : 적정 수준의 안정감, 융통성의 부족
  - 위 : 높은 욕구, 목표달성에 대한 스트레스, 공상적 만족감
  - 아래 : 불안정감, 우울성향, 실제적인 것을 선호하는 성향
  - 왼쪽 : 충동성, 외향성, 변화욕구, 즉각적 만족추구성향
  - 오른쪽 : 자기 통제적 성향, 내향성, 지적 만족추구성향
  - 구석 : 두려움, 위축감, 자신감 결여

② 가족화검사 : 동적가족화(KFD)
  ㉠ 의의
  - 가족화에 움직임을 첨가한 투사화 검사
  - 가족 내에서의 자기 자신과 다른 가족구성원에 대한 지각을 파악하고 가족 간의 상호작
    용과 역동성을 파악하기 위함
  ㉡ 진단 및 해석 기준 : 5가지 진단영역
  - 인물상의 행위   - 양식
  - 상징   - 역동성
  - 인물상의 특성

■ SCT 문장완성검사

다수의 미완성 문장들에 대해 수검자가 자신의 생각대로 문장을 완성하도록 하는 투사검사

5 진로 및 직업 평가

(1) Strong 검사

■ 스트롱 진로탐색검사

① 특징
   ㉠ 미국의 스트롱 흥미검사의 네 가지 척도 가운데 일반직업분류(GOT) 척도를 채택하였다.
   ㉡ 한국의 중·고등학생들의 진로성숙의 수준을 측정하기 위한 새로운 척도를 개발하여 진
      로성숙도검사와 직업흥미검사의 두 부분으로 구성하였다.

② 구성
   ㉠ 1부 진로성숙도검사 : 진로정체감, 가족일치도, 진로준비도, 진로합리성, 정보습득률 등
      측정
   ㉡ 2부 직업흥미검사 : 직업, 활동, 교과목, 여가활동, 능력, 성격특성 등에 대한 문항을 통
      해 학생들의 흥미유형 측정

■ 스트롱 직업흥미검사

① 고등학교 이상 성인에게 적용 가능하다.
② 스트롱 직업 흥미검사는 세분화된 직업흥미탐색을 통한 개인의 흥미 영역 세분화에 초점을
   두고 보다 구체적인 진로탐색 및 진학계획, 경력개발 등에 효과적으로 사용될 수 있게 만들
   어졌다.
   ㉠ 일반직업분류(GOT) 점수
      직업심리학자 Holland의 진로선택 이론이 반영된 6개의 분류(RIASEC)로 GOT 점수들은
      내담자의 흥미에 관한 포괄적인 전망을 제공한다. '그 유형의 사람들이 좋아하는 활동은
      무엇인지', '그들에게 적합한 직업의 종류는 무엇인지', '어떠한 환경(직업, 여가 혹은 생활
      환경)이 그들에게 편안한지', '어떤 종류의 사람들이 그들의 마음을 끄는지' 등이다.
   ㉡ 기본흥미척도(BIS) 점수
      GOT의 하위 척도이며, 실제로 상관이 높은 문항을 집단화시켜 완성한 특정 활동과 주제
      에 대한 25개의 세부 척도로 GOT를 특정 흥미들로 세분화한다.
   ㉢ 개인특성 척도(PSS) 점수
      일상생활과 일의 세계에 관련된 광범위한 특성에 대해 개인이 선호하고 편안하게 느끼는
      것을 측정하는 PSS(개인특성 척도)는 18,951명의 남녀 표본에 의해 개발된 4개 척도다.

PSS 척도	특징
업무 유형 (Work Style)	사람과 함께 일하는 것을 좋아하는지, 자료 / 사물 / 아이디어 등을 다루는 것을 좋아하는지를 알아보는 항목
학습유형 (Learning Environment)	학문적인 분야에 관심을 두는지, 실용적인 분야에 관심을 두는지를 알아보는 항목
리더십 유형 (Leadership Style)	타인과의 업무접촉이나, 지시, 설득, 그리고 지도력을 측정하는 항목
모험심 유형 (Risk Taking)	신체적인 위험 상황을 감수하거나 위기상황을 극복하는 정도를 측정하는 항목

(2) Holland 검사

■ CAT 6가지 직업성격 유형

대부분의 사람 또는 문화는 현실형(Realistic Type), 탐구형(Investigative Type), 예술형(Artistic Type), 사회형(Social Type), 진취형(Enterprising Type), 관습형(Conventional Type)의 6가지 유형 또는 이 유형들의 조합에 의해 분류될 수 있다.

① 현실형(R ; Realistic Type)
  ㉠ 일반적 특징
    • 확실하고 현재적 · 실질적인 것을 지향한다.
    • 현장에서 수행하는 활동 또는 직접 손이나 도구를 활용하는 활동을 선호한다.
  ㉡ 직업활동 양상
    • 일의 성과에 대한 구체적이고 신속한 확인을 통해 직무활동에 보람을 느낀다.
    • 기술직 · 토목직, 자동차엔지니어, 비행기조종사, 농부, 전기 · 기계기사 등이 적합하다.

② 탐구형(I ; Investigative Type)
  ㉠ 일반적 특징
    • 추상적인 문제나 애매한 상황에 대한 분석적이고 논리적인 탐구활동을 선호한다.
    • 새로운 지식이나 이론을 추구하는 학문적 활동을 선호한다.
  ㉡ 직업활동 양상
    • 복잡한 원리 또는 첨단기술 등의 새로운 분야에 도전을 하여 내면적인 호기심을 충족시킴으로써 보람을 느낀다.
    • 화학자, 생물학자, 물리학자, 의료기술자, 인류학자, 지질학자, 설계기술자 등

③ 예술형(A ; Artistic Type)

  ㉠ 일반적 특징

    • 어떤 것의 시비보다는 상상적이고 창조적인 것을 지향하는 문학, 미술, 연극 등의 문화 관련 활동분야를 선호한다.

    • 직업 활동이 자신의 개인적인 관심 분야와 밀접하게 연관된다.

  ㉡ 직업활동 양상

    • 새로운 것을 창조하거나 창의적인 사람과 관계를 형성할 때 보람을 느낀다.

    • 문학가, 작곡가, 미술가, 무용가, 무대감독, 디자이너, 인테리어 장식가 등

④ 사회형(S ; Social Type)

  ㉠ 일반적 특징

    • 인간의 문제와 성장, 인간관계를 지향하고 사람과 직접 일하기를 좋아하며, 원만한 대인관계를 맺는다.

    • 다른 사람을 교육 · 육성하는 일을 좋아하며, 개인적인 이익을 추구하기보다 타인을 돕는 활동을 선호한다.

  ㉡ 직업활동 양상

    • 동료들과 친밀한 관계를 형성하며, 상대방의 능력에 대해 서로 신뢰를 나타낼 때 보람을 느낀다.

    • 사회사업가, 교사, 상담사, 간호사, 임상치료사, 언어치료사, 목회자 등

⑤ 진취형(E ; Enterprising Type)

  ㉠ 일반적 특징

    • 정치적 · 경제적 도전극복 지향, 지위와 권한을 통해 다른 사람의 행동을 이끌고 통제를 선호한다.

    • 다른 사람들과 함께 일하는 것을 선호하며, 조직화된 환경에서 공동의 목표를 달성하고자 한다.

  ㉡ 직업활동 양상

    • 조직활동 내에서 적절한 권한 행사를 통해 조직의 목표를 달성할 때 보람을 느낀다.

    • 기업실무자, 영업사원, 보험설계사, 정치가, 변호사, 판매원, 연출가 등

⑥ 관습형(C ; Conventional Type)

　㉠ 일반적 특징

　　• 구조화된 상황에서 구체적인 정보를 토대로 정확하고 세밀한 작업을 요하는 일을 선호한다.

　　• 정확성을 요하는 활동, 회계 등과 같이 숫자를 이용하는 활동을 선호한다.

　㉡ 직업활동 양상

　　• 자신의 기여에 의한 실질적인 성과가 조직의 목표 달성에 긍정적인 결과를 가져올 때 보람을 느낀다.

　　• 사무직 근로자, 경리사원, 컴퓨터 프로그래머, 사서, 은행원, 회계사, 법무사, 세무사 등

■ 해석

① 일관성

② 일치성

③ 차별성(변별성)

④ 정체성

⑤ 계측성(타산성)

(3) MIQ 직업가치검사

■ 의의

미네소타 직업가치검사(Minnesota Importance Questionnaire; MIQ)는 20가지의 일에 대한 요구와 가치에 대해 직업을 선택할 때 얼마나 중요하게 생각하는가에 대해 질문한다.

■ 구성

① 상위 척도(직업 가치)

성취(achievement), 편안함(comfort), 지위(status), 이타심(altruism), 안전(safety), 자율성(autonomy)

② 하위 척도(직업 욕구)

가치	욕구척도
성취	• 능력 활용(ability utilization) • 성취(achievement)
편안함	• 활동(activity) • 독립성(independence) • 다양성(variaty) • 보수(compensation) • 고용안정(security) • 작업조건(working condition)
지위	• 발전(advancement) • 인정(recognition) • 권한(authority) • 사회적 지위(social status)
이타심	• 동료(coworkers) • 도덕적 가치(moral values) • 사회적서비스(social service)
안전	• 회사 정책과 관행(company polocies and practices) • 감독자와의 인간적 관계(supervision–human relations) • 감독자와의 기술적 관계(supervision–technical relations)
자율성	• 창조성(creativity) • 책임성(responsibility)

(4) 진로성숙도

■ 의의 및 특징

① 한국직업능력개발원에서 개발

② 진로성숙과 관련된 다양한 요인을 총괄적으로 포함함으로써 다양한 진로지도의 목적에 적합하게 활용할 수 있게 하였다.

③ 검사의 과정 자체가 진로발달을 촉진시키는 교육적 경험을 제공한다.

④ 진로성숙만이 아니라 진로미결정의 이유에 대한 진단을 통하여 상담을 위한 구체적인 자료를 제공한다.

■ 구성

진로성숙도검사의 대상은 중학교 2학년부터 고등학교 3학년으로 초등학교 5학년의 언어이해력을 전제로 구성되었다.

영역	하위 검사(문항 수)	정의
태도	독립성(13문항)	진로결정의 책임을 수용하고 자기 스스로 진로를 탐색하고 선택하려는 태도
	일에 대한 태도(13문항)	직업의 의미에 대한 올바른 인식과 직업에 중요성을 부여하는 정도
	계획성(13문항)	자기 진로의 방향을 설정하고 그것을 위한 계획을 수립해 보는 태도
능력	자기이해(15문항)	능력, 흥미, 가치, 신체적 조건, 환경적 제약 등 진로선택에서 고려해야 할 개인적 특성들에 대한 이해의 정도
	정보 활용 및 진로결정능력(16문항)	진로와 관련된 정보를 활용하여 자신에게 적합한 진로를 합리적으로 선택할 수 있다고 생각하는 정도
	직업에 대한 지식(60문항)	일반적 직업에 대하여 알고 있는 정도
		자신이 관심을 갖는 직업에 대해 구체적으로 알고 있는 정도
행동	진로 탐색 및 준비행동 (15문항)	자신의 진로를 적극적으로 탐색하고 준비하는 정도

제 1 장

심리검사의 기초

I wish you the best of luck

제 1 장 심리검사의 기초

① 심리검사의 의미

(1) 정의

① 심리검사는 지능, 성격, 적성, 흥미 등 인간의 지적 능력이나 심리적 특성을 파악하기 위해 양적 또는 질적으로 측정 및 평가를 수행하는 일련의 절차를 말한다.

② 심리적 현상에서 개인 간의 차이를 비교·분석함으로써 개인의 인격적·행동적 측면을 이해할 수 있도록 하기 위한 심리학적 측정과정이다.

③ 표집된 행동표본을 대상으로 과학적인 검증의 과정을 거쳐 그 결과를 수치로 나타내며, 이를 표준화된 방법에 의해 점수로 기술하는 방법이다.

④ 제한된 규준을 통해 개인의 행동을 예측하기 위한 기술적 과정으로서, 개인의 소수 표본행동을 측정하여 그 결과를 토대로 개인의 전체 행동을 예견할 수 있다.

(2) 목적

① **분류 및 진단**: 내담자(수검자)의 적성·흥미·동기 등 내담자에 관한 자료를 수집하여 내담자의 문제 원인을 파악하며, 이를 해결하기 위한 효과적인 도구로 활용한다.

② **자기이해의 증진**: 표준화된 검사를 통해 과학적이고 객관적인 결과를 제시함으로써 내담자가 자기 자신에 대하여 바르게 이해하고 더불어 현명하고 합리적인 의사결정을 내릴 수 있도록 한다.

③ **예측**: 심리검사를 통해 내담자의 특성을 밝혀냄으로써 내담자의 장래 행동이나 성취 등을 예측하며, 이를 토대로 가능한 여러 결과들을 예측하여 대안적 조치를 마련한다.

② 심리검사의 기능

(1) 일반적 기능

① 표준화된 검사도구를 이용한 객관적인 정보 제공

심리검사는 표준화된 검사도구를 이용하여 표준화된 방식에 따라 검사를 시행하고 채점한 다음 규준에 근거하여 결과를 해석함으로써 객관적인 정보를 제공한다. 이와 같은 객관적인 정보는 합리적인 의사결정을 내릴 수 있도록 도우므로, 치료 과정에서 매우 중요한 역할을 한다.

② 개인 간 비교

심리검사는 개인의 인지적·정서적·행동적·사회적 특성 등에 대한 검사 점수를 토대로 개인 간 비교를 가능하게 한다. 이와 같은 개인 간 비교는 각각의 심리검사들이 제공하는 규준을 통해 가능하다.

③ 개인이 의식하지 못한 심리적 특성 혹은 상태의 표출

심리검사는 개인이 자각하고 있지 못하거나 개인의 내부에 숨겨져 있는 심리적 특성 혹은 상태를 드러나게 해 준다. 특히 로샤검사 등 투사적 검사를 받는 경우, 개인이 의식하지 못한 심리적 특성과 심리적 상태가 드러나게 된다.

(2) 검사의 내용에 따른 기능

① 지능검사

㉠ 개인의 지적인 능력 수준을 평가할 수 있으며, 인지기능의 특성을 파악할 수 있다.

㉡ 교육연구 및 사례연구, 생활지도 및 진로지도 등에 활용할 수 있다.

㉢ 지능검사결과를 토대로 임상적 진단을 체계화·명료화 할 수 있다.

㉣ 기질적 뇌손상 유무, 뇌손상으로 인한 인지적 손실 정도 등을 파악할 수 있다.

㉤ 지능검사결과를 토대로 합리적인 치료목표를 설정할 수 있다.

② 성격검사 : 인간의 사고, 감정, 행동을 특징짓는 개인의 능력, 흥미, 태도, 기질 등의 복합체인 성격을 측정한다.

③ 적성검사 : 개인의 특수한 능력 또는 잠재력을 발견하도록 하여 학업이나 취업 등의 진로를 결정하는 데 정보를 제공하며, 이를 통한 미래의 성공가능성을 예측한다.

④ 성취도검사 : 성취도검사의 결과는 종종 학생의 수업수준이나 학업달성수준을 평가하기 위해 사용된다.

⑤ 태도검사 : 태도검사는 특정한 종류의 자극에 대한 개인의 정서적 반응이나 가치판단 등을 나타내는 태도를 측정한다.

※심리검사의 내용에 따른 분류는 후술하는 챕터에서 보다 자세하게 다룰 예정입니다.

제 **2** 절 **심리평가의 의미와 기능**

❶ 심리평가의 의미

(1) 정의

① 심리검사와 상담(면담), 행동관찰, 전문지식 등 여러 가지 방법을 토대로 자료를 수집하고, 이를 토대로 종합적인 평가를 내리는 전문적인 작업과정이다.

② 인간에 대한 심리학적 지식, 정신병리와 진단에 대한 지식, 임상적 경험 등을 통해 이루어지는 지식과 이론의 통합과정이다.

③ 단순히 심리검사의 결과를 제시하는 것이 아닌 다양한 정보의 종합을 통해 문제해결에 도움을 제공하는 과정에 해당한다.

④ 상담에서의 평가란 상담자가 개입하기 전에 개입할 방식, 개입할 시기와 강도, 개입할 영역 등에 대해 전문적으로 판단하고 결정하기 위해 내담자의 인지적 · 정서적 · 사회적 측면에 대한 다양한 정보를 수집하고, 수집된 정보를 종합하여 내담자에 대한 최종적인 해석과 판단을 내리는 과정을 의미한다.

(2) 목적

① 임상적 진단

임상적 진단을 명료화 · 세분화하며, 증상 및 문제의 심각성 정도를 구체화한다.

② 자아기능 평가

성격 및 정신병리에 대한 이해를 위해 내담자의 자아기능, 자아강도, 인지기능 등을 측정 및 평가한다.

③ 치료전략 평가

적절한 치료유형, 치료전략, 치료적 개입에 의한 효과 등을 평가한다.

❷ 심리평가의 기능

(1) 일반적 기능

① 문제의 명료화 및 세분화

내담자의 문제를 명료화 하며, 증상에 따라 세분화한다.

② 개인의 인지적 기능 및 강점 평가

검사자료에 따른 인지기능을 통해 강점을 평가한다.

③ 문제해결을 위한 적절한 치료계획 및 치료전략의 제시

문제인식 및 해결을 위해 치료 전략을 설계한다.

④ 내담자(수검자)에 대한 이해 및 치료적 관계로의 유도

　　내담자 이해를 바탕으로 치료적 관계를 형성한다.

⑤ 치료 결과 및 효과에 대한 평가

　　수집된 자료를 통해 치료의 예후를 예측하여 평가한다.

(2) 주요내용

① 인지기능에 대한 평가

　⊙ 전반적인 지적 기능에 대한 평가

　ⓒ 논리적·추상적 사고능력, 주의집중력 등에 대한 평가

　ⓒ 문제 상황이나 스트레스 상황에서의 인지적 대처양식에 대한 평가

　ⓔ 인지적 능력의 결함이나 장애, 취약성 등에 대한 평가

② 성격역동에 대한 평가

　⊙ 불안, 우울, 충동성, 공격성 등 현재 정서 상태에 대한 평가

　ⓒ 내담자의 문제에 영향을 미치는 정서적 측면에 대한 평가

　ⓒ 내담자의 문제와 성격적인 특성의 관련성에 대한 평가

　ⓔ 자아강도, 정서조절, 충동통제력에 대한 평가

③ 대인관계에 대한 평가

　⊙ 가족, 친구, 동료, 타인과의 상호적 대인관계에 대한 평가

　ⓒ 대인관계의 양상 및 패턴에 대한 평가

　ⓒ 대인관계에서의 기능 및 역할 수행에 대한 평가

④ 진단 및 감별진단

　⊙ 검사결과 및 검사 수행 시 나타난 정서적·행동적 양상에 대한 평가

　ⓒ 생활사적 정보 등을 포함한 종합적 평가

　ⓒ 성격장애, 기분장애, 정신지체 등 정신의학적 진단분류

⑤ 예후 및 방향 제시

　⊙ 문제의 해결을 위한 적절한 치료 유형 및 치료 전략의 제시

　ⓒ 치료적 경과 및 앞으로의 행동에 대한 예측

제 3 절 심리평가의 시행

1 면담 및 행동관찰

(1) 면담

① 의의
  ㉠ 비구조적인 특징으로 인해 구조적인 심리검사를 통해 파악하기 어려운 내담자에 대한 의미 있는 자료를 제공한다.
  ㉡ 상담자(검사자)는 면담을 통해 내담자의 방문 사유, 내담자의 태도, 내담자의 가정 또는 직장 내 생활 및 적응상태, 대인관계 양상, 개인력 등에 대한 폭넓은 정보를 얻을 수 있다.
  ㉢ 면담에 의한 자료는 자의적인 해석이나 의도적 또는 비의도적인 왜곡, 과장 또는 축소, 생략의 과정이 개입될 수 있으므로 정확성을 보장하기 어렵다.
  ㉣ 면담에 의해 수집된 자료는 충분한 검토와 함께 분석 및 추론 등에 의한 전문적인 진행 과정을 거침으로써 유효하게 활용될 수 있다.

② 형식에 따른 분류
  ㉠ 구조화면담
   • 표준화면담
   • 질문항목 및 순서 등이 미리 정해져 있음
   • 진단의 신뢰도와 정확도를 높임
  ㉡ 비구조화면담
   • 비표준화면담
   • 질문항목을 일정하게 지정하지 않고 내담자가 제공하는 정보에 따라 면담을 진행
   • 면담자의 결정이 치우치지 않으려면 숙련된 기술 및 경험이 필요
  ㉢ 반구조화면담
   • 반표준화면담
   • 면담자가 융통성을 발휘하는 것 가능

③ 면담의 기법

ㄱ 공감 : 내담자가 전달하려는 내용 뿐 아니라 내담자의 내면적 감정에 대하여서도 반응하는 것

ㄴ 재진술 : 내담자가 전달하는 이야기의 표면적 의미를 상담자가 환언하여 말함으로써 내용을 보다 명확히 하고 내용을 잘 이해하고 있는지를 점검할 수 있음

ㄷ 반영 : 내담자가 전달하고자 하는 의사의 본질을 스스로 볼 수 있도록 내담자의 말과 행동에서 표현되는 감정·생각·태도를 상담자가 다른 참신한 말로 부연하는 기술

ㄹ 적극적 경청 : 내담자의 말이나 사건의 내용은 물론 내담자의 심정을 파악함으로써 내담자가 표현하는 언어적인 의미 외에 비언어적인 의미까지 이해하는 것이다. 이때, 내담자가 말한 단어의 뜻 자체보다는 내담자의 잠재적인 감정에 주목

ㅁ 질문 : 가급적 내담자가 스스로 이야기할 수 있도록 하는 것이 바람직하며, 상담자가 질문을 많이 사용하여 내담자에게 지속적으로 응답을 요구하는 것은 바람직하지 못함

ㅂ 직면 : 내담자의 말이나 행동이 일치하지 않는 경우 또는 내담자의 말에 모순점이 있는 경우 상담자가 그것을 지적해 주는 것

ㅅ 명료화 : 내담자의 말 속에 포함되어 있는 불분명한 내용에 대해 상담자가 그 의미를 분명하게 밝히는 것

ㅇ 해석 : 내담자가 새로운 방식으로 자신의 문제들을 돌아볼 수 있도록 사건들의 의미를 설정해 주고, 자신의 문제를 새로운 각도에서 이해할 수 있도록 그의 생활 경험과 행동의 의미를 설명하는 것

(2) 행동관찰

① 직접적인 평가과정으로, 평가대상의 실제 속성에 대한 가장 근접한 자료를 제공한다는 점에서 유의미하다.

② 면담이나 심리검사 장면에서 내담자가 드러내 보이는 행동은 내담자의 일상적인 생활 상황에서의 행동을 반영한다.

③ 상담자는 내담자의 행동을 주의 깊게 관찰함으로써 내담자의 일상생활 속에서의 긴장과 압력, 대인관계, 문제 상황에서의 행동양상 등을 추측해 볼 수 있다.

④ 행동관찰은 그 유용성에도 불구하고 면담 및 심리검사 장면의 제한된 영역에 국한되므로 내담자의 전체 행동 영역에 대한 대표성을 보장하는 것으로 보기 어렵다.

⑤ 자신의 행동을 다른 누군가가 지켜보고 있다고 내담자가 인식하는 경우 실제 상황과 다른 행동을 나타내 보일 수 있다.

② 심리검사의 실시, 채점 및 해석

(1) 심리검사 선정 시 주요 고려사항

① 다양한 심리검사의 내용 및 특징 등에 대한 정확한 정보를 토대로 검사내용 상 검사목적에 가장 잘 부합하는 심리검사를 선정하여야 한다.

② 타당성, 신뢰성, 객관성, 경제성, 실용성 등을 종합적으로 고려하여 검사도구를 선정하여야 한다.

③ 검사로 인해 발생할 수 있는 결과에 대해 명확히 알고 있어야 한다.

④ 검사사용 시 발생할 수 있는 편향을 감소시키기 위해 필요한 과정들에 대해 명확히 알고 있어야 한다.

⑤ 특정검사의 특징과 함께 해당검사의 사용과 관련된 폭넓은 지식을 가지고 있어야 한다.

⑥ 검사도구 선정 시 내담자를 포함시키는 것이 바람직하다.

(2) 심리평가 시 심리검사를 시행하는 목적

① 내담자가 표면적으로 드러내지는 않지만 정신병적 징후가 의심될 경우 심리검사를 통해 이를 확인하고 진단할 수 있다.

② 내담자가 불안하다고 보고하고 있으나 그 정도가 어느 수준인지, 비현실적인 사고를 보이고 있으나 그 사고 수준이 망상에까지 이르고 있는지 등을 평가할 수 있다.

③ 내담자의 문제증상이나 행동이 신체적인 이유 때문인지, 정서적인 이유 때문인지, 성격적 특성 때문인지에 따라 치료적 접근은 달라진다. 이와 같이 그 원인에 대한 변별을 통해 올바른 치료적 개입이 이루어질 수 있도록 심리검사를 시행한다.

④ 내담자의 지능이나 적성을 파악하고자 할 경우, 교통사고로 인한 특수 영역의 손상 여부를 파악하고자 할 경우, 내담자의 장애판정이나 법적인 목적에 사용하기 위한 경우 등 내담자의 어느 특정 영역에서의 기능이나 수준을 평가해야 할 때 심리검사를 시행한다.

⑤ 심리검사 결과를 종합하여 내담자의 문제와 관련된 성격적 특성이나 역동을 이해할 수 있으며, 내담자의 전반적인 기능 수준을 평가할 수 있다.

(3) 심리검사의 실시 및 채점

① 검사실시자는 검사설명서에 이론적 근거, 측정의 개발과정, 검사의 구체적인 사용목적, 검사실시자의 자질, 검사의 실시, 채점, 해석에 관한 자세한 설명을 확인해야 한다.

② 채점 시에도 역시 자세한 채점방법을 숙지하여야 수검자의 점수를 검사의 규준과 비교할 수 있으며, 정반응과 오반응을 제대로 평가할 수 있다.

더 알아두기

심리검사의 일반적인 시행단계

① 제1단계 : 심리검사의 선택

  ㉠ 심리검사의 사용에 있어서 가장 중요한 단계로, 부적절하거나 부정확한 심리검사를 사용하는 경우 그 결과는 신뢰할 수 없다.

  ㉡ 해당 검사가 사용 목적에서 벗어나는 경우 실용적 측면에서 가치가 없으며, 오래된 검사의 낮은 규준을 그대로 이용하는 경우 수검자에 대한 정확한 진단이 어렵다.

  ㉢ 검사자는 우선적으로 검사실시의 상황 및 목적을 고려하여 검사의 시행여부를 결정한다.

  ㉣ 다양한 심리검사의 내용 및 특징 등에 대한 정확한 정보를 토대로 검사내용 상 검사목적에 가장 잘 부합하는 심리검사를 선택한다.

  ㉤ 검사의 양호도, 즉 타당성, 신뢰성, 객관성, 경제성, 실용성 등을 고려하여 검사방법을 선택한다.

② 제2단계 : 검사요강에 대한 이해

  ㉠ 표준화된 검사는 검사의 실시 · 채점 · 해석에 있어서 통일성을 강조한다.

  ㉡ 검사요강에는 해당 심리검사의 목적, 특징, 개발 배경 및 과정, 검사 및 문항의 형식, 검사의 실시 · 채점 · 해석에 관한 사항, 검사양호도 및 문항양호도 등에 대한 사항들이 기록되어 있다.

  ㉢ 검사의 실제 시행에 있어서 검사개발 당시 규준 작성의 진행과정과 동일한 조건 하에서 검사가 실시 · 채점 · 해석되어야 타당성과 신뢰성이 높은 결과를 얻을 수 있다.

③ 제3단계 : 검사에 대한 동기화

  ㉠ 수검자가 심리검사를 받을 준비상태에 놓이는 것을 의미한다.

  ㉡ 심리검사는 수검자의 검사에 대한 자발적이고 적극적인 관심과 협조를 필요로 한다.

  ㉢ 수검자가 자신의 지적 능력이나 심리적 성향을 다른 사람에게 드러내고자 하지 않는 경우 또는 심리검사 자체를 무의미한 것으로 생각하는 경우 심리검사를 회피하게 된다.

  ㉣ 검사자는 수검자의 심리검사에 대한 거부감을 해소하여 수검자로 하여금 심리검사에 적극적으로 참여하도록 하기 위해, 해당 심리검사의 목적, 특징, 절차, 효과 등에 대해 충분히 설명하여야 한다.

  ㉤ 검사자는 수검자의 심리검사에 대한 두려움이나 거부감을 해소시키기 위해 노력해야 한다.

④ 제4단계 : 검사의 실시

  ㉠ 검사자는 검사요강에 제시된 검사실시 관련 정보들을 숙지한 채 실제 검사장면에서 다양한 조건들을 정확하게 적용한다.

  ㉡ 검사실시 과정상의 전반적인 환경에 익숙해지기 위해 검사시행 전 검사자가 수검자의 입장에서 미리 해당 심리검사를 받아보는 것도 효과적이다.

  ㉢ 표준화된 심리검사에서 검사자는 원칙적으로 검사요강의 지시문을 그대로 따라야 하며, 검사자가 임의로 지시문을 첨가하거나 자의적으로 해석하는 태도는 삼가야 한다.

  ㉣ 검사자는 수검자의 응답에 영향을 미치지 않도록 과도한 친밀감이나 냉정함을 보이지 않도록 하며, 수검자로 하여금 어떤 특정한 방향으로 인도하려는 태도를 삼가야 한다.

  ㉤ 검사자는 최적의 환경에서 검사가 실시되도록 노력해야 한다. 적절한 채광 및 온도를 유지하고 소음이 발생하지 않도록 하며, 수검자의 검사로 인한 피로를 최소화해야 한다.

⑤ 제5단계 : 검사의 채점

    ⊙ 컴퓨터를 이용한 채점의 경우 수검자가 혹시 응답지 작성 과정에서 오류를 범한 것은 아닌지 혹은 시스템
상의 오류로 인해 채점 결과가 잘못 나온 것은 아닌지 검토할 필요가 있다.

    ⓛ 단답형 문항과 자유반응형 문항이 혼용되어 있는 검사의 경우 검사자는 특히 검사요강에 제시된 기준을 충
실히 이행함으로써 객관성을 유지하도록 노력해야 한다.

    ⓒ 집단을 대상으로 하는 심리검사의 경우 몇 개의 응답지를 예비적으로 채점하여 채점 기준에 익숙해지도록
하며, 채점상 나타날 수 있는 문제들을 사전에 파악하는 것이 바람직하다.

⑥ 제6단계 : 검사결과에 대한 해석

    ⊙ 심리검사를 제작·판매하는 출판사는 검사결과에 대한 해석내용을 개괄적으로 제시할 뿐 세부적인 점수
차이에 대해 알려주지 않는다. 이 경우 검사자는 그 차이를 분명히 인지하며, 이를 수검자에게 알려줄 필요
가 있다.

    ⓛ 대부분의 심리검사는 응답지의 채점에서 얻어지는 원점수를 이용하는 것이 아닌 규준집단 점수분포상에서
의 상대적인 위치를 나타내는 전환점수 또는 변환점수를 사용한다.

    ⓒ 검사자는 수검자 개인의 심리검사 결과를 보다 정확하게 해석하기 위해 사전에 백분위와 표준점수 체계 등
전문적 지식을 보유하고 있어야 한다.

(4) 심리검사의 올바른 해석을 위한 지침

① 해석의 기본관점 수립

검사결과의 해석은 단순히 측정된 결과를 전달하는 것이 아니므로, 검사자는 검사결과를 해석하는 기
본관점을 가지고 있어야 한다. 즉, 검사자는 무엇보다도 검사점수가 무엇을 의미하는가에 대한 자신
의 입장을 분명히 수립해야 한다.

② 통계학적 해석에 대한 설명

어떤 수검자들은 검사자가 검사결과를 질적 혹은 서술적으로 설명해 주기보다는 수치로 말해 줄 것을
요구하기도 한다. 이때 검사자는 수검자에게 검사점수와 함께 표준점수의 성질을 쉽게 설명해 주어
검사결과를 정확히 이해할 수 있도록 해야 한다.

③ 개인 간 차이와 개인 내 차이의 명료화

미술적성검사에서 A는 68점, B는 72점을 받았다고 가정할 때, 해당 점수만으로 B가 A보다 미술재능
이 더 뛰어나다고 단언하기는 어렵다. 그 이유는 측정된 두 점수에 측정의 오차가 개입되어 있을 수
있기 때문이다. 또한 심리검사는 최소 2개 이상의 하위척도로 구성되어 있으며, 그 프로파일 형태를
보고 개인 내 차이를 해석할 수 있게 된다. 그러나 하위척도 점수 간의 차이를 통계적으로 밝힐 수 없
다면, 그 결과를 객관적이고 정확하다고 단언하기 어렵다. 따라서 개인 간 차이를 밝히기 위해 측정의
표준오차(Standard Error of Measurement)를 사용하고, 개인 내 차이를 밝히기 위해 차이의 표준
오차(Standard Error of Difference)를 사용한다.

④ 측정오차를 고려한 해석

심리검사를 통해 얻은 점수는 측정치로서, 사실상 모든 측정치는 진점수와 함께 어느 정도 오차점수를 포함한다. 따라서 검사자는 검사과정과 결과에서 어떤 종류의 오차가 어느 정도 개입되어 있는지를 항상 확인해야 한다.

3 종합평가 및 진단

(1) 심리평가에 의한 종합적인 평가 및 진단

① 심리평가는 개인의 심리적 특성과 상태를 파악하기 위한 체계적이고 종합적인 기술과정이다.

② 심리평가는 심리검사, 임상면접, 행동관찰, 신경학적 검사 등의 결과를 종합하여 개인의 심리에 대한 다양한 결정을 내린다.

③ 심리평가의 요소로서 심리검사를 비롯한 다양한 검사과정도 중요하지만, 내담자의 생활사적·발달사적 정보나 면담을 통한 정보, 자연적 또는 체계적 상황에서의 행동관찰이나 내담자에 대한 기록, 관련 분야에 대한 전문적인 지식 등도 내담자의 심리 상태를 이해하기 위한 중요한 요소이다.

④ 심리검사에 의한 결과는 내담자에 대한 다양한 정보를 제공해 주지만 내담자의 검사에 대한 반응으로서 주관적인 정보에 불과하므로 그 자체로서 객관적인 비교나 검증이 불가능하다.

⑤ 내담자의 보고나 검사에 의해서가 아닌 상담자가 관찰자 또는 치료자로서 수집하는 정보는 내담자에 대한 보다 객관적인 정보를 제공해준다.

⑥ 심리검사에 의한 주관적인 정보 이외에 내담자의 생활사나 발달사, 각종 기록을 통해 입수되는 객관적인 정보를 종합하여 비교함으로써 오류를 최소화하는 동시에 내담자의 장애나 문제 상황에 대한 인과관계를 보다 타당성 있게 포착할 수 있다.

(2) 심리평가자에게 요구되는 자질

① 과학자로서의 자질

㉠ 심리평가자는 과학적이고 객관적인 방법에 의거하여 평가를 내릴 수 있어야 한다.

㉡ 전문적인 지식과 다양한 실험을 토대로 제시된 문제들에 대해 타당성 있는 해석을 내릴 수 있어야 한다.

㉢ 가설을 수립하고 자료를 수집하며, 논리적인 분석을 토대로 문제의 원인을 발견해야 한다.

㉣ 인과관계를 규명하여 원인과 결과를 설명하며, 실험과 검증의 과정을 통해 이를 일반화해야 한다.

㉤ 일반화된 내용을 토대로 미래의 행동을 예측할 수 있어야 한다.

② 예술가로서의 자질

㉠ 심리평가자는 다양한 평가경험 및 치료경험에 의거하여 해석 및 설명을 할 수 있어야 한다.

㉡ 판단력과 사고력, 창의력과 상상력을 토대로 제시된 문제들을 통찰할 수 있어야 한다.

㉢ 선의와 용기를 통해 내담자(수검자)를 이해하며, 희망과 에너지로 치료전략을 수립하여야 한다.

㉣ 내담자와의 전문적인 관계형성을 통해 치료적인 관계로 유도해야 한다.

4 심리평가 보고서 작성

(1) 심리평가 보고서의 일반적 형식

평가보고서는 평가 당시 상황 또는 목적이 어떻든 간에, 수검자의 평가 결과를 의뢰자 혹은 수검자 혹은 관련 가족 및 평가 상황과 직접 관련한 사람에게 전달하고 소통하기 위한 목적으로 작성된 것이다. 따라서 목적에 부합되는 최소한의 정보와 평가 내용이 반드시 포함되어야 한다.

① 제목

'심리평가보고서' 또는 '심리학적 평가보고서'

② 수검자 정보 등록

수검자가 가진 문제와 의뢰목적을 이해하기 위해 반드시 참고해야 할 기본적인 신상정보(등록번호, 이름, 성별, 연령, 교육수준, 직업, 결혼상태, 종교, 주소 및 연락처, 검사 실시일, 이전의 평가 경험 유무, 입원날짜 등)

③ 실시된 검사명

㉠ 해당 수검자에게 실시된 검사의 명칭을 기록한다.

㉡ 웩슬러 지능검사(K-WAIS-Ⅳ), 로르샤하 검사(Rorschach Test), 다면적 인성검사(MMPI-2), 문장완성검사(SCT) 등

④ 의뢰 사유

㉠ 평가를 실시하게 된 경로와 목적을 간략하게 설명한다. 의뢰목적을 분명하고 간결하게 기술하기 위해서는 추상적인 표현을 쓰기보다는 문제 중심적으로 기술하는 것이 좋다.

㉡ 예를 들면, '장애등급 판정을 위한 지적 기능에 대한 평가' '뇌손상에 따른 인지기능의 저하 정도 평가'

⑤ 배경정보, 현병력

㉠ 수검자가 지닌 현재 문제와 관련한 배경정보 및 현재의 문제가 인지되고 경과되어 온 과정 중에서 중요한 정보들을 요약하여 기술한다. 이때 정보를 누구를 통해 얻었는지에 대한 정보 원천을 같이 기술해야한다.

㉡ 예를 들면 '수검자에 따르면...', '어머니의 보고에 의하면....'

⑥ 행동관찰 및 수검태도

㉠ 중요한 정보는 언어보다 비언어적 통로를 통해 노출되고 전달된다. 비언어적 정보들은 외모, 차림새, 행동 패턴, 검사자나 검사에 대한 태도 등의 특징적인 양상들을 관찰함으로써 얻을 수 있다.

㉡ 검사 상황이나 상호작용하는 과정에서 독특한 행동 패턴에 주목할 필요가 있으며, 표현된 언어와 표정, 행동 간의 불일치, 문제해결 방식, 반응의 차이나 태도의 변화 등을 확인할 수 있다.

⑦ 검사결과에 대한 기술 및 해석

    ㉠ 실시된 검사 결과를 간략하게 기술하고, 평가과정에서 얻은 다양한 원천의 정보들과 연결 짓고, 부분적인 가설들을 종합하여 그 결과에 대한 해석적 기술을 한다.

    ㉡ 일반적으로 주요 심리적 영역별로 나누어 제시되며 크게 지적 영역, 정서적 영역, 대인관계 영역별로 나누어 기술된다.

    ㉢ 검사 점수는 평가보고서의 본문에 부분으로 인용하여 기술할 수도 있고, 보고서의 마지막에 첨부 형식으로 결과표만 따로 요약하여 제시할 수도 있다. 특히 정신장애나 지적장애에 대한 감정평가나 목적이거나 여타 법적인 용도로 사용될 수 있는 보고서라면 검사 점수를 구체적으로 제시하는 것이 필요하다.

    ㉣ 어느정도 세부적인 검사 점수를 제시할 것인지 여부는 의뢰 질문이나 평가목적에 맞추어 조절하면 된다.

⑧ 요약 및 제언

    ㉠ 평가 보고서의 핵심사항을 다시 한 번 요약 정리하는 것이다. 초점이 있는 보고서는 반드시 의뢰 질문에 대한 답변이 포함되어야 하며, 자연스럽게 도출된 결론이라는 느낌을 줄 수 있도록 논리적이고 분명해야 한다.

    ㉡ 제언은 평가보고서의 최종적인 목적이라 할 수 있다. 어떤 목적으로 평가가 의뢰되었건 결국 뭔가 문제를 느끼고 평가를 받게 된 내담자에게 그 문제해결에 도움이 될 수 있는 해결책을 제시하는 것이다. 따라서 제언은 분명하고, 실천가능하고, 의뢰자가 속한 해당 기관에 제공할 수 있는 수단과 여건을 고려하여 현실적으로 기술되는 것이 좋다.

⑨ 평가자 정보

    '○○병원 임상심리사전문가 제○호 성명 ○○○'

(2) 좋은 심리평가 보고서를 위한 일반 지침

평가보고서가 사용되는 맥락과 목적에 가장 부합되는 방식으로 수행되고 작성된 보고서라면 좋은 평가보고서라고 할 수 있을 것이다.

① 보고서의 길이

    보고서의 가장 적절한 길이는 평가의 목적에 맞추어 적절한 내용들이 기술되고 보고서를 읽는 사람이 내용을 쉽게 이해하고 도움이 되도록 전달 될 수 있도록 한다. 보통 병원에서 사용하는 보고서 길이는 대략 A4용지 2 ~ 3페이지의 내용으로 간결하게 기술된다. 교육현장이나 기업체, 사설 상담기관 등의 보고서 길이는 수검자나 가족들에게 직접 전달될 것을 염두에 두고 쉬운 용어를 사용하고 이해를 돕기 위한 표와 그래픽 및 그에 대한 설명들이 포함되기 때문에 분량이 더 길어진다.

② 문체, 스타일

문체나 표현법은 보고서 작성자의 개인적 특성 및 평가 자료를 조직화하는 이론적 관점, 그가 지향하는 치료적 접근, 보고서를 읽게 되는 대상에 따라 달라진다. 그러나 기본 원칙은 보고서가 독자에게 쉽고 정확하게 이해될 수 있는 방식으로, 그리고 읽는 사람에게 도움이 될 수 있는 최선의 방식으로 기술되어야 한다. 일상적으로 사용하는 언어이면서도 가장 정확한 의미를 지닌 어휘를 선택하여 간결하게 기술하고, 문장 내용들이 통합되어 있으며, 흥미를 불러일으키는 방식으로 과학적 스타일과 문학적 스타일을 절충하여 임상적 목적에 맞게 작성하는 보고서가 적합하다.

③ 해석결과 제시

구체적인 검사 결과들과 이를 근거로 통합적 해석이 이루어져야한다. 즉, 평가 결과 보고되어야 할 방향은 규준과 비교한 객관적인 특성이 포함되어야 하며, 그 개인만이 가지고 있는 독특한 상황적 맥락과 내용까지도 고려하는 방식으로 기술되어야 한다.

제4절 검사개발과 사용에 관한 윤리

(1) 사전동의

심리검사를 실시하기 전에 검사자는 응답자에게 검사의 목적과 절차에 대해 설명하고 충분히 이해하도록 안내해야 하며, 사전에 동의를 구한 후 심리검사를 실시해야 한다. 예외적으로 검사의 목적을 정확하게 설명할 경우 수검사자가 있는 대로 솔직하게 반응하지 않고 과장되거나 왜곡되게 반응하는 경우가 생길 수 있는데, 이 경우는 사전동의를 받지 않고 검사가 끝난 후 설명하는 방식으로 진행되기도 한다.

(2) 비밀보장

검사결과에서 얻은 개인정보와 결과의 해석된 내용을 당사자의 동의 없이는 공개하지 않아야 하며 타인이 검사결과와 해석을 잘못 사용하지 않도록 해야 한다.

(3) 검사과정의 공정성

어떤 검사가 특정집단의 사람에게 불리한 측면이 있는데도 이를 고려하지 않고 그대로 실시할 경우 불공정한 것으로 간주한다. 이 점을 고려하여 공정하게 검사를 진행하여야 한다.

예 다리가 불편한 사람에게 빠른 걸음을 재는 경우

(4) 검사사용의 불공정성 감소방안

검사사용의 불공정성을 감소시키기 위하여 중다평가방법과 다단계평가방법을 활용한다.

① **중다평가방법** : 다양한 검사방법을 통해서 평가한 후 각 검사마다 동일한 결과가 나타나는지를 확인하는 방법을 말한다.

② **다단계평가방법** : 여러 검사를 단계별로 실시하는 방법을 말한다.

(5) 검사자의 전문성

검사자는 검사를 사용하기 위한 역량을 확보하여야 하며 전문가적이고 윤리적인 방식으로 행동하여야 한다.

제 5 절 　검사결과의 활용

(1) 검사결과 해석 시 주의사항

① 검사매뉴얼을 정확히 이해하여야 한다. 검사매뉴얼은 검사 이용의 한계와 함께 결과해석을 위한 제안에 대한 정보를 제공해 준다.

② 검사결과 해석 시 검사의 목적과 제한점, 장점 등을 포괄적으로 고려한다.

③ 검사결과 해석 시 백분위나 표준점수가 포함된다면, 이와 함께 검사가 채점되는 과정이 설명되어야 한다.

④ 검사결과는 확실성이나 구체적 예측보다는 가능성의 관점에서 제시될 필요가 있다.

⑤ 검사결과는 내담자가 이용 가능한 다른 정보와 관련하여 제시되어야 한다.

⑥ 검사결과로 나타난 장점과 약점 모두가 객관적으로 검토되어야 한다.

(2) 검사결과 해석을 활용한 상담 시 주의사항

① 내담자가 검사결과를 이해하고 이용할 수 있는 능력이 있다는 것을 보여 주고, 내담자가 자신에 대해 이미 가지고 있는 정보에 검사자료를 추가하는 것과 내담자가 직면한 의사결정에 도움을 얻기 위해 검사정보를 직접 이용하는 것이 중요하다는 것을 인지시킨다.

② 해석과정이 시작되기 전에 내담자에게 검사에 대해 어떻게 느끼는지를 물어본다. 이를 통해 검사에 대한 내담자의 태도정보와 검사결과에 대한 유용성과 타당성에 관한 정보를 얻을 수 있다.

③ 앞으로 이야기할 검사가 다양한 검사세트 안의 어떤 내용의 것인지를 내담자에게 상기시키고 검사결과를 논의하는 것이 바람직하다.

④ 검사결과를 내담자의 과거, 현재, 미래의 행동과 관련시키고, 과거의 정보와 현재의 검사결과를 현재의 의사결정과 미래의 좀 더 장기적인 계획과 관련지어 보도록 한다.

⑤ 전문적인 용어를 피하고 이해하기 쉬운 용어로 검사의 내용을 설명하고 검사결과가 내담자에게 이해되고 있는지 확인하기 위해 내담자에게 요약해 보도록 하는 것이 중요하다.

⑥ 검사결과의 언어적인 해석과 함께 검사결과를 도식적으로 제시하는 것을 병행하는 것이 좋다.

⑦ 검사결과를 지나치게 규정짓는 것은 바람직하지 않다. 내담자게 낮게 수행한 점수가 무시할 수 있거나 잘못 측정되었다거나 우연 때문이라고 해서도 안 된다.

⑧ 결과해석 면담이 끝날 무렵 전체 결과를 요약하되 이를 내담자가 하도록 한다. 이 요약을 논의하고, 불일치나 오해하는 점들을 해결하기 위해 충분한 시간을 가지는 것이 중요하다.

01 심리검사의 목적
- 분류 및 진단
- 자기이해의 증진
- 예측

01 다음 중 심리검사의 목적에 해당하지 <u>않는</u> 것은?

① 자기이해의 증진
② 진단
③ 예측
④ 치료

02 심리평가에는 수검자 정보, 실시된 검사명, 의뢰 사유, 배경정보, 현병력, 행동관찰 및 수검태도, 검사결과에 대한 기술 및 해석, 요약 및 제언, 평가자 정보 등이 주요 내용으로 기술된다.

02 심리평가의 주요 내용이 <u>아닌</u> 것은?

① 실시된 검사명
② 의뢰 사유
③ 행동관찰 및 수검태도
④ 검사 신뢰도

03 ① 성취도검사: 성취도검사의 결과는 종종 학생의 수업수준이나 학업달성수준을 평가하기 위해 사용된다.
② 성격검사: 인간의 사고, 감정, 행동을 특징짓는 개인의 능력, 흥미, 태도, 기질 등의 복합체인 성격을 측정한다.
③ 적성검사: 개인의 특수한 능력 또는 잠재력을 발견하도록 하여 학업이나 취업 등의 진로를 결정하는데 정보를 제공하며, 이를 통한 미래의 성공가능성을 예측한다.

03 검사의 명칭과 그 내용이 올바르게 연결된 것은?

① 성취도검사: 개인의 특수한 능력 또는 잠재력을 발견하도록 하여 학업이나 취업 등의 진로를 결정하는데 정보를 제공하며, 이를 통한 미래의 성공가능성을 예측한다.
② 성격검사: 이 검사의 결과는 종종 학생의 수업수준이나 학업달성수준을 평가하기 위해 사용된다.
③ 적성검사: 인간의 사고, 감정, 행동을 특징짓는 개인의 능력, 흥미, 태도, 기질 등의 복합체를 측정한다.
④ 태도검사: 특정한 종류의 자극에 대한 개인의 정서적 반응이나 가치판단 등을 나타내는 태도를 측정한다.

정답 01 ④ 02 ④ 03 ④

04 아래의 내용은 심리평가의 방법 중 무엇인가?

> • 평가 대상의 실제 속성에 대한 가장 근접한 자료를 제공한다는 점에서 유의미하다.
> • 내담자의 전체 행동에 대한 대표성을 보장한다고 보기는 어렵다.

① 행동면담　　　　② 행동관찰
③ 행동검사　　　　④ 행동요법

04 심리평가의 기법 중 행동관찰에 대한 설명으로 볼 수 있다.

05 심리검사 선정의 고려사항에 비추어 옳지 <u>않은</u> 것은?

① 타당성, 신뢰성, 객관성, 경제성, 실용성 등을 종합적으로 고려하여 검사도구를 선정하여야 한다.
② 검사내용 상 검사목적에 가장 잘 부합하는 심리검사를 선정하여야 한다.
③ 검사도구 선정 시 내담자를 포함할 필요는 없다.
④ 검사로 인해 발생할 수 있는 결과에 대해 명확히 알고 있어야 한다.

05 검사도구 선정 시 내담자를 포함시키는 것이 바람직하다.

06 아래의 A와 B에 들어갈 말이 올바르게 나열된 것은?

> • 개인 간 차이를 밝히기 위해 (A)를 사용하고, 개인 내적 차이를 밝히기 위해 (B)를 사용한다.

① A: 차이의 표준오차, B: 측정의 표준오차
② A: 측정의 표준오차, B: 차이의 표준오차
③ A: 차이의 측정오차, B: 측정의 측정오차
④ A: 측정의 측정오차, B: 차이의 측정오차

06 개인 간 차이를 밝히기 위해 측정의 표준오차(Standard Error of Measurement)를 사용하고, 개인 내적 차이를 밝히기 위해 차이의 표준오차(Standard Error of Difference)를 사용한다.

정답 04 ②　05 ③　06 ②

07 ① · ③ · ④ 과학자로서의 자질
② 예술가로서의 자질

07 심리평가자에게 요구되는 자질에 대한 내용 중 그 성격이 <u>다른</u> 하나는?

① 과학적이고 객관적인 방법에 의거하여 평가를 내릴 수 있어야 한다.

② 다양한 평가경험 및 치료경험에 의거하여 해석 및 설명을 할 수 있어야 한다.

③ 가설을 수립하고 자료를 수집하며, 논리적인 분석을 토대로 문제의 원인을 발견해야 한다.

④ 일반화된 내용을 토대로 미래의 행동을 예측할 수 있어야 한다.

08 검사개발과 사용에 관한 윤리
- 사전동의
- 비밀보장
- 검사과정의 공정성
- 검사사용의 불공정성 감소방안
- 검사자의 전문성

08 검사윤리와 관련된 내용이 <u>아닌</u> 것은?

① 사전동의
② 비밀보장
③ 검사과정의 공정성
④ 검사자의 건강

09 확실성이나 구체적 예측보다는 가능성의 관점에서 제시될 필요가 있다.

09 검사의 결과를 해석할 때의 주의사항으로 옳지 <u>않은</u> 것은?

① 가능성보다는 확실성이나 구체적 예측의 관점에서 제시될 필요가 있다.

② 검사의 목적과 제한점, 장점 등을 포괄적으로 고려한다.

③ 내담자가 이용 가능한 다른 정보와 관련하여 제시되어야 한다.

④ 검사매뉴얼을 정확히 이해하여야 한다.

정답 07 ② 08 ④ 09 ①

10 검사의 결과를 활용하여 상담을 할 때, 주의할 사항으로 옳은 것은?

① 해석과정이 시작되기 전에 내담자에게 검사에 대해 어떻게 느끼는지를 물어보아서는 안 된다.

② 전문적인 용어를 피하고 이해하기 쉬운 용어로 검사의 내용을 설명한다.

③ 검사결과는 단정적이고 규정지어 설명되어야 한다.

④ 결과해석 면담이 끝날 무렵 전체 결과를 요약하되, 정확한 요약을 위해 상담자가 한다.

10 ① 해석과정이 시작되기 전에 내담자에게 검사에 대해 어떻게 느끼는지를 물어본다.
③ 검사결과를 지나치게 규정짓는 것은 바람직하지 않다.
④ 결과해석 면담이 끝날 무렵 전체 결과를 요약하되 이를 내담자가 하도록 한다.

✔ 주관식 문제

01 심리검사의 정의를 간략하게 기술하시오.

01

[정답] 심리검사는 지능, 성격, 적성, 흥미 등 인간의 지적 능력이나 심리적 특성을 파악하기 위해 양적 또는 질적으로 측정 및 평가를 수행하는 일련의 절차를 말한다.

02 심리평가의 일반적인 목적을 두 가지 이상 쓰시오.

02

[정답] ① 임상적 진단
② 자아기능 평가
③ 치료전략 평가

[정답] 10 ②

03

정답 제1단계 : 심리검사의 선택 → 제2단계
: 검사 요강에 대한 이해 → 제3단계 :
검사에 대한 동기화 → 제4단계 : 검사
의 실시 → 제5단계 : 검사의 채점 →
제6단계 : 검사결과에 대한 해석

03 심리검사의 일반적 시행단계를 기술하시오.

04

정답 면담의 형식에 따른 분류

04 구조화면담과 비구조화면담으로 분류하는 것은 무엇에 근거한
분류인가?

제 **2** 장

심리검사의
측정이론

I wish you the best of luck

제 2 장 | 심리검사의 측정이론

제 1 절 | 신뢰도

1 신뢰도의 개념

(1) 신뢰도란 측정도구가 측정하고자 하는 현상을 일관성 있게 측정하는 능력을 말한다.

(2) 어떤 측정도구(척도)를 동일한 현상에 반복 적용하여 동일한 결과를 얻게 되는 정도를 그 측정도구의 신뢰도라고 한다.

(3) 어떤 측정도구를 사용해서 동일한 대상을 측정하였을 때 항상 같은 결과가 나온다면 이 측정도구는 신뢰도가 높다고 할 수 있다.

(4) 신뢰도가 낮은 측정도구는 측정할 때마다 측정치가 달라진다.

2 신뢰도의 종류

(1) 검사-재검사신뢰도(Test-Retest Reliability)

① 가장 기초적인 신뢰도 추정방법으로, 동일한 대상에 동일한 측정도구를 서로 상이한 시간에 두 번 측정한 다음 그 결과를 비교하는 것이다.

② 재검사에 의한 반복측정을 통해 그 결과에 대한 상관관계를 계산하여 도출된 상관계수로 신뢰도의 정도를 추정한다. 상관계수가 높다는 것은 신뢰도가 높다는 것을 의미한다.

③ 검사의 실시간격에 크게 영향을 받는데, 검사간격이 짧은 경우 신뢰도가 높게 나타나는 반면, 검사간격이 긴 경우 신뢰도가 상대적으로 낮게 나타난다.

④ 이월효과(기억효과), 성숙효과(반응민감성 효과), 역사요인, 물리적 환경의 변화 등이 나타날 수 있다.

(2) 동형검사신뢰도(Equivalent-Form Reliability)

① 새로 개발한 검사와 여러 면에서 거의 동일한 검사를 하나 더 개발해서 두 검사 점수 간의 상관계수를 구하는 방법이다.

② 검사-재검사신뢰도의 변형이라고 할 수 있는 방법으로, 동일한 조작적 정의 또는 지표들에 대한 측정도구를 두 종류씩 만들어 동일한 측정대상에게 각각 응답하도록 하는 방법이다.

③ 동형검사의 개발에 있어서 각각의 검사의 동등성을 보장하는 것이 중요하므로 문항 수, 문항표현방식, 문항내용 및 범위, 문항난이도, 검사지시내용, 구체적인 설명, 시간제한 등 다양한 측면에서 동등성이 검증되어야 한다.

④ 각각의 측정도구가 매우 유사해야만 신뢰도를 측정할 수 있는 수단으로 인정받을 수 있다.

(3) 반분신뢰도(Split-Half Reliability)

① 검사를 한 번 실시한 후 이를 적절한 방법에 의해 두 부분의 점수로 분할하여 그 각각을 독립된 두 개의 척도로 사용함으로써 신뢰도를 추정하는 방법이다.

② 조사항목의 반을 가지고 조사결과를 획득한 다음 항목의 다른 반쪽을 동일한 대상에게 적용하여 얻은 결과와의 일치성 또는 동질성 정도를 비교한다.

③ 양분된 각 측정도구의 항목 수는 그 자체가 각각 완전한 척도를 이룰 수 있도록 충분히 많아야 한다. 반분된 항목 수는 적어도 8~10개 정도가 되어야 하며, 전체적으로 16~20개 정도의 항목을 가지고 있어야 한다.

④ 반분신뢰도는 단 한 번의 시행으로 신뢰도를 구할 수 있으나, 반분하는 방식에 따라 각기 다른 신뢰도를 측정하므로 단일의 측정치를 산출하지 못한다.

⑤ 측정도구를 반분하는 과정에서 검사의 초반과 후반에 연습효과나 피로효과가 발생할 수 있는지, 특정문항군이 함께 묶여 제시되는지 확인해야 한다.

(4) 문항내적합치도(Item Internal Consistency)

① 단일의 신뢰도계수를 계산할 수 없는 반분법의 문제점을 고려하여, 가능한 한 모든 반분신뢰도를 구한 다음 그 평균값을 신뢰도로 추정하는 방법이다.

② 동일한 개념을 측정하는 항목인 경우 그 측정결과에 일관성이 있어야 한다는 논리에 따라 일관성이 없는 항목, 즉 신뢰성을 저해하는 항목을 찾아서 배제시킨다.

③ 문항내적합치도는 반분신뢰도와 같이 단 한 번의 시행으로 신뢰도를 구할 수 있으나, 검사내용이 이질적인 경우 신뢰도 계수가 낮아지는 단점이 있다.

(5) 관찰자신뢰도(Observer Reliability)

① 관찰자신뢰도 또는 채점자신뢰도는 관찰의 안정성을 기초로 한 신뢰도 측정방법으로, 재검사적 관찰자신뢰도와 대안적 관찰자신뢰도로 구분된다.

② 재검사적 관찰자신뢰도는 관찰자 내 신뢰도(Intra-Observer Reliability)라고도 하며, 한 사람의 관찰자가 일정한 관찰지침과 절차에 의거하여 동일 측정대상에 대해 시간적 간격에 의한 반복관찰을 시행한 후, 그 결과의 상관관계를 점수로 산정하여 신뢰도를 평가하는 방법이다.

③ 대안적 관찰자신뢰도는 관찰자 간 신뢰도(Inter-Observer Reliability)라고도 하며, 두 사람 이상의 관찰자가 일정한 관찰지침과 절차에 의거하여 동시에 독립적인 관찰을 시행한 후, 관찰자 간 관찰의 결과를 점수로 산정하여 신뢰도를 평가하는 방법이다.

제2절 ▶ 타당도

1 타당도의 개념

(1) 측정의 타당도란 조사자가 측정하고자 한 것을 실제로 정확히 측정했는지와 관련된다.

(2) 타당한 측정수단이란 측정하고자 하는 것을 측정할 수 있는 도구이다.

(3) 타당도는 실증적 수단인 조작적 정의나 지표가 측정하고자 하는 개념을 제대로 반영하는 정도를 의미한다.

(4) 조사자가 조작적 정의나 지표 또는 척도를 사용하여 처음 측정하고자 했던 개념이 의미하는 바를 제대로 측정하였다면, 이들 조작적 정의나 지표 또는 척도의 타당도는 높다고 볼 수 있다.

> **더 알아두기** 🔍
>
> **내적 타당도와 외적 타당도**
> - 내적 타당도(Internal Validity)
>   - 어떤 연구에서 종속변인에 나타난 변화가 독립변인의 영향 때문이라고 추론할 수 있는 정도를 말한다.
>   - 각 변수 사이의 인과관계를 추론하여 그것이 실험에 의한 진정한 변화에 의한 것으로 판명되는 경우 내적 타당도가 높은 것으로 본다.
>   - 연구결과의 정확성(Accuracy)과 관련된다.
> - 외적 타당도(External Validity)
>   - 외적 타당도는 연구의 결과에 의해 기술된 인과관계가 연구대상 이외의 경우로 확대될 수 있는 정도를 말한다.
>   - 연구결과의 일반화가능성(Generalizability)과 관련된다.

2 타당도의 종류

(1) 내용타당도(Content Validity)

① 논리적 타당도(Logical Validity)라고도 하며, 측정항목이 연구자가 의도한 내용대로 실제로 측정되고 있는가와 관련된 문제이다.

② 측정도구가 측정대상이 가지고 있는 많은 속성 중의 일부를 대표성 있게 포함하는 경우 타당도가 있다고 본다.

③ 논리적 사고에 입각한 논리적인 분석과정으로 판단하는 주관적인 타당도로서, 객관적인 자료에 근거하지 않는다.

④ 측정도구의 내용타당도는 문항구성과정이 그 개념을 얼마나 잘 반영하고 있는지, 그리고 해당문항들이 각 내용영역들의 독특한 의미를 얼마나 잘 나타내주고 있는지를 의미한다.

> **📋 참고 ➕**
>
> 안면타당도 또는 액면타당도(Face Validity)
> - 내용타당도와 마찬가지로 측정항목을 연구자가 의도한 내용대로 실제로 측정하고 있는가와 관련된다.
> - 내용타당도가 전문가의 평가 및 판단에 근거한 반면 안면타당도는 전문가가 아닌 일반인의 일반적인 상식에 준하여 분석한다.

(2) 기준(준거)타당도(Criterion Validity)

① 기준(준거)관련타당도(Criterion-Related Validity), 실용적 타당도(Pragmatic Validity) 또는 경험적 타당도(Empirical Validity)라고도 한다.

② 경험적 근거에 의해 타당도를 확인하는 방법으로, 이미 전문가가 만들어놓은 신뢰도와 타당도가 검증된 측정도구에 의한 측정결과를 기준으로 한다.

③ 통계적으로 타당도를 평가하는 것으로, 사용하고 있는 측정도구의 측정값과 기준이 되는 측정도구의 측정값 간의 상관관계에 관심을 둔다.

④ 연구하려는 속성을 측정해 줄 것으로 알려진 외적준거(기준)와 측정도구의 측정결과(척도의 점수) 간의 관계를 비교함으로써 타당도를 파악한다.

⑤ 기준타당도는 동시타당도 또는 공인타당도(Concurrent Validity)와 예측타당도 또는 예언타당도(Predictive Validity)로 구분된다.

동시타당도 (공인타당도)	새로 제작한 검사의 타당도를 위해 기존에 타당도를 보장받고 있는 검사와의 유사성 혹은 연관성에 의해 타당도를 검증하는 방법이다.
예측타당도 (예언타당도)	어떠한 행위가 일어날 것이라고 예측한 것과 실제 대상자 또는 집단이 나타낸 행위 간 관계를 측정하는 것이다.

(3) 개념타당도(Construct Validity)

① 구성타당도, 구인타당도 또는 구조적 타당도라고도 한다.

② 조작적으로 정의되지 않은 인간의 심리적 특성이나 성질을 심리적 개념으로 분석하여 조작적 정의를 부여한 후, 검사점수가 조작적 정의에서 규명한 심리적 개념들을 제대로 측정하였는가를 검정하는 방법이다.

③ 여기에서 개념(Construct)이란 심리적 특성이나 행동양상을 설명하기 위해 "있다는 것으로 가정"하는 심리적 요인을 말하는 것으로, 창의성검사의 경우 이해성, 도전성, 민감성 등을 개념이라고 할 수 있다.

④ 개념타당도에는 수렴타당도 또는 집중타당도(Convergent Validity), 변별타당도 또는 판별타당도(Discriminant Validity)가 있다.

수렴타당도 (집중타당도)	검사결과가 이론적으로 해당속성과 관련 있는 변수들과 어느 정도 높은 상관관계를 가지고 있는지를 측정한다.
변별타당도 (판별타당도)	검사결과가 이론적으로 해당속성과 관련 없는 변수들과 어느 정도 낮은 상관관계를 가지고 있는지를 측정한다.

제 **3**절 **규준과 표준점수**

1 검사의 표준화(Standardization)

(1) 검사의 표준화란 검사의 제반과정에 대한 일관성을 확보하기 위한 노력을 의미한다.

(2) 표준화된 검사(Standardized Test)는 검사의 실시에서부터 채점 및 해석에 이르기까지의 과정을 단일화 · 조건화함으로써 검사의 제반과정에서 검사자의 주관적인 의도나 해석이 개입될 수 없도록 한다.

(3) 경험적으로 제작되어 적절한 규준 및 기준점수, 타당도 및 신뢰도의 자료를 제시하며, 측정된 결과들을 상호비교할 수 있도록 해준다.

(4) 검사절차의 표준화는 검사실시상황이나 환경적 조건에 대한 엄격한 지침을 제공하는 동시에 검사자의 질문방식이나 수검자의 응답방식까지 구체적으로 규정함으로써 시간 및 공간의 변화에 따라 검사실시 절차가 달라지지 않도록 하는 것을 말한다.

(5) 채점 및 해석의 표준화는 검사의 최종판을 검사 예정집단과 가능한 한 비슷하게 구성한 규준집단(Norming Sample)에 실시하여 채점 및 해석의 기준, 즉 규준(Norm)을 미리 설정하는 것을 말한다.

(6) 표준화검사 vs. 비표준화검사

표준화검사	• 정해진 절차에 따라 실시되고 채점되는 검사이다. 즉, 검사조건이 모든 수검자(피검사자)에게 동일하며, 모든 채점은 객관적이다. • 표준화된 평가절차를 위해 검사의 구조, 실시방법, 해석에 대한 특정한 기준을 갖추고 있다. • 대부분의 표준화검사는 검사의 신뢰도와 타당도를 확보한 검사이다. 즉, 신뢰도와 타당도가 비교적 높다. • 검사결과는 대규모 표집으로부터 얻은 규준자료를 참고하여 해석되며, 이를 통해 규준집단에 비교해서 수검자의 상대적 위치를 알 수 있다.
비표준화검사	• 상담에 활용되는 많은 심리검사들은 검사해석을 위한 대표적 규준집단, 검사채점의 신뢰도 등의 기준을 갖추고 있지 않은 경우가 많다. • 비표준화검사는 표준화된 검사에 비해 신뢰도가 떨어지지만, 기존의 심리검사에 의해 다루어지지 못한 측면들을 융통성 있게 고려할 수 있다. • 투사적 기법, 행동관찰, 질문지 등이 포함된다. 이러한 방법들은 평가절차상 신뢰도는 낮지만 검사대상자의 일상생활, 주관적인 생각 등 표준화검사를 통해 얻기 어려운 정보들을 제공해준다.

2 표준화검사의 제작절차

(1) 제1단계: 검사목적정의

검사제작자는 사전에 검사의 목적을 구체적으로 정의하여야 한다. 해당검사를 통해 측정하고자 하는 것이 무엇인지, 주요검사대상자는 어떤 사람들인지, 검사는 어떤 용도로 사용되는지 등을 명확히 기술한다.

(2) 제2단계 : 사전검사설계

검사제작자는 검사실시형태(개인 또는 집단), 반응형태(선택형 또는 완성형), 검사소요시간, 검사를 통해 산출되는 점수의 개수(양), 점수보고방식 등을 고려하여 검사를 설계한다. 또한 검사의 시행·채점·해석을 위해 어느 정도의 경험과 훈련, 전문성을 필요로 하는지 결정한다.

(3) 제3단계 : 문항준비

검사제작자는 문항의 형태 및 반응의 형태, 그리고 문항의 채점형태를 고려하여 문항을 작성한다. 이때 수검자가 올바르게 이해할 수 있도록 작성하며, 특히 완성형 문항의 경우 타당도와 신뢰도가 확보될 수 있도록 주의를 기울인다.

(4) 제4단계 : 문항분석

문항분석은 예비검사단계, 통계분석단계, 문항선택단계로 이루어진다. 예비검사 단계에서는 수검자의 수검과정에서의 느낌, 예상치 못한 반응, 문항에 대한 잘못된 해석가능성 등을 검토하고, 통계분석단계에서는 문항의 난이도, 변별도, 추측도 등에 대한 통계적 분석을 통해 구성된 문항들이 양질의 문항인지 확인한다. 또한 문항선택단계에서는 문항의 적절성 여부를 통해 수검자의 특성을 유의미하게 반영할 수 있는 문항들로 검사를 구성한다.

(5) 제5단계 : 표준화 및 규준작성

표준화과정은 검사에 규준을 제공하는 것으로, 문항의 최종적인 선택 이후 실시된다. 규준은 검사결과 점수에 대한 객관적이고 의미 있는 해석을 위해 필요하다. 예를 들어, 지능검사에서는 연령규준을, 학습성과를 측정하는 성취도검사에서는 학년규준을 사용한다.

(6) 제6단계 : 최종검사준비 및 출판

출판은 검사도구 및 검사책자를 포함하여 검사매뉴얼, 채점보고서 등을 제작하는 과정이다. 간단한 검사의 경우 검사책자, 채점판, 지시사항 등을 포함하나, 복잡한 검사의 경우 부가적으로 해석지침, 특수전문보고서, 채점 및 보고를 위한 컴퓨터 프로그램 등을 포함한다.

> **📋 참고 ➕**
>
> 표준화검사로서 심리검사의 제작 또는 개발절차는 학자마다 다소 차이를 보이고 있으나 내용상 큰 차이는 없습니다. 참고로 아래의 절차도 널리 알려져 있으므로 함께 기억해 두시기 바랍니다.
> - 검사목적의 명세화(제1단계) → 검사목적에 관한 조작적 정의(제2단계) → 문항작성 및 수정(제3단계) → 예비검사실시와 문항분석(제4단계) → 최종검사제작(제5단계) → 신뢰도, 타당도, 규준작성(제6단계)
> - 검사제작계획의 수립(제1단계) → 문항작성(제2단계) → 예비검사실시 및 문항양호도검증(제3단계) → 표준화검사의 제작 및 편집(제4단계) → 표준화 및 규준작성(제5단계) → 검사요강작성(제6단계)

❸ 규준(norm)

(1) 검사점수의 해석에 필요한 기준이 되는 자료로, 한 개인의 점수가 어떤 의미를 지니고 있는지에 관한 정보를 제공해준다.

(2) 비교대상의 점수들을 연령별, 사회계층별, 직업군별로 체계적으로 정리하여 자료로 구성한 것이다.

(3) 특정집단의 전형적인 또는 평균적인 수행지표를 제공해준다.

(4) 개인의 점수를 다른 사람들의 점수와 비교하고 해석하는 과정에서 비교대상이 되는 집단을 규준집단 또는 표준화표본집단이라고 한다.

(5) 규준참조검사(Norm-Referenced Test)는 개인의 점수를 해석하기 위해 유사한 다른 사람들의 점수를 비교하여 평가하는 상대평가 목적의 검사로, 점수분포를 규준으로 하여 원점수를 규준에 따라 상대적으로 해석한다.

(6) 규준은 절대적이거나 보편적인 것이 아니며, 영구적인 것도 아니다. 따라서 규준집단이 모집단을 잘 대표하는 것인지 확인하는 과정이 요구된다.

❹ 표준점수의 종류

(1) Z점수

① 원점수를 평균이 0, 표준편차가 1인 Z분포상의 점수로 변환한 점수이다.

② Z점수는 소수점과 음수값으로 제시되기도 한다.

③ Z점수 = (원점수 − 평균) ÷ 표준편차

(2) T점수

① 소수점과 음수값을 가지는 Z점수의 단점을 보완하기 위해 Z점수에 10을 곱한 후 50을 더하여 평균이 50, 표준편차가 10인 분포로 전환시킨 것이다.

② 가장 널리 사용되는 정규화된 표준점수로서 미네소타다면적인성검사(MMPI)가 있다.

③ T점수 = 10 × Z점수 + 50

(3) H점수

① T점수를 변형한 것으로, 평균이 50, 표준편차가 14인 표준점수이다.

② 표준점수는 실제로 3표준편차를 벗어나는 경우가 극히 드물어, T점수 또한 20~80점까지밖에 나오지 않는 경향이 있다. H점수는 이와 같은 T점수의 문제점을 보완하기 위한 것으로, 점수분포 범위를 좀 더 넓힌 것이다.

③ H점수 = 14 × Z점수 + 50

(4) C점수

① 평균이 5, 표준편차가 2인 표준점수로 10에서 C점수를 빼면 스테나인 점수를 얻을 수 있다.

② 1~9의 범위를 가지나 가끔 이 범위를 초과할 때도 있다.

③ C점수 = $2Z + 5$

스테나인 점수
• 평균값은 5, 범위는 1~9 사이이다.
• 현재 대학수학능력시험의 등급이 바로 이 스테나인 점수를 사용한다.
• 가장 큰 장점은 한 자리의 정수로 표현될 수 있다는 것이다.

(5) 표준점수의 의미와 해석

① 백분위점수는 실제 분포모습을 그대로 반영하지 못하므로, 대부분의 심리검사에서 검사결과를 작성하는 방법으로 표준점수를 사용한다.

② 표준점수는 표준편차 및 평균에 기초한다. 즉, 표준점수는 원점수를 주어진 집단의 평균을 중심으로 표준편차 단위를 사용하여 분포 상 어느 위치에 해당 하는가를 나타낸 것이다.

③ 서로 다른 체계로 측정한 점수들을 동일한 조건에서 비교하기 위한 개념으로, 원점수에서 평균을 뺀 후 표준편차로 나눈 값을 말한다.

④ 이와 같이 원점수를 표준점수로 변환함으로써 상대적인 위치를 짐작할 수 있으며, 검사결과를 비교할 수도 있다.

5 검사자료 해석을 위한 통계

(1) 변수(변인)의 종류

변수는 서로 다른 수치를 부여할 수 있는 모든 사건이나 대상의 속성이다.

① 연속 수의 연속 변수

② 양측 변수의 질적 변수

  ㉠ 수치들이 양적인 차이를 나타내는 변수와 질적인 차이를 나타내는 변수

  ㉡ 질적 변인 : 수량화할 수 없는 변인(예 성별, 출신지, 직업의 종류 등)

  ㉢ 양적 변인 : 수량화할 수 있는 변인(예 지능지수, 성적, 키, 몸무게 등)

③ 독립변수와 종속변수

  어떤 다른 변수의 원인이 되는 변수와 독립변수의 결과가 되는 변수

④ 예언변수와 준거변수

　변수의 값을 통해 다른 변수의 값을 예언하려는 용도로 사용되는 변수와 예언 변수로 예측하고자 하는 변수

(2) 척도의 종류

척도는 수치를 체계적으로 할당하는데 사용하는 측정도구이며 대상들을 산출한 수치들이 담고 있는 정보의 양에 따라 다음과 같이 나눈다.

① 명명척도(= 명목척도)

　정보의 차이만을 담고 있는 척도(예 성별, 지역, 눈 색깔 등)

② 서열척도(= 순위척도)

　상대적 크기, 순위 관계에 관한 정보도 담고 있는 척도(예 석차, 만족도 등)

③ 등간척도(= 동간척도)

　수치 차이가 반영하는 속성 차이가 동일하다는 등간정보도 포함하는 척도(예 지능지수, 온도 등)

④ 비율척도

　수의 비율에 관한 정보도 담고 있는 척도로 절대영점이 있는 변수를 측정한 경우에 얻을 수 있음(예 길이, 무게 등)

(3) 확률 표본추출

① 단순무작위 표집(simple random sampling)

　의식적인 조작이 전혀 없이 표본을 추출하는 방법으로 모집단의 모든 요소가 추출기회를 동등하게 가지며 어떤 요소의 추출이 계속되는 다른 요소의 추출 기회에 아무런 영향을 미치지 않는 방법이다.(예 난수표 이용법, 제비뽑기, 컴퓨터를 이용한 추출방법(컴퓨터 추첨))

② 계통적 표집(systematic sampling = 계층적 표집 = 체계적 표집)

　㉠ 모집단을 구성하고 있는 구성요소들이 자연적인 순서에 따라 배열된 목록에서 표집 간격인 매 번째의 구성요소를 추출하여 형성한 표집이다.(예 표집간격 = 모집단의 크기, 표본 집단의 크기)

　㉡ 첫 번째 요소는 반드시 무작위로 선정되어야 하고 목록 자체가 일정한 주기성을 가지지 않아야 한다.

③ 층화표집(우층표집, stratified sampling)

　㉠ 모집단을 일정한 기준에 따라 2개 이상의 동질적인 계층으로 구분하고, 각 계층별로 단순무작위 추출방법 또는 체계적 표집방법을 적용하는 방법이다.

　㉡ 전체 모집단에서 표본을 선정하기보다는 이미 알고 있는 사전 지식을 이용하여 모집단을 동질적인 부분으로 나누고 이들 각각으로부터 적정한 수의 요소를 선정한다.

　㉢ 층화표집법의 유형에는 모집단에서 각 계층이 점하는 비례에 따라서 각 계층의 크기를 할당하여 추출하는 방법인 비례층화표집과 각 계층에서 각 계층의 크기와 상관없이 표본을 추출하는 방법인 비비례 층화표집이 있다.

④ 집락표집(군집표집, cluster sampling)

  ㉠ 모집단을 여러 가지 이질적인 구성요소를 포함하는 여러 개의 집락 또는 집단으로 구분한 후 집락을 표집단위로 하여 무작위로 몇 개의 집락을 표본으로 추출한 다음, 표본으로 추출된 집락에 대해 그 구성요소를 무작위로 표본 추출하는 방법이다.

  ㉡ 층화표집과의 비교

   • 층화표집은 각 계층의 구성요소들은 동질적이고, 계층과 계층 간에는 이질적인 경우에 적용하는 것이 바람직한 데 비하여 집락표집의 경우에는 각 집락이 모집단의 구성요소를 대표할 수 있는 이질적인 요소로 구성되고, 집락과 집락들 사이에는 거의 차이가 없는 경우에 적용된다.

   • 층화표집은 모든 부분적 계층에서 표본이 선정되지만 집락표집은 추출된 부분계층에서만 표본을 선정한다.

(4) 비확률 표본추출

① 편의표집(임의표집 = 우발적 표집, convenient sampling / accidental sampling)

  ㉠ 모집단에 대한 정보가 전혀 없는 경우나, 모집단의 구성요소들 간의 차이가 별로 없다고 판단될 때 조사자가 임의대로 표본을 추출하는 방법이다.

  ㉡ 연구자가 쉽게 이용 가능한 대상들을 표본으로 선택하는 방법이다.

  ㉢ 가장 비용이 적게 들고 시간을 절약할 수 있는 방법이지만, 표본의 대표성과 결론의 일반화에 한계를 가진다.

② 유의표집(판단표집 = 의도적 표집, purposive sampling)

  ㉠ 모집단에 대한 정보가 많은 경우 연구자의 주관적 판단의 기준에 따라 연구목적 달성에 도움이 될 수 있는 구성요소를 의도적으로 추출하는 방법이다.

  ㉡ 주관적 판단의 타당성 여부가 표집의 질을 결정한다.

  ㉢ 문제점으로는 표본의 대표성을 확신할 수 없고 모집단에 대해 상당한 사전지식이 필요하며 표집오차의 산정이 곤란하다는 점이다.

③ 할당표집(quota sampling)

  ㉠ 모집단의 어떤 특성을 사전에 미리 알고 추출된 표본에 같은 비율을 얻고자 할 때 사용되는 방법이다.

  ㉡ 표본을 모집단에서 차지하는 범주의 비율에 따라 할당하고 할당된 수의 표본을 임의적으로 추출하는 것이다.

  ㉢ 확률표집인 층화표집과 유사한데, 차이점은 무작위방법과 인위적 방법이라는 것이다.

④ 누적표집(눈덩이 표집, snowball sampling)

  ㉠ 연구에 필요한 소수의 사례 표본을 찾고 그 표본을 통해서 다른 사람을 추천받아 점차로 표본의 수를 늘려가는 표집방법이다. 즉, 첫 단계에서 연구자가 임의로 선정한 제한된 표본에 해당하는 사람으로부터 추천받아 다른 표본을 선정하는 과정을 되풀이하여 마치 눈덩이를 굴리듯이 표본을 누적해 가는 방법이다.

ⓒ 연구자가 특수한 모집단의 구성원을 전부 파악하고 있지 못할 때에 적합한 표집방법이다.

ⓒ 단점으로는 추천하는 사람의 주관에 의한 편견이 개입될 수 있다는 점이다.

(5) 집중 경향

① 한 집단의 점수분포를 하나의 값으로 요약해 주는 지수를 말한다.

② 가장 대표적인 것이 산술평균이 있으며 이외에 중앙치, 최빈치 등이 있다.

③ 산술평균은 측정수준이 동간성이나 비율성을 가정할 수 있는 변인에 적절하며 중앙치나 최빈치는 서열변인이나 명명변인에 적절하다.

④ 정상분포곡선 하에서는 '평균치 = 중앙치 = 최빈치'이다.

⑤ 부적으로 편포되어 있는 경우(낮은 점수는 별로 없고 높은 점수만 많은 경우)에는 '최빈치 〉 중앙치 〉 평균'의 순으로 크고, 정적으로 편포되어 있는 경우(높은 점수는 별로 없고 낮은 점수만 많은 경우)에는 '평균 〉 중앙치 〉 최빈치'의 순으로 크다.

(6) 변산도

변산도란 한 집단의 점수분포의 흩어진 정도를 요약해주는 지수를 말한다. 변산도를 나타내는 지수로는 여러 가지가 있다.

① 범위(range)

ⓐ 범위는 점수분포에 있어서 최고점수와 최하점수까지의 거리를 의미한다.

ⓑ 범위를 R이라고 간단히 표현하면 'R = 최고점수 − 최저점수 + 1'로 나타낸다.

ⓒ 여기서 '+1'은 최고점수 정확상한계와 최저점수 정확하한계까지의 거리가 범위를 포함한 것이다.

ⓓ 예를 들어 '2, 5, 6, 8' 네 점수가 있는 경우 이것의 범위는 '8 − 2 + 1 = 7'이 된다.

② 사분편차(interquartile range)

ⓐ 사분편차는 범위가 양극단의 점수에 의해 좌우된다는 단점을 가지므로, 점수 분포 상에서 양극단의 점수가 아닌 어떤 일정한 위치에 있는 점수 간의 거리를 비교하고자 하는 것이다.

ⓑ 즉, 사분편차는 범위가 가지고 있는 단점인 양극단의 점수의 영향을 배제하기 위해 만든 것인데, 전체 사례를 '넷으로 나누는(사분)' 점수 중 백분위 75에 해당하는 백분위 점수에서 백분위 50에 해당하는 백분위 점수까지의 거리와 백분위 50에 해당하는 백분위 점수에서 백분위 25에 해당하는 백분점수까지의 거리를 합하여 2로 나눈 것이다.

ⓒ 중앙치로부터 백분위 25가 되는 평균거리를 산출한 것이 바로 사분편차인데, 사분편차 역시 범위(range)의 일종이라고 할 수 있다.

③ 평균편차

한 집단의 산술평균으로부터 모든 점수까지의 거리를 평균을 낸 것을 말하며 평균편차는 수리적인 조작에 한계가 있기 때문에 추리통계에서는 사용되지 않는다.

④ 표준편차

　㉠ 통계집단 단위의 계량적 특성값에 관한 산포도를 나타내는 도수 특성값을 말하며 한 집단의 수치
　　들이 어느 정도 동질적인지를 표현하기 위해 개발한 통계치 중 하나로서 집단의 각 점수들이 평균
　　에서 벗어난 평균거리를 의미한다.

　㉡ 표준편차가 0일 때는 관측값의 모두가 동일한 크기이고 표준편차가 클수록 관측값 중에는 평균에
　　서 떨어진 값이 많이 존재한다.

　㉢ 표준편차는 관측값의 산포(散布)의 정도를 나타낸다.

해설 & 정답   checkpoint

01 표준화된 검사를 사용할 때의 장점은 무엇인가?

① 검사만으로는 다룰 수 없는 측면을 융통성 있게 다룰 수 있다.

② 검사대상자의 일상생활, 주관적인 생각 등에 대한 정보를 얻을 수 있다.

③ 검사 제반과정에서 완벽성을 확보할 수 있다.

④ 시간 및 공간의 변화에도 실시절차가 달라지지 않는다.

01 ①·② 비표준화검사의 장점
③ 검사 제반과정에서 일관성을 확보할 수 있다.

02 표준화검사에 대한 내용 중 옳지 <u>않은</u> 것은?

① 검사조건이 모든 수검자(피검사자)에게 동일하며, 모든 채점은 객관적이다.

② 검사의 구조, 실시방법, 해석에 대한 특정한 기준을 갖추고 있다.

③ 신뢰도는 높으나 타당도가 비교적 낮다.

④ 검사결과는 대규모 표집으로부터 얻은 규준자료를 참고하여 해석된다.

02 신뢰도와 타당도가 비교적 높다.

정답 01 ④ 02 ③

03 ② 명명척도(= 명목척도)
① 등간척도(= 동간척도)
③ 서열척도(= 순위척도)
④ 비율척도

03 명목척도에 대한 설명으로 옳은 것은?

① 지능지수, 온도와 같이 수치 차이가 반영하는 속성 차이가 동일하다는 등간정보도 포함하는 척도

② 성별, 지역과 같이 정보의 차이만을 담고 있는 척도

③ 석차, 만족도와 같이 상대적 크기, 순위 관계에 관한 정보도 담고 있는 척도

④ 길이, 무게와 같이 수의 비율에 관한 정보도 담고 있는 척도로 절대영점이 있는 변수를 측정한 경우에 얻을 수 있는 척도

04 측정도구가 측정하고자 하는 현상을 일관성 있게 측정하였는지에 관련된다.

04 신뢰도의 개념에 대한 내용 중 옳지 <u>않은</u> 것은?

① 조사자가 측정하고자 한 것을 실제로 정확히 측정했는지와 관련된다.

② 동일한 현상에 반복 적용하여 동일한 결과를 얻게 되는 정도를 의미한다.

③ 동일한 대상을 측정하였을 때 항상 같은 결과가 나온다면 이 측정도구는 신뢰도가 높다.

④ 신뢰도가 낮은 측정도구는 측정할 때마다 측정치가 달라진다.

05 동형검사신뢰도(Equivalent-Form Reliability)
• 새로 개발한 검사와 여러 면에서 거의 동일한 검사를 하나 더 개발해서 두 검사 점수 간의 상관계수를 구하는 방법
• 동일한 조작적 정의 또는 지표들에 대한 측정도구를 두 종류씩 만들어 동일한 측정대상에게 각각 응답하도록 하는 방법
• 동형검사의 개발에 있어서 각각의 검사의 동등성을 보장하는 것이 중요
• 각각의 측정도구가 매우 유사해야만 신뢰도를 측정할 수 있는 수단으로 인정받을 수 있음

05 아래의 설명과 관련되는 신뢰도의 종류는 무엇인가?

> 동일한 조작적 정의 또는 지표들에 대한 측정도구를 두 종류씩 만들어 동일한 측정대상에게 각각 응답하도록 하는 방법

① 검사-재검사신뢰도　　② 동형검사신뢰도
③ 반분신뢰도　　④ 관찰자신뢰도

정답 　03 ②　04 ①　05 ②

06 타당도에 대한 설명 중 옳은 것은?

① 실증적 수단인 조작적 정의나 지표가 측정하고자 하는 개념의 실용성을 제대로 반영했는지를 의미한다.

② 외적 타당도는 연구의 정확성과 관련된다.

③ 내적 타당도는 연구의 결과에 의해 기술된 인과관계가 연구대상 이외의 경우로 확대될 수 있는 정도를 말한다.

④ 타당한 측정수단이란 측정하고자 하는 것을 측정할 수 있는 도구이다.

07 아래의 설명과 관련되는 타당도의 종류는 무엇인가?

> 경험적 근거에 의해 타당도를 확인하는 방법으로, 이미 전문가가 만들어 놓은 신뢰도와 타당도가 검증된 측정도구에 의한 측정결과를 기준으로 함

① 내용타당도

② 기준타당도

③ 개념타당도

④ 안면타당도

08 규준과 관련된 내용 중 아래에서 의미하는 것은 무엇인가?

> 개인의 점수를 해석하기 위해 유사한 다른 사람들의 점수를 비교하여 평가하는 상대평가 목적의 검사

① 표준화검사

② 상대평가검사

③ 규준참조검사

④ 집단참조검사

06 ① 실증적 수단인 조작적 정의나 지표가 측정하고자 하는 개념을 제대로 반영하는 정도를 의미한다.
② 내적 타당도는 연구의 정확성과 관련된다.
③ 외적 타당도는 연구의 결과에 의해 기술된 인과관계가 연구대상 이외의 경우로 확대될 수 있는 정도를 말한다.

07 **기준(준거)타당도(Criterion Validity)**
• 경험적 근거에 의해 타당도를 확인하는 방법으로, 이미 전문가가 만들어 놓은 신뢰도와 타당도가 검증된 측정도구에 의한 측정결과를 기준으로 함
• 통계적으로 타당도를 평가하는 것으로, 사용하고 있는 측정도구의 측정값과 기준이 되는 측정도구의 측정값 간의 상관관계에 관심을 둠
• 연구하려는 속성을 측정해 줄 것으로 알려진 외적준거(기준)와 측정도구의 측정결과(척도의 점수) 간의 관계를 비교함으로써 타당도를 파악
• 동시타당도 또는 공인타당도(Concurrent Validity)와 예측타당도 또는 예언타당도(Predictive Validity)로 구분

08 **규준참조검사(Norm-Referenced Test)**
• 개인의 점수를 해석하기 위해 유사한 다른 사람들의 점수를 비교하여 평가하는 상대평가 목적의 검사
• 점수분포를 규준으로 하여 원점수를 규준에 따라 상대적으로 해석함

정답 06 ④ 07 ② 08 ③

checkpoint 해설 & 정답

09 ② H점수
③ T점수
④ Z점수

09 표준점수 중 스테나인 점수의 특징에 해당하는 것은?

① 한자리의 정수로 표현될 수 있다.

② 평균이 50, 표준편차가 14인 표준점수이다.

③ 가장 널리 사용되는 정규화된 표준점수이다.

④ 소수점과 음수값으로 제시되기도 한다.

10 점수를 표준점수로 변환함으로써 상대적인 위치를 짐작할 수 있다.

10 표준점수에 대한 내용 중 옳지 <u>않은</u> 것은?

① 대부분의 심리검사에서 검사결과를 작성하는 방법으로 표준점수를 사용한다.

② 표준점수는 표준편차 및 평균에 기초한다.

③ 서로 다른 체계로 측정한 점수들을 동일한 조건에서 비교하기 위한 개념이다.

④ 점수를 표준점수로 변환함으로써 절대적인 위치를 짐작할 수 있다.

✔ **주관식 문제**

01
정답 내용타당도, 기준타당도, 개념타당도

01 타당도의 종류를 세 가지 이상 나열하시오.

정답 09 ① 10 ④

02 신뢰도가 높다는 표현은 무엇을 의미하는지 예를 들어 기술하시오.

02

정답 어떤 측정도구(예 성격검사)를 사용해서 동일한 대상(예 청소년 집단)을 측정하였을 때 항상 같은 결과가 나오는 경우 이 성격검사의 신뢰도가 높다고 볼 수 있다.

03 확률표본추출을 위한 4가지 표집을 기술하시오.

03

정답 단순무작위 표집, 계통적 표집(계층적 표집 = 체계적 표집), 층화표집(유층표집), 집락표집(군집표집)

04 심리검사에서 표준점수가 필요한 이유는 무엇인가?

04

정답 표준점수를 통해 서로 다른 체계로 측정한 점수들을 동일한 조건에서 비교하는 것이 가능하게 된다.

여기서 멈출 거예요? 고지가 바로 눈앞에 있어요.
마지막 한 걸음까지 시대에듀가 함께할게요!

제 **3** 장

지능검사와
신경심리검사

I wish you the best of luck

제 3 장 지능검사와 신경심리검사

1 지능의 정의

(1) 일반적 정의

① 학습능력
- ㉠ 지능은 교육을 받을 수 있는 능력 또는 유익한 것을 학습할 수 있는 능력이다.
- ㉡ 지능이 높은 사람은 학습할 수 있는 능력이 높은 반면, 지능이 낮은 사람은 학습할 수 있는 능력이 낮다.

② 적응능력
- ㉠ 지능은 전체 환경에 대한 적응력이자, 생활상의 새로운 문제와 상황에 대처하는 정신적 적응력이다.
- ㉡ 지능이 높은 사람은 새로운 환경의 변화에 비교적 잘 적응하는 반면, 지능이 낮은 사람은 잘 적응하지 못하는 양상을 보인다.

③ 추상적 사고능력
- ㉠ 지능은 추상적인 사고를 할 수 있는 능력이자, 이를 구체적인 사실과 연관시킬 수 있는 능력이다.
- ㉡ 지능이 높은 사람은 자신이 소유한 지식을 통해 구체화된 현상을 파악하는 동시에 이를 서로 연관시킬 수 있다.

④ 총합적 · 전체적 능력
- ㉠ 지능은 어떠한 목적을 향해 합리적으로 행동하고 체계적으로 사고하며, 환경을 효과적으로 다루는 유기체의 종합적인 능력이다.
- ㉡ 지능이 높은 사람은 학습능력, 적응능력, 추상적 사고능력 등을 통해 성공적인 생활을 영위할 수 있다.

(2) 학자별 정의

① 웩슬러(Wechsler) : 지능은 개인이 합목적적으로 행동하고 합리적으로 사고하며, 환경을 효율적으로 다룰 수 있는 총체적인 능력이다.

② 비네(Binet) : 지능은 일정한 방향을 설정하고 그것을 유지하는 능력, 목표달성을 위해 일하는 능력, 행동의 결과를 수정하는 능력이다.

③ 터만(Terman) : 지능은 추상적 사고를 하는 능력, 즉 다양한 문제들을 해결하기 위해 추상적 상징을 사용하는 능력이다.

④ 스피어만(Spearman) : 지능은 사물의 관련성을 추출할 수 있도록 하는 정신작용이다.

⑤ 서스톤(Thurston) : 지능은 추상적 개념과 구체적 사실을 연관시킬 수 있는 능력이다.

⑥ 피아제(Piaget) : 지능은 단일형식의 조직이 아닌 적응과정을 통해 동화와 조절이 균형을 이루는 형태를 말한다.

⑦ 스턴(Stern) : 지능은 사고를 작동시켜 새로운 요구에 의식적으로 적응하는 일반적 능력이다.

⑧ 핀트너(Pintner) : 지능은 새로운 환경에 자신을 적응시키는 능력이다.

⑨ 게이츠(Gates) : 지능은 학습해 가는 능력 또는 다양하고 광범위한 사실들을 파악하는 복합화된 능력이다.

⑩ 디어본(Dearborn) : 지능은 학습된 능력, 즉 경험에 의해 습득되는 능력이다.

⑪ 프리만(Freeman) : 지능은 지능검사에 의해 측정된 것이다.

2 유전과 환경의 영향

(1) 유전론의 가정 및 배경

① 가정

　㉠ 생물체는 그 개체가 가지고 있는 생득적 유전자가 정해 준 청사진에 따라 발달하는 것이며 외부 환경의 영향은 크게 중요하지 않다.

　㉡ 지능은 타고나는 것으로 학습이나 후천적 경험을 통해 더 높아지거나 더 낮아지기 쉽지 않다.

　㉢ 개인의 지능은 어떤 하나의 유전자에 의해 결정되는 것이 아니라 여러 가지 다양한 유전자에 의해 결정되기 때문에 단순한 방법을 통해 유전의 영향력을 알아보는 것은 어려울 수 있다.

　㉣ 일반적으로 통계적인 방법을 사용해 유전이 얼마나 기여하는지를 연구하는데, 쌍생아연구, 가계연구, 양자연구, 유전이나 환경을 통제하는 연구를 통해 간접적인 증거들을 수집하는 방식을 사용하게 된다.

　㉤ 일반적으로 유전적 차이가 지능지수의 75~80%를 결정하고, 환경적 차이가 20~25%를 결정한다고 통계적으로 추정하며, 단일종족과 단일문화권 내에서 지능에 미치는 유전의 영향은 환경보다 3~4배나 더 강하다는 연구도 존재한다.

② 배경

　㉠ 인간과 동물 사이의 지능격차가 큰 것처럼 인간의 종족 간, 인종 간에도 지능의 우열이 나타날 수 있으며, 하나의 사회 내에서는 계급 간, 계층 간, 남녀 간 지능에서 격차가 나타날 수 있다.

　㉡ Galton(1869) : 가계사(Family History) 연구

ⓒ Jensen(1969) : 생후의 조치로 지능이 낮은 사람들의 지능을 높이거나 학업성취를 향상시킬 수 없다고 주장(지능은 80%가 유전, 20%가 환경의 영향)하였다.

ⓓ Herrnstein과 Murray(1994) : 지능은 단일요인으로 구성되어있기 때문에 서열화가 가능하며 서열은 유전적 우열에 따른 결과이기 때문에 유전인자가 다른 인종 사이의 지능격차는 필연적이라고 주장하였다.

(2) 환경론의 가정 및 배경

① 가정

ⓐ 지능이 개인을 둘러싼 환경의 영향을 더 많이 받는다고 주장한다.

ⓑ 유전론에 대한 주장과 마찬가지로 쌍생아연구나 가계연구를 통해 입증이 이루어지는데, 일란성쌍생아의 경우도 서로 다른 환경에서 자라면 지능에서 차이를 보인다는 결과는 환경론을 지지한다.

ⓒ 지능의 발달에 영향을 미치는 환경적 요인은 다양한데, 개인을 둘러싸고 있는 생리적 환경과 물리적 환경은 일차적으로 지능에 영향을 미친다.

ⓓ 태아기, 분만기, 그 이후 시기의 여러 환경이 영향을 미치는데, 분만 시 손상의 정도, 쌍생아로 태어나는 경우, 조산인 경우, 산모와 아동의 영양조건, 출생순위, 자녀 수 등이 지능지수에 영향을 미친다는 증거들이 있다.

ⓔ 생리적 환경이나 물리적 환경보다 더 큰 영향을 미치는 변인은 개인을 둘러싼 가정환경이다.

- 지능에 영향을 미치는 가정환경은 부모가 사회적으로 어떤 계층에 있는가와 관련된 지위환경과 부모와 얼마나 활발한 상호작용을 하고 있는가에 기초한 과정환경으로 대별된다.
- 부모의 사회경제적 지위와 아동의 지능 사이에는 대체로 0.30~0.35 수준의 상관이 있고, 가정의 과정환경 변인과 지능의 상관은 약 0.76에 달하는 것으로 나타났다.
- 자녀와 부모 사이에 이루어지는 상호작용의 질에 해당하는 과정환경에는 성취동기에 대한 부모의 격려, 언어발달을 위한 격려, 일반학습을 위한 준비 등이 포함된다.

② 배경

ⓐ Skinner(1938) : 유전적 자질이 학습에 미치는 영향은 미미하고, 종(種) 간의 차이는 무시될 수 있으며, 동물실험에서 성공적으로 검증된 학습방법이 인간의 학습에도 의미 있고 유용하게 적용될 수 있다고 주장하였다

ⓑ Bloom(1964) : 발달초기인 취학 전 가정환경이 지능에 미치는 영향은 지대하다.

ⓒ Fraser(1995) : 학업성적, 수입, 사회적 성공과 지위 등은 지능보다는 다른 요인들에 의해 더 많이 영향을 받는 것으로 인종 간 지능 격차가 유전인자에 기인한다는 주장은 근거가 빈약하다.

ⓓ Carnegie(1994) : 한 살 이전의 두뇌발달이 빠르고 광범위하게 이루어지며, 영아의 두뇌발달은 많은 연구자들의 생각하는 것보다 환경에 의해 쉽게 영향을 받는다. 두뇌발달에 미치는 초기 환경의 영향은 오랫동안 지속되며, 초기의 스트레스는 두뇌발달에 부정적 영향을 미친다. 지능발달에 영향을 줄 수 있는 가정환경은 영양실조, 납중독, 낮은 보건위생상태 등이 있다.

(3) 절충론

지능은 타고나는 것인가? 후천적 경험에 의해 결정되는가?라는 질문에 대하여 두 가지 모두 영향을 미친다고 본다.

① Gottesman(1963): 지능발달은 유전과 환경의 상호작용의 결과로 이루어지며 지적 잠재력에 따라 환경의 영향은 달라질 수 있다.

② Bouchard & McGue(1981): 지능에는 유전과 환경이 모두 다 영향을 미친다.

③ Sternberg와 Grigorenko(1997): 유전론이나 환경론 모두 무시할 수 없다.

❸ 지능이론

(1) 스피어만(Spearman)의 2요인설

① 스피어만은 여러 지적 능력에 관한 검사와 이들 검사 간에 존재하는 상관관계를 설명하는 요인(Factor)의 개념을 지능에 최초로 도입하였다.

② 지능은 모든 개인이 공통적으로 가지고 있는 일반요인(General Factor)과 언어나 숫자와 같은 특정한 부분에 대한 특수요인(Special Factor)으로 구성된다.

③ 일반지능이 낮더라도 음악이나 미술 등 예능에서 천재성을 보이는 경우가 나타날 수 있는데, 이는 일반요인이 아닌 특수요인에 의한 것이다.

일반요인	생득적인 것으로, 모든 유형의 지적 활동에 공통적으로 작용한다. 예 이해력, 관계추출능력, 상관추출능력 등
특수요인	일반요인만으로 해결하기 어려운 특수한 과제를 수행하기 위해 작용한다. 예 언어능력, 수리능력, 정신적 속도, 상상력 등

(2) 손다이크(Thorndike)의 다요인설

① 손다이크는 지능을 진리 또는 사실의 견지에서 올바른 반응을 행하는 능력으로 정의하였다.

② 지능은 추상적 지능, 구체적(실제적) 지능, 사회적 지능으로 구성되어 있다.

  ㉠ 추상적 지능: 언어나 수 등 상징적 기호를 처리하는 능력

  ㉡ 구체적(실제적) 지능: 동작에 의해 사물을 조작하는 능력

  ㉢ 사회적 지능: 다른 사람을 이해하거나 사람과 협력하는 능력

③ 손다이크가 제시한 구체적(실제적) 지능은 웩슬러(Wechsler)의 동작성지능이나 비요(Viaud)의 실용적 지능으로 발전하였으며, 사회적 지능은 돌(Doll)의 사회성숙척도에 영향을 미쳤다.

(3) 서스톤(Thurstone)의 다요인설

① 서스톤은 대학생들을 대상으로 다양한 종류의 지능검사를 실시한 후 이를 요인분석적 방법으로 연구하였다.

② 지능은 각각 독립적인 기능을 가지고 있는 개별적인 능력들로 구성되어 있다고 주장함으로써 불분명한 일반지능의 실체를 강조한 일반지능설의 한계를 극복하고자 한다.

③ 지능은 언어이해(Verbal Comprehension), 수(Numerical), 공간시각(Spatial Visualization), 지각속도(Perceptual Speed), 기억(Memory), 추리(Reasoning), 단어유창성(Word Fluency) 등 7가지 요인으로 구성된다.

(4) 길포드(Guilford)의 복합요인설

① 길포드는 서스톤의 7가지 기본정신능력에 관한 이론을 발전시켜 기존의 지능에 대한 협소한 계열을 확대하였다.

② 지능은 다양한 방법에 의해 상이한 정보들을 처리하는 다각적 능력의 체계적인 집합체이다.

③ 지능구조는 내용(Content), 조작(Operation), 결과(Product)의 3차원적 입체모형으로 이루어지며, 이들의 상호작용에 의한 180개의 조작적 지적 능력으로 구성된다.

    ㉠ 내용(사고의 대상): 주어진 정보의 내용에 관한 것

    ㉡ 조작(사고의 과정): 정보를 처리하고 작동하는 지적 활동에 관한 것

    ㉢ 결과(사고의 결과): 정보조작의 결과에 관한 것

내용	· 시각: 시각적 지각에 대한 정보 · 청각: 청각적 지각에 대한 정보 · 상징: 상징적 · 기호적 정보 · 의미(어의): 의미 있는 단어나 개념의 의미적 정보 · 행동: 표정, 동작 등의 행동적 정보
조작	· 평가: 사고결과의 적절성을 판단하는 평가 · 수렴적 사고(조작): 이미 알고 있는 지식이나 기억된 정보에서 어떤 지식을 도출해 내는 능력 · 확산적 사고(조작): 이미 알고 있거나 기억된 지식 위에 전혀 새로운 지식을 창출해 내는 능력 · 기억파지: 정보의 파지 · 기억저장: 정보의 저장 · 인지: 여러 가지 지식과 정보의 발견 및 인지와 관련된 사고력
결과	· 단위: 각 단위의 정보 · 분류: 공통적인 특성의 공유 · 관계: 2개 이상 단위들의 종합 · 체계: 단위의 조직화된 체계 · 전환: 기존정보에 대한 해석 또는 수정과 적용 · 함축: 어떤 정보에서 생기는 예측, 기대 또는 시사점

(5) 카텔과 혼(Cattell & Horn)의 위계적 요인설

① 카텔은 인간의 지능을 유동성지능(Fluid Intelligence)과 결정성지능(Crystallized Intelligence)으로 구분하였다.

② 혼은 카텔의 주장을 토대로 유동성지능과 결정성지능의 특징적 양상에 대해 연구하였다.

유동성지능	• 유전적 · 신경생리적 영향에 의해 발달이 이루어지는 반면 경험이나 학습의 영향을 거의 받지 않는다. • 신체적 요인에 따라 청소년기에 이르기까지 발달이 이루어지다가 이후 퇴보현상이 나타난다. • 속도, 기계적 암기, 지각능력, 일반적 추론능력 등이 해당된다. • 웩슬러(Wechsler) 지능검사의 소검사 중 빠진곳찾기, 차례맞추기, 토막짜기, 모양맞추기, 공통성문제, 숫자외우기 등과 관련된다.
결정성지능	• 경험적 · 환경적 · 문화적 영향의 누적에 의해 발달이 이루어지며, 교육 및 가정환경 등에 의해 영향을 받는다. • 나이가 들수록 더욱 발달하는 경향이 있다. • 언어이해능력, 문제해결능력, 상식, 논리적 추리력 등이 해당된다. • 웩슬러지능검사의 소검사 중 기본지식, 어휘문제, 공통성문제, 이해문제 등과 관련된다.

③ 일반적으로 웩슬러지능검사의 언어성소검사들은 결정성지능과 관련되며, 동작성소검사들은 유동성지능과 관련된다고 볼 수 있다.

④ 혼은 변형된 지능모델을 통해 웩슬러지능검사의 소검사들을 다음과 같이 4개의 범주로 분류하였다.

결정성(Crystallized)	유동성(Fluid)	기억(Retrieval)	속도(Speed)
• 기본지식 • 어휘문제 • 이해문제 • 공통성문제	• 빠진곳찾기 • 차례맞추기 • 토막짜기 • 모양맞추기 • 공통성문제 • 숫자외우기	• 기본지식 • 산수문제 • 숫자외우기	• 바꿔쓰기

⑤ 환경의 영향을 받는 결정성지능에는 언어성소검사 4개가 포함되며, 유동성지능에는 공통성문제와 숫자외우기의 2개 언어성소검사와 함께 동작성소검사들이 포함된다.

⑥ 공통성문제는 결정성지능과 유동성지능 모두와 관계가 있으며, 기억과 관련된 소검사로서 기본지식은 결정성지능, 숫자외우기는 유동성지능과 연관된다.

⑦ 소검사 특유의 변량이 큰 바꿔쓰기는 운동속도와 연관된다.

(6) 가드너(Gardner)의 다중지능이론

① 전통적인 지능이론이 지능의 일반적인 측면을 강조하는데 반해, 가드너는 문제해결능력과 함께 특정사회적 · 문화적 상황에서 산물을 창조하는 능력을 강조하였다.

② 인간의 지능은 일반지능과 같은 단일한 능력이 아닌 다수의 능력으로 구성되며, 각각의 능력들의 상대적 중요도는 서로 동일하다.

③ 가드너는 지능을 언어지능(Linguistic Intelligence), 논리-수학지능(Logical-Mathematical Intelligence), 공간지능(Spatial Intelligence), 신체-운동지능(Bodily-Kinesthetic Intelligence), 음악지능(Musical Intelligence), 대인관계지능(Interpersonal Intelligence), 개인 내적 지능(Intra Personal Intelligence) 등 7가지의 독립된 지능으로 구분하였다.

④ 최근에는 자연탐구지능(Naturalist Intelligence) 및 실존적 지능(Existential Intelligence)을 비롯하여, 도덕적 감수성(Moral Sensibility), 성적 관심(Sexuality), 유머(Humor), 직관(Intuition), 창의성(Creativity) 등 다양한 지능의 존재가능성을 제기하고 있다.

(7) 스턴버그(Sternberg)의 삼원지능이론

① 스턴버그는 지능을 개인의 내부세계와 외부세계에서 비롯되는 경험의 측면에서 성분적 지능(Componential Intelligence), 경험적 지능(Experiential Intelligence), 상황적(맥락적) 지능(Contextual Intelligence)으로 구분하였다.

② 지능의 세 가지 측면을 토대로 한 성분하위이론, 경험하위이론, 상황하위이론은 다시 각각의 세부적인 하위이론들로 나눠짐으로써 위계구조를 이룬다.

③ 삼원지능이론의 각 하위이론들은 내부영역, 경험영역, 외부영역에서 지능의 근원적 요소들을 포착하여 해당요소들이 어떻게 지적 사고와 행동을 산출하는지 제시한다.

제 2 절   지능검사의 종류

❶ 비네지능검사(Binet-Simon Intelligence Test)

(1) 의의

① 1905년 비네(Binet)와 시몬(Simon)이 개발한 지능검사로 최초의 공식적인 지능검사로 볼 수 있다.

② 초기에는 정상아동과 지적 장애아동을 식별하여 초등학교 입학여부를 결정하기 위한 목적으로 고안되었다.

③ 3세부터 11세까지 각 연령에 문제를 할당하여 해당연령에 도달하면 정상적인 아동 대다수는 그 문제의 정답을 맞힐 수 있다고 가정하였다.

④ 어떤 아동이 또래의 아동보다 과제를 잘 하는 경우 더 지능이 높다고 전제하였다. 예 6세 아동이 9세 아동의 문제를 풀게 되면 9세 수준의 정신연령을 가진 것으로 보았다.

⑤ 1908년과 1911년 개정을 통해 문항수를 늘리고 3세부터 성인까지 지능측정이 가능하도록 개량되었다.

(2) 스탠포드-비네지능검사

① Terman이 미국 실정에 맞게 비네지능검사를 수정한 것으로 표준화를 특징으로 한다.

② 지능지수(IQ) $= \dfrac{\text{정신연령}}{\text{생활연령}} \times 100$

③ 각 아동의 정신연령이 실제연령과 같다면 지능지수는 항상 100이 된다고 가정하였다.

④ 2세~18세까지의 연령을 대상으로 하며 언어, 조작, 기억, 산수, 추리, 평가, 인지, 문제해결 등의 하위영역으로 구성된다.

⑤ 지나치게 언어에 초점을 두고 있어서 언어나 문화적 차이를 반영하는 것이 어렵다는 단점이 있다.

(3) 고대-비네지능검사

① 스탠포드-비네지능검사를 고려대학교 행동과학연구소 전용신이 한국 실정에 맞게 수정하여 표준화한 검사이다.

② 훈련된 검사실시자가 여러 가지 질문과 지시를 하는 개별검사로, 검사 중 수검자의 행동 및 성격특징을 관찰하는 것이 가능하다.

③ 지능이 높거나 낮은 경우 변별력이 높기 때문에 발달이 빠른 유아기의 아동이나 지적 장애가 의심되는 아동에게 많이 실시한다.

☑ 웩슬러지능검사(Wechsler Intelligence Scale)

(1) 의의

① 웩슬러(Wechsler)가 1939년에 제작한 개인지능검사로, 스탠포드-비네지능검사와 더불어 가장 널리 사용되고 있다.

② 웩슬러는 지능을 개인이 합목적적인 행동과 합리적인 사고를 통해 환경을 이해하고 그것에 적응할 수 있는 종합적·전체적인 능력으로 보았다.

③ 웩슬러지능검사는 지능이 다차원적이고 중다적인 구조로 이루어져 있음을 전제로 하여, 지능의 다양한 영역을 총체적인 관점으로 평가한다.

(2) 특징

① 개인검사

집단검사가 아닌 개인검사이므로 검사자와 수검자 간 관계형성이 보다 용이하다. 또한 검사 과정에서 수검자에 대한 관찰을 통해 수검자의 성격적 특징은 물론 수검자의 문제와 관련된 진단적 단서를 얻을 수 있다.

② 객관적 검사

인지적 검사이며, 구조화된 객관적 검사에 해당한다. 그러나 검사문항 중에는 투사적 함축성을 지닌 것도 있으므로 이때 나타나는 수검자의 반응내용 및 양상을 분석하여 수검자에 대한 객관적 또는 투사적 정보를 얻을 수도 있다.

③ 편차지능지수를 사용

정신연령과 생활연령을 비교한 스탠포드-비네지능검사의 비율지능지수 방식에서 벗어나 개인의 지능을 동일 연령대 집단에서의 상대적인 위치로 규정한 편차지능지수를 사용한다.

$$지능지수(IQ) = 15 \times \frac{개인점수 - 해당연령 \ 규준의 \ 평균}{해당연령 \ 규준의 \ 표준편차} + 100$$

④ 언어성검사와 동작성검사로 구성

언어성(Verbal)검사와 동작성(Performance)검사로 이루어져 있으며, 이를 통해 언어성 IQ(VIQ), 동작성 IQ(PIQ), 전체 IQ(FIQ)를 측정할 수 있다. 또한 언어성검사와 동작성검사는 각각 하위검사들을 포함하므로 언어성검사와 동작성검사의 비교는 물론 하위검사 간 비교를 통해 개인의 인지기능 전반을 평가할 수 있도록 한다.

⑤ 병전 지능수준을 추정

영역별 검사 및 프로파일 해석을 통해 개인의 성격적 측면과 정신역동, 심리내적인 갈등을 이해하도록 하며, 정신병리를 파악할 수 있도록 한다. 특히 현재의 지능수준은 물론 병전 지능수준까지 추정함으로써 현재의 기능장애 정도를 양적으로 알 수 있도록 한다.

⑥ 문맹자도 검사 가능

검사자가 모든 문제를 구두 언어나 동작으로 제시하고 수검자의 반응을 직접 기록할 수 있도록 함으로써 글을 모르는 수검자라도 검사를 받는 것이 가능하다.

(3) 개발과정

① 웩슬러지능검사의 개발과정

용도	구분	개발연도	대상연령
범용	W-B I (Wechsler Bellevue I)	1939년	7~69세
	W-B II (Wechsler Bellevue II)	1946년	10~79세
성인용	WAIS (Wechsler Adult Intelligence Scale)	1955년	16~64세
	WAIS-R (Wechsler Adult Intelligence Scale-Revised)	1981년	16~74세
	WAIS- III (Wechsler Adult Intelligence Scale- III)	1997년	16~89세
	WAIS-IV (Wechsler Adult Intelligence Scale-IV)	2008년	16~90세
아동용	WISC(Wechsler Intelligence Scale for Children)	1949년	5~15세
	WISC-R(Wechsler Intelligence Scale for Children-Revised)	1974년	6~16세
	WISC- III (Wechsler Intelligence Scale for Children- III)	1991년	6~16세
	WISC-IV (Wechsler Intelligence Scale for Children-IV)	2003년	6~16세
	WISC-V (Wechsler Inteligence Scale for Children-V)	2014년	6세~16세
유아용	WPPSI(Wechsler Preschool & Primary Scale of Intelligence)	1967년	4~6.5세
	WPPSI-R(Wechsler Preschool & Primary Scale of Intelligence-Revised)	1989년	3~7.5세
	WPPSI- III (Wechsler Preschool & Primary Scale of Intelligence- III)	2002년	2.6~7.3세
	WPPSI-IV (Wechsler Preschool & Primary Scale of Intelligence-IV)	2012년	2.5~7.25세

② 한국판 웩슬러지능검사의 개발과정

용도	구분	개발연도	대상연령
성인용 (청소년)	KWIS(Korean Wechsler Intelligence Scale)	1963년	12~64세
	K-WAIS(Korean Wechsler Adult Intelligence Scale)	1992년	16~64세
	K-WAIS-Ⅳ(Korean Wechsler Adult Intelligence Scale-Ⅳ)	2012년	16~69세
아동용	K-WISC(Korean Wechsler Intelligence Scale for Children)	1974년	5~16세
	KEDI-WISC(Korean Educational Developmental Institute-Wechsler Intelligence Scale for Children)	1987년	5~15세
	K-WISC-Ⅲ(Korean Wechsler Intelligence Scale for Children-Ⅲ)	2001년	6~16세
	K-WISC-Ⅳ(Korean Wechsler Intelligence Scale for Children-Ⅳ)	2011년	6~16세
	K-WISC-Ⅴ(Koren Wechsler Inteligence Scale for Children-Ⅴ)	2019년	6세~16세
유아용	K-WPPSI(Korean Wechsler Preschool & Primary Scale of Intelligence)	1995년	3~7.5세
	K-WPPSI-Ⅳ(Korean Wechsler Preschool & Primary Scale of Intelligence-Ⅳ)	2015년	2.6-7.7세

❸ 카우프만 아동용 지능검사(Kaufman Assessment Battery for Children, K-ABC)

(1) 의의

① 만 2세 6개월부터 만 12세 6개월까지의 아동을 대상으로 한 검사로 카우프만 부부가 고안하였다.

② 인지심리학과 신경심리학의 지능이론을 토대로 문항을 개발하였다.

③ 비언어적 과제에 비중을 두어 의사소통에 문제가 있는 특수아동이나 타문화권 아동에게도 실시할 수 있도록 제작되었다.

(2) 특징

① K-ABC는 지능을 인지처리 과정으로 보고, 과제해결 방식에 따라 순차처리 척도(Sequential Processing Scales)와 동시처리 척도(Simultaneous Processing Scales), 그리고 이를 혼합한 인지처리 과정 척도(Mental Processing Composite)를 두고 있다. 또한 후천적으로 습득한 지식을 평가하기 위한 습득도 척도(Achievement Scales), 언어장애아를 효과적으로 평가하기 위한 비언어성 척도(Nonverbal Scales)를 두고 있다.

② K-ABC는 처리과정 중심의 결과로 검사결과에 근거한 교육적 처치가 가능하다. 처리과정 중심의 검사는 기존의 대다수 내용 중심의 검사와 달리 아동이 왜 그러한 정도의 수행을 하였는지에 대해 설명해 줄 수 있다.

③ K-ABC는 인지발달이론에 근거하여 연령별로 실시하는 하위검사를 차별화하였다. 즉, 16개의 하위검사 중 수검자의 연령 및 인지발달 수준에 따라 7~13개의 하위검사를 실시하도록 되어 있다.

④ K-ABC는 좌뇌와 우뇌의 기능을 고루 측정할 수 있는 하위검사들로 구성되어 있다. 이는 전통적 지능검사들의 경우 주로 좌뇌의 기능을 측정하는 좌뇌지향 검사로서, 우뇌가 발달한 아동이나 우뇌지향적 문화권의 아동에게 불리한 결과로 나타날 수 있다는 지적에서 비롯된 것이다.

(3) K-ABC의 구성

① 인지처리능력
  ㉠ 순차처리능력
    • 손동작
      – 전체연령에 실시하며 검사자가 보여주는 일련의 손동작을 보고 순서대로 재연하도록 요구한다.
      – 지각적 조직화, 모방능력을 측정한다.
    • 수회생
      – 전체연령에 실시하며 일련의 숫자를 불러 주면 순서대로 말하도록 요구한다.
      – 청각적 주의집중력, 단기기억, 순차처리능력을 측정한다.
    • 단어배열
      – 4세 이상의 연령에 실시하며 검사자가 불러 주는 단어를 듣고, 실루엣이 그려진 선택지 중 해당그림을 차례로 선택하도록 요구한다.
      – 순차처리능력, 청각적 단기기억, 청각적 정보처리능력, 운동–비운동적 반응과 연계하는 두 가지 인지처리 능력을 복합적으로 측정한다.
  ㉡ 동시처리능력
    • 마법의 창
      – 2세 6개월부터 4세 11개월까지의 연령에 실시하며 좁은 틈의 회전판을 통해 연속적으로 사물을 제시한 다음, 그 사물의 이름을 말하도록 요구한다.
      – 집중력, 주의지속력을 측정한다.
    • 얼굴기억
      – 2세 6개월부터 4세 11개월까지의 연령에 실시하며 짧은 시간 동안 1~2명의 사진을 제시하고 다른 포즈로 찍힌 사람을 맞추도록 요구한다.
      – 시각적 세부자극에 대한 주의집중력을 측정한다.
    • 그림통합
      – 전체연령에 실시하며 모호한 잉크반점의 그림을 보고 무엇인지 말하도록 요구한다.
      – 부분과 전체 관계 파악, 지각적 조직화, 공간능력을 측정한다.
    • 삼각형
      – 4세 이상의 연령에 실시하며 노란색과 파란색이 앞뒤로 붙은 삼각형을 검사틀에 제시된 그림으로 완성하도록 요구한다.
      – 통합력, 추리력, 공간능력, 시각–운동협응능력을 측정한다.

- 시각유추
  - 5세 이상의 연령에 실시하며 제시된 그림 중 관계 있는 것이나 완성할 수 있는 도형의 모양을 선택하도록 요구한다.
  - 분석력, 시각적 예민성, 지각적 조직화, 추리능력, 공간능력, 추상자극에 대한 시지각능력을 측정한다.
- 위치기억
  - 5세 이상의 연령에 실시하며 무선배치된 그림의 위치를 재생하도록 요구한다.
  - 시각자극에 대한 단기기억력, 공간능력, 지각적 조직화를 측정한다.
- 사진순서
  - 5세 이상의 연령에 실시하며 무선 배열된 사진들을 순서에 맞게 배열하도록 요구한다.
  - 순차·계열적 조작, 부분과 전체 관계파악, 지각적 조직화를 측정한다.

② 습득도
  ㉠ 표현어휘
  - 2세 6개월부터 4세 11개월까지의 연령에 실시하며 사물과 동물의 그림을 보여주고 이름을 이야기하도록 요구한다.
  - 언어발달, 지식축적, 단어지식을 측정한다.
  ㉡ 인물·장소
  - 전체 연령에 실시하며 이야기 속 인물, 잘 알려진 명소 등의 그림을 보고 이름을 말하도록 요구한다.
  - 장기기억, 언어적 표현, 일반상식을 측정한다.
  ㉢ 산수
  - 3세 이상의 연령에 실시하며 숫자를 읽거나 계산하도록 요구한다.
  - 언어적 이해력, 수리력, 응용력 및 시지각능력을 측정한다.
  ㉣ 수수께끼
  - 3세 이상의 연령에 실시하며 사물이나 사람, 장소에 대한 언어적 단서를 통해 이름을 유추하도록 요구한다.
  - 본질과 비본질 구별, 초기언어발달, 지식의 축적, 장기기억, 부분과 전체관계파악, 추리력, 언어이해를 측정한다.
  ㉤ 문자해독
  - 5세 이상의 연령에 실시하며 제시된 음절이나 낱말 단위의 글자를 읽도록 요구한다.
  - 학습의 기초, 초기언어발달, 읽기능력, 언어표현력을 측정한다.
  ㉥ 문장이해
  - 7세 이상의 연령에 실시하며 문장으로 주어진 지시를 읽고, 동작으로 표현하도록 요구한다.
  - 학습의 기초, 읽기능력, 언어개념형성을 측정한다.

K-ABC-II

검사의 특징
- 만 3~18세의 아동과 청소년의 정보처리와 인지능력을 측정하기 위해 개발된 개인지능검사이다.
- 미취학 아동부터 고등학생까지의 심리, 임상, 심리교육, 신경심리적 평가를 위해 개발되었다.
- K-ABC의 16개 하위검사 중 8개 하위검사(단어배열, 수회생, 손동작, 삼각형, 얼굴기억, 그림통합, 수수께끼, 표현어휘)를 유지하면서 10개의 새로운 하위검사(이름기억, 관계유추, 이야기완성, 빠른길찾기, 이름기억-지연, 언어지식, 암호해독, 블록세기, 형태추리, 암호해독-지연)가 추가되었다.
- 사고력과 전반적 인지능력을 모두 측정할 수 있는 측정도구로서 학생들의 치료계획, 배치계획을 세우는 데 유용하다.
- 인지능력과 사고력에서의 강점과 약점을 파악할 수 있도록 구성되었으며, 학습장애의 핵심적인 양상인 기본적인 사고처리과정의 장애를 파악하는 데 유용하다.

K-ABC와의 차이
- 적용대상을 K-ABC의 2세 6개월~12세 6개월에서 3~18세로 확대하였다.
- 결과해석 시 CHC지능이론(Cattell-Horn-Carroll Theory)과 Luria 뇌기능이론(Luria's Theory of Brain Functioning)의 이원적 이론구조를 적용하여 다양한 관점에서 진단하는 것이 가능하다.
- 비언어성척도를 포함하여 제한된 언어능력을 갖춘 아동에게도 활용할 수 있다.
- 새로운 하위검사 10개를 추가하여, 또래지능의 평균 범위를 벗어나는(낮거나 높거나) 아동에게도 실시가 가능하다.

(4) K-ABC의 분석과 해석

① 전체점수와 습득도척도는 평균 100, 표준편차 15인 표준점수로, 인지처리능력은 평균 10, 표준편차 3인 척도점수로 변환하여 산출하며, 산출된 지능지수는 질적으로 해석해야 한다.

② 순차처리척도와 동시처리척도를 비교하여 그 차이를 해석해야 한다. 두 척도 간 점수차이가 없을 경우에는 아동이 정보를 처리할 특히 선호하는 정보처리양식이 없으며 문제해결능력이 균형 있게 발달되어 있다는 것을 시사한다.

③ 인지처리과정 하위검사에 대한 강점·약점을 판단해야 한다. 강점·약점은 하위검사에서 받은 점수가 본인의 평균능력에 비해 상대적으로 강함 또는 약함을 의미하는 개인 내 차이의 반영이지 절대적 기준이나 규준이 아니라는 점을 유의한다.

④ 각 하위검사들이 시사하는 임상적 의미를 해석해야 한다. 예를 들어 수회생 소검사를 통해 주의산만·불안 정도를 파악할 수 있으며, 손동작 소검사에서는 고집스러운 반응경향성이나 신경근육 협응운동장애를 알아볼 수 있다. 시각유추, 사진순서 소검사를 통해서는 아동의 충동적인 경향을 관찰할 수 있으며, 단어배열 소검사에서는 욕구불만에 대한 아동의 인내력과 경직성을 확인할 수 있다. 그리고 얼굴기억, 위치 기억 소검사에서는 아동의 집중력에 대한 정보를 얻을 수 있다.

> **💡 더 알아두기 🔍**
>
> **K-ABC에 의한 지능의 서술적 분류**
>
> | IQ | 분류 | 척도범위 |
> |---|---|---|
> | 130점 이상 | 아주 높음 | 16~19 |
> | 120~129점 | 상당히 높음 | 14~15 |
> | 110~119점 | 약간 높음 | 12~13 |
> | 90~109점 | 보통 | 8~11 |
> | 80~89점 | 입학 가능, 학업성취문제, 특별한 관심요망 | 6~7 |
> | 70~79점 | 다소 낮은 지능에 약간 문제, 구체적 임상검사 실시요망 | 4~5 |
> | 69점 이하 | 아주 낮은 지능에 약간 문제, 구체적 임상검사 실시요망 | 1~3 |

4 그림지능검사(Pictorial Test of Intelligence, PTI)

(1) 의의

① 미국의 임상심리학자 French(1964)가 지능검사의 측정치가 아동의 능력을 제대로 반영하기 위해서는 반응상의 어려움(언어성, 동작성)을 최소화할 필요가 있다는 것에 착안하여 고안한 검사이다.

② 그림으로 된 지능검사이기 때문에 의사소통이 가능한 아동은 말로 반응하게 하지만 이에 문제가 있는 경우 손가락이나 눈짓으로 가리키는 방식으로 반응하게 하여 검사를 받을 수 있는 범위가 넓다.

③ 간단한 지시를 알아듣고 따를 수 있는 아동이라면 정상아동 뿐 아니라 언어나 동작성장애를 가진 아동, 정서장애 및 자폐를 가진 아동, 그리고 뇌성마비가 있는 아동들도 쉽게 검사를 받을 수 있다.

(2) 특징

① 검사문항과 응답선택지가 전부 그림으로 되어 있기 때문에 주의산만한 아동이나 학습에 흥미가 없는 아동도 쉽게 검사에 집중하게 할 수 있다.

② 질문이 간단하고 응답은 손가락이나 눈짓으로 해도 되기 때문에 간단한 지시를 이해할 수 있는 아동이면 누구나 아는 것을 충분히 나타낼 수 있다.

③ 지능지수와 정신연령의 두 가지 규준을 모두 사용하기 때문에 아동의 지능수준이 또래 집단에서 어느 수준에 있는지를 알 수 있으며 몇 살 정도의 지능수준인지도 함께 알 수 있다.

④ 다른 지능검사로는 지적 능력의 측정이 어려운 지적 장애아동 등의 지능지수나 정신연령도 측정하는 것이 가능하다.

⑤ 개인용 지능검사이므로 지적 능력을 측정하고 동시에 행동관찰을 통해 여러 가지 성격적·정서적 특징에 대한 자료를 얻을 수 있다.

⑥ 검사 시 주어진 답에서 고르게 하는 것이므로 우연히 맞힌 문항 때문에 점수가 높아질 수 있다는 점에 주의한다.

⑦ 학습장애 아동 중 언어이해능력이 떨어지는 아동에게 실시할 경우 지나치게 낮은 점수가 나올 수 있으므로 다른 검사와 함께 실시해야 한다.

5 인물화지능검사

(1) 의의

① Goodenough(1929)는 아동용 지능검사 도구로 인물화 검사를 고안하였는데, 아동의 그림에서 보이는 발달적 특징을 기준으로 간편히 지능을 측정하고자 하였다.

② 이후 Harris가 이를 발전시켜 Goodenough-Harris Draw-a-Man Test(DAM)라고 명명하였다.

③ Goodenough와 Harris는 아동의 그림을 통하여 지적인 기술발달이 반영된다고 하였고 더 지적으로 발달된 아동은 인물그림에서 더 많은 세부묘사를 할 것으로 기대하였다.

④ 3~15세 아동을 대상으로 남아 71항목, 여아 73항목의 각기 구분된 세분화된 준거목록을 개발하였는데, 이러한 인지적 채점체계는 널리 받아들여졌다.

(2) 특징

① 3세에서 12세의 아동에게 적용이 가능하며, 집단검사로도 개별검사로도 모두 사용이 가능하다.

② 투사법검사로서 아동에 대한 유용한 자료를 제공해 줄 수 있는데 일반적인 검사 상황에서는 검사 배터리 중의 한 부분으로서 실시된다.

③ 지시가 단순하고 신속하여 아동의 제한된 언어적 능력으로 인하여 표준화된 지능검사를 실시하기가 어려운 경우(예 유아, 지적 장애 아동, 특수학교 아동 등)에 비언어적이고 일반적인 지능을 신속하게 평가하는 데 사용할 수 있다.

④ 신뢰도 면에서 0.90 이상으로 높은 신뢰도를 보이나, 스탠포드-비네검사와의 상관계수가 0.26에서 0.92였고 웩슬러지능검사와는 0.38에서 0.77로서 타당도 면에서는 중등도의 타당도를 보이고 있다.

⑤ 투사검사이기 때문에 성격검사로도 널리 활용되고 있다.

6 한국판 라이터 비언어성지능검사(Korean-Leiter International Performance Scale-Revised)

(1) 의의

① 세계적으로 가장 널리 사용되고 있는 표준화된 비언어적 지능측정도구로서 로이드(Roid)와 밀러
(Miller)가 1997년 개발한 라이터 비언어성지능검사(Leiter International Performance Scale)를
국내 실정에 맞게 표준화한 검사이다.

② 의사소통장애가 있는 아동, 이중언어 환경에서 자란 아동, 인지발달이 부진한 아동, 청각장애가 있
는 아동, 운동기능이 부진한 아동, 외상성뇌손상 아동, ADHD 및 학습장애 아동들의 지적 능력, 기
억력 및 주의력에 대하여 신뢰할 수 있는 타당한 비언어적 측정을 위하여 개발되었다.

③ 즉, 이 검사는 일반적 지능검사가 불가능한 아동을 평가하기 위하여 개발되었다.

(2) 특징

① 검사대상 연령은 2~7세이다.

② 크게 시각 및 추론(Visualization and Reasoning, VR)영역과 주의 및 기억(Attention and Mem-
ory, AM) 영역으로 구성되며, 각각 하위 10개의 소검사로 이루어져 있다.

③ 두 영역은 검사자의 판단에 따라 두 영역 모두 평가되거나 혹은 하나의 영역만 평가될 수 있다.

④ 이 검사는 다른 검사와는 달리 검사자, 부모, 아동 및 교사가 아동의 행동관찰에 대해 평가하도록 하
는 평가척도가 포함된다.

⑤ 의사소통장애, 인지발달이 부진한 아동, 청각장애, 운동기능이 부진한 아동, 뇌손상 아동, ADHD 아
동 및 학습장애 아동을 평가하는 데 있어 유용하다.

제3절 　 웩슬러 지능검사

1 웩슬러 지능검사의 실시

(1) 검사 실시

① 먼저 라포 형성과 유지를 위해 노력한다.

② 검사환경을 일정하게 하고 주변자극을 차단한다.

③ 지시문이나 질문은 미리 정해져 있어야 한다.

④ 채광 및 온도를 유지하고, 소음이 없는 최적의 장소를 선택하여야 한다.

⑤ 검사로 인한 피로를 최소화해야 한다.

⑥ 검사는 표준화된 절차를 따라 실시한다.

(2) 실시의 일반적 주의사항

① 실시와 채점의 객관도를 유지하기 위해 검사문항이나 실시 지시문을 변경하지 않아야 한다.

② 검사 시작 전까지는 도구를 보지 못하게 한다.

③ 특정 반응이 옳은지 틀린지에 대해서는 피드백을 주어서는 안 된다. 수검자의 자발적인 반응이 명백히 틀렸고 추가질문을 할 필요가 없으면, 두 번째 반응을 요구하지 않고 실패한 문항으로 간주한다.

④ 수검자가 기록용지나 지침서를 보게 해서는 안 된다.

⑤ 문항의 실시 지침에 추가 탐문할 것이 언급되어 있지 않는 한, 명백히 틀린 대답에 대해서는 추가 질문하지 않는다.

2 웩슬러 지능검사의 해석

(1) 해석의 일반적 주의사항

① 지능검사 시행과정에서 관찰되는 개인의 행동특징, 반응내용은 인지적 발달과 성숙의 중요 결정요인으로 작용할 뿐만 아니라 인지적, 성격적 평가에 있어서도 중요한 자료를 제공해 줄 수 있다.

② 지능검사는 개인이 과거에 학습한 내용을 측정하고 있어서 임상가는 지능검사를 통하여 과거 학습에 의한 피검사자의 성취를 평가할 수 있다는 입장을 취하면서 현실적 문제에 대한 해답을 제공해 주는 것이 바람직하다.

③ 지능검사를 구성하는 과제들은 인위적인 문항 표집의 결과이므로 지능검사의 결과를 일반적인 상황에 일반화시키는 것은 신중하게 검토되어야 하며 검사결과의 일반화는 검사결과와 반응행동을 전체적으로 종합한 임상가의 판단을 거쳐서 결정되어야 한다.

④ 지능검사 결과는 피검사자별로 해석되어야 하며 지능검사의 결과는 관찰된 행동, 과거력, 다른 검사 결과들을 종합하여 해석을 내릴 때 가장 유용할 것이다.

(2) 전체지능 검사 결과의 분석

① 전체 지능지수

㉠ 전체 지능지수는 어떤 소검사의 점수보다 신뢰가 높은 점수이므로 전체 지능지수, 지능수준, 백분위, 오차범위에 따라 기술한다.

㉡ 이러한 과정에서 유의할 점은 이러한 개인의 전체 지능점수가 피검사자의 과거력, 특히 지적성취수준과 어느 정도 일치하는지 아니면 불일치하는지를 검토해야 한다는 것이다.

㉢ 즉, 만약 개인의 지능수준 자체는 매우 우수한 수준이지만 학업성적이나 지적인 성취가 때 제한된 수준이라면 그 이유를 밝히도록 시도해 보아야 할 것이다.

② 언어성 지능과 동작성 지능의 비교

㉠ 언어성 지능과 동작성 지능의 차이가 유의한 수준인가를 밝혀야 한다.

㉡ 만약 유의한 수준의 차이라면 특정하게 뇌손상이나 정신장애와 연관되는 점수 차이라는 판단은 보류되고 단지 언어성과 동작성 기능의 차이가 유의한 수준에 있다고 해석을 내리는 것이 타당할 것이다.

㉢ 만약 두 검사 간 지능점수의 차이가 유의하다면 이러한 차이가 비정상적 수준의 차이인지를 다시 검토해야 하는데, 그 이유는 비정상적인 수준의 차이라면 뇌손상이나 정신장애와 연관이 있을 가능성을 검토해보아야 하기 때문이다.

㉣ 임상적으로 두 검사(언어성과 동작성) 간 점수 차이가 20점(오리지널 척도의 경우), 웩슬러 지능검사-3판에서는 두 검사(언어성과 동작성) 간 점수 차이가 13점, 웩슬러 지능검사-4판에서는 4가지 지표 간 점수 차이가 23점 이상인 경우는 통계적으로 유의하다고 볼 수 있다.

㉤ 언어성 지능 〈 동작성 지능 : 동작성 지능이 언어성 지능보다 유의미하게 높을 때

- 동작성 기술이 언어적 기술보다 더 잘 발달되어 있다.
- 시각-운동 협응 능력이 청각-언어적 처리 능력보다 더 잘 발달되어 있다.
- 즉각적인 문제해결 능력이 경험을 통해 축적된 지식보다 더 잘 발달되어 있다.
- 읽기 능력과 학업 성취에 어려움이 있을 수 있다.
- 언어 능력에 결함이 있을 수 있다.

㉥ 언어성 지능 〉 동작성 지능 : 언어성 지능이 동작성 지능보다 유의미하게 높을 때

- 언어적 기술이 동작성 기술보다 더 잘 발달되어 있다.
- 청각-언어적 정보처리 능력이 시각-운동 협응 능력보다 더 잘 발달되어 있다.
- 경험을 통해 축적된 지식이 즉각적인 문제 해결 능력보다 더 잘 발달되어 있다.
- 피검사자가 실용적인 과제들을 다루는데 어려움이 있다.
- 대처기술에 결함이 있을 수 있다.
- 시각-운동 협응 능력의 어려움이 수행에 영향을 미칠 수 있다.
- 속도를 요하는 과제를 수행하는데 어려움이 있다.

(3) 웩슬러 지능검사의 지능지수 산출방법(K-WAIS-Ⅳ)

① 웩슬러지능검사의 지능지수 산출방법

ㄱ 소검사의 원점수 구하기

각각의 소검사 문항에서 얻은 점수를 합하여 소검사의 원점수를 구한다. 원점수는 각 소검사 문항에서 획득한 점수의 단순한 합에 불과하며, 규준을 참조한 점수가 아니므로 그 자체만으로는 무의미하다.

ㄴ 원점수를 표준점수로 환산하여 환산점수 도출하기

수검자의 수행을 해석하기 위해서는 원점수를 표준점수로 환산해야 한다. 소검사의 원점수를 환산점수표를 토대로 환산점수로 변환한다. 이때 환산점수는 각 소검사와 처리점수(과정점수)에 대해 각 연령집단의 원점수 총점을 평균 10, 표준편차 3인 분포상의 점수로 변환한 것이다.

ㄷ 조합점수(합산점수) 도출하기

조합점수(합산점수)는 연령에 따른 준거집단 환산점수의 합계에 근거한다. 조합점수의 적절한 구성을 위해 5개의 환산점수, 즉 언어이해, 지각추론, 작업기억, 처리속도, 전체검사의 환산점수 합계를 계산하며, 이를 평균 100, 표준편차 15인 분포상의 점수로 제시한다.

> 🔔 더 알아두기 🔍

환산점수 및 조합점수 대응 표준편차와 백분위

환산점수	조합점수	표준편차	백분위
19	145	+3	99.9
18	140	+2⅔	99.6
17	135	+2⅓	99
16	130	+2	98
15	125	+1⅔	95
14	120	+1⅓	91
13	115	+1	84
12	110	+⅔	75
11	105	+⅓	63
10	100	0(평균)	50
9	95	−⅓	37
8	90	−⅔	25
7	85	−1	16

6	80	$-1\frac{1}{3}$	9
5	75	$-1\frac{2}{3}$	5
4	70	-2	2
3	65	$-2\frac{1}{3}$	1
2	60	$-2\frac{2}{3}$	0.4
1	55	-3	0.1

② K-WAIS-Ⅳ의 조합점수별 측정내용

　　㉠ 언어이해지수(Verbal Comprehension Index, VCI) : 언어적 이해능력, 언어적 정보처리능력, 언어적 기술 및 정보의 새로운 문제해결을 위한 적용능력, 어휘를 이용한 사고능력, 결정적 지식, 인지적 유연성, 자기감찰 능력 등을 반영한다.

　　㉡ 지각추론지수(Perceptual Reasoning Index, PRI) : 지각적 추론능력, 시각적 이미지에 대한 사고 및 처리능력, 시각-운동 협응능력, 공간처리 능력, 인지적 유연성, 제한된 시간 내에 시각적으로 인식된 자료를 해석 및 조직화하는 능력, 유동적 추론능력, 비언어적 능력 등을 반영한다.

　　㉢ 작업기억지수(Working Memory Index, WMI) : 작업기억, 청각적 단기기억, 주의집중력, 수리능력, 부호화 능력, 청각적 처리기술, 인지적 유연성, 자기감찰 능력 등을 반영한다.

　　㉣ 처리속도지수(Processing Speed Index, PSI) : 시각정보의 처리속도, 과제 수행속도, 시지각적 변별능력, 정신적 수행의 속도 및 정신운동 속도, 주의집중력, 시각-운동 협응능력, 인지적 유연성 등을 반영한다.

　　㉤ 전체지능지수(Full Scale IQ, FSIQ) : 개인의 인지능력의 현재 수준에 대한 전체적인 측정치로서, 언어이해지수(VCI), 지각추론지수(PRI), 작업기억지수(WMI), 처리속도지수(PSI) 등 4가지 지수를 산출하는 데 포함된 소검사 환산점수들의 합으로 계산된다.

　　㉥ 일반능력지수(General Ability Index, GAI) : 언어이해의 주요 소검사(공통성, 어휘, 상식)와 지각추론의 주요 소검사(토막짜기, 행렬추론, 퍼즐)로 구성된 조합점수이다. 특히 전체지능지수(FSIQ)에 비해 작업기억 및 처리속도의 영향을 덜 받으므로, 전체지능지수(FSIQ)에 포함된 이들 요소들을 배제한 인지적 능력을 검토할 필요가 있는 경우 사용한다.

　　㉦ 인지효능지수(Cognitive Proficiency Index, CPI) : 작업기억의 주요 소검사(숫자, 산수)와 처리속도의 주요 소검사(동형찾기, 기호쓰기)로 구성된 조합점수이다. 언어이해 및 지각추론에 덜 민감한 인지적 능력에 대한 측정이 필요한 경우 사용한다.

③ K-WAIS-IV 프로파일의 기본적인 분석 절차

㉠ 전체지능지수(FSIQ)에 대한 검토(제1단계): 전체지능지수(FSIQ)는 개인의 지적 수준과 기능에 대한 가장 안정적이고 타당한 측정치이다. 다만, 전체지능지수(FSIQ)를 구성하는 4가지 지수 점수 중 가장 높은 지수와 가장 낮은 지수 간의 차이가 1.5 표준편차(약 23점) 미만인 경우에만 신뢰성 있고 타당한 측정치로 인정된다. 만약 그 차이가 1.5 표준편차(약 23점) 이상인 경우 단일 점수로서 의미가 없는 것으로 간주하여 전체지능지수(FSIQ)를 산출하기는 하되 해석에는 사용하지 않으며, 각각의 4가지 지수에 대해 별도로 해석해야 한다.

㉡ 각 지수 점수에 대한 검토(제2단계): 다음으로 언어이해지수(VCI), 지각추론지수(PRI), 작업기억지수(WMI), 처리속도지수(PSI) 순으로 지수 점수를 검토한다. 이 경우에도 각각의 세부 지수에 포함되는 소검사들 간의 차이가 1.5 표준편차(약 5점) 미만인 경우에만 유의미한 것으로 간주하며, 그 차이가 1.5 표준편차(약 5점) 이상인 경우 단일한 지수로 해석하는 것은 적절하지 않다. 각 지수의 해석이 가능한 것으로 판단될 경우, 해당 지수의 수준을 통해 현재 수검자가 보이는 능력이 어느 정도인지 기술한다.

㉢ 차이값의 비교, 강점과 약점의 평가 등(제3단계): 다음으로 지수 점수들 간 차이값의 비교, 강점과 약점의 평가, 소검사 점수들 간 차이값의 비교 등을 수행한다. 또한 소검사 내의 점수 패턴에 대한 평가, 전반적인 과정분석 등을 선택적으로 수행한다.

④ K-WAIS-IV의 과정점수

㉠ 시간 보너스 없는 토막짜기(Block Design No Time Bonus, BDN)

㉡ 숫자 바로 따라하기(Digit Span Forward, DSF)

㉢ 숫자 거꾸로 따라하기(Digit Span Backward, DSB)

㉣ 숫자 순서대로 따라하기(Digit Span Sequencing, DSS)

㉤ 최장 숫자 바로 따라하기(Longest Digit Span Forward, LDSF)

㉥ 최장 숫자 거꾸로 따라하기(Longest Digit Span Backward, LDSB)

㉦ 최장 숫자 순서대로 따라하기(Longest Digit Span Sequence, LDSS)

㉧ 최장 순서화(Longest Letter-Number Sequence, LLNS)

(4) 웩슬러 지능검사의 합산점수별 측정내용 및 프로파일 분석 절차(K-WISC-IV)

① K-WISC-IV의 합산점수별 측정내용

㉠ 언어이해지표(VCI)

• 언어적 개념형성, 언어적 추론 및 이해, 획득된 지식, 언어적 자극에의 주의력 등에 대한 측정치에 해당한다.

• 기존의 언어성 IQ(VIQ) 점수보다 인지기능상의 보다 협소한 영역을 측정하며, 다른 인지 기능보다 덜 혼입되어 있다. 따라서 언어이해지표(VCI)는 기존의 언어성 IQ(VIQ)에 비해 언어적 추론에 대한 보다 순수한 측정치로 간주된다.

ⓛ 지각추론지표(PRI)
- 유동적 추론, 공간처리, 세부에 대한 주의력, 시각-운동 통합에 대한 측정치에 해당한다.
- 처리속도에 덜 혼입되어 있으므로, 저조한 처리속도 능력을 가진 개인의 진정한 비언어적 추론능력을 보다 잘 반영한다.

ⓒ 작업기억지표(WMI)
- 입력된 정보의 일시적인 저장, 계산 및 변환처리 과정, 계산 및 변환의 산물(출력)이 발생하는 작업기억에 대한 정신적 용량을 측정한다.
- 작업기억은 학습의 핵심적인 요소이므로, 작업기억에서의 차이를 통해 수검자의 주의력, 학습용량, 유동적 추론 등에 대한 개인차의 분산을 설명한다.

ⓔ 처리속도지표(PSI)
- 수검자가 단순하거나 일상적인 정보를 오류 없이 신속하게 처리할 수 있는지를 나타낸다.
- 학습은 일상적인 정보처리와 복잡한 정보처리의 조합이므로, 처리속도상에 문제가 있는 경우 새로운 정보와 관련된 과제를 수행하는 데 보다 오랜 시간이 걸리며, 과제수행에 있어서도 어려움을 겪게 된다.

ⓜ 전체검사 지능지수(FSIQ)
- 수검자의 인지기능상의 전반적인 수준을 추정하는 종합적인 합산점수에 해당한다.
- 보충 소검사를 제외한 주요 소검사 10개 점수의 합계로서, 보통 일반요인 또는 전반적인 인지적 기능에 대한 대표치로 간주된다.

② K-WISC-Ⅳ 프로파일의 세부적인 분석 절차
ⓙ 전체검사 지능지수(FSIQ)의 보고 및 기술(제1단계) : 전체검사 지능지수(FSIQ)는 수검자의 인지능력의 전반적인 수준을 추정하는 종합적인 합산점수로서 4가지 지표 점수, 10가지 주요(핵심) 소검사 점수의 합계이다.

ⓛ 언어이해지표(VCI)의 보고 및 기술(제2단계) : 언어이해지표(VCI)는 주요 소검사인 공통성(Similarities), 어휘(Vocabulary), 이해(Comprehension)의 합산점수로서, 기존 K-WISC-Ⅲ의 언어성 지능(VIQ)에 비해 언어적 추론과 개념형성에 대한 개선된 측정치이다.

ⓒ 지각추론지표(PRI)의 보고 및 기술(제3단계) : 지각추론지표(PRI)는 토막짜기(Block Design), 공통그림찾기(Picture Concepts), 행렬추리(Matrix Reasoning)의 합산점수로서, 기존 K-WISC-Ⅲ의 동작성 지능(PIQ)에 비해 유동성 추론을 더욱 강조한 측정치이다.

ⓔ 작업기억지표(WMI)의 보고 및 기술(제4단계) : 숫자(Digit Span), 순차연결(Letter-Number Sequencing)의 합산점수로서, 기존 K-WISC-Ⅲ에 비해 수학적 지식에 대한 연령 적합성과 작업기억에 대한 요구를 늘린 측정치이다.

ⓜ 처리속도지표(PSI)의 보고 및 기술(제5단계) : 기호쓰기(Coding), 동형 찾기(Symbol Search)의 합산점수로서, 기존 K-WISC-Ⅲ에 비해 목표 사물에 대한 단순한 시각적 구별이 아닌 과제 내의 인지적 의사결정, 학습 요소 등을 강조한 측정치이다.

ⓗ 지표-수준의 차이 비교 평가(제6단계) : 소검사 수행능력에서 유의미하고 보기 드문 차이가 있는 경우, 합산점수 간 비교 해석에 있어서 그와 같은 변산성을 고려해야 한다. K-WISC-Ⅳ는 이를 위해 표준화 표본에서 다양한 지표 점수 사이에 나타나는 차이의 누적비율은 물론 전체 규준 표본과의 능력 수준에 따른 누적 비율을 제공한다.

ⓢ 강점과 약점의 평가(제7단계) : 아동의 인지적 강점 및 약점 영역들은 통계상 규준집단과의 비교에 의한 유의미성 여부로 판단할 수 있다. K-WISC-Ⅳ는 이를 위해 단일 소검사와 전체검사 지능지수(FSIQ)에 기여하는 소검사들의 전체 평균 또는 언어이해지표(VCI)와 지각추론지표(PRI)에 기여하는 소검사들의 평균 간 차이에 대한 누적비율을 제공한다.

ⓞ 소검사-수준의 차이 비교 평가(제8단계) : K-WISC-Ⅳ는 주요 소검사와 보충 소검사 간의 차이와 함께 다양한 소검사 환산점수의 차이를 나타내는 표준화 표본의 백분율을 제공한다. 이로써 소검사 점수들 간의 비교를 통해 개별적 가설들을 확증 혹은 반박할 수 있도록 한다.

ⓩ 소검사들 내의 점수패턴 평가(제9단계) : 프로파일의 심도 있는 분석을 위해서는 소검사 내에서의 점수패턴을 고려해야 한다. 동일한 환산점수를 받은 아동이라도 맞힌 문항들이 특정한 분포를 보인다거나 산발적인 양상을 보이는 경우, 이는 아동의 주의력, 언어와 관련된 문제, 수검 태도 등에서 비롯된 것일 수 있다.

ⓒ 처리분석(제10단계) : 처리분석은 소검사 수행에 영향을 미치는 수검자의 인지능력과 관련하여 보다 자세한 정보를 얻기 위한 질적 분석과정이다. 예를 들어, 숫자(Digit Span) 소검사에서 바로 따라하기와 거꾸로 따라하기 간의 차이는 비교적 쉬운 과제 혹은 어려운 과제에서의 차별적인 수행능력을 나타낸다.

❸ 웩슬러 지능검사의 진단

(1) 웩슬러지능검사의 일반적인 진단

① 웩슬러지능검사에 의한 정신증의 일반적인 특징

ㄱ 동작성 지능이 언어성 지능에 비해 상대적으로 낮은 수준을 보인다. 이는 곧 동작성 지능이 장애의 영향을 더 많이 받음을 시사한다.

ㄴ 상식(Information), 어휘(Vocabulary) 소검사를 중심으로 나타나는 극단적인 분산의 양상이 지적 기능의 심각한 불균형을 시사한다.

ㄷ 쉬운 문항에서 잦은 실패 양상을 보인다.

ㄹ 문항을 잘못 이해하는 경우가 많다.

ㅁ 이해(Comprehension), 차례 맞추기(Picture Arrangement)에서의 낮은 점수가 사회적 적응능력의 손상을 시사한다.

ㅂ 공통성(Similarities)의 저하/상식(Information), 어휘(Vocabulary)의 상승이 기억력은 비교적 잘 보존되어 있으나 추상적 사고능력이 손상되었음을 시사한다.

      ◈ 빠진 곳 찾기(Picture Completion), 산수(Arithmetic)에서의 낮은 점수가 주의집중력 저하를 반영한다.

      ◉ 토막짜기(Block Design)의 점수가 낮게 나타난다.

      ㉻ 숫자 외우기(Digit Span)에서 점수가 유지됨으로써 즉각적인 기억 손상이 없음을 나타내며, 이는 곧 불안이 적거나 없음을 반영한다.

      ㉼ 수검자의 개별적인 문항에서의 반응, 특히 차례 맞추기(Picture Arrangement), 공통성(Similarities), 어휘(Vocabulary) 소검사에서의 반응에 대한 질적인 분석이 중요하다. 이와 같은 소검사들을 통해 수검자의 비논리성, 부적절성, 연상장애, 괴이한 언어 등 전형적인 와해가 나타날 수 있기 때문이다.

② 웩슬러지능검사에 의한 우울증의 일반적인 특징

    ㉠ 언어성 지능이 동작성 지능에 비해 상대적으로 높은 수준을 보인다.

    ㉡ 쉽게 포기하는 경향을 보이는 등 지구력이 부족하다.

    ㉢ 전반적으로 반응속도가 느리다.

    ㉣ 언어성 검사 중 공통성(Similarities)의 점수가 낮으며, 동작성 검사 중 빠진 곳 찾기(Picture Completion)를 제외한 다른 동작성 소검사들에서 낮은 점수를 보인다.

    ㉤ 반응의 질적인 면에서의 정교화나 언어표현의 유창성 등이 부족하다.

    ㉥ 자신에 대해 비판적인 양상을 보인다.

    ㉦ 사고의 와해는 보이지 않는다.

③ 웩슬러지능검사에 의한 기질적 뇌손상의 일반적인 특징

    ㉠ 토막짜기(Block Design), 바꿔쓰기(Digit Symbol), 차례 맞추기(Picture Arrangement), 모양 맞추기(Object Assembly)의 점수가 상대적으로 낮다.

    ㉡ 숫자 외우기(Digit Span) 소검사에서 '바로 따라 외우기'와 '거꾸로 따라 외우기' 간의 점수 차이가 크게 나타난다.

    ㉢ 공통성(Similarities) 소검사의 낮은 점수가 개념적 사고의 손상을 시사한다.

    ㉣ 상식(Information), 어휘(Vocabulary), 이해(Comprehension) 소검사의 점수는 비교적 유지된 상태이다.

④ 웩슬러지능검사에 의한 강박장애의 일반적인 특징

    ㉠ 보통 전체 지능지수가 110 이상을 나타낸다.

    ㉡ 언어성 지능이 동작성 지능에 비해 상대적으로 높은 수준을 보인다. 이는 수검자의 강박적 성향에서 비롯된다.

    ㉢ 상식(Information), 어휘(Vocabulary) 소검사의 높은 점수가 수검자의 주지화 성향을 나타내는 반면, 그에 비해 상대적으로 낮은 이해(Comprehension) 점수가 수검자의 회의적 성향을 반영한다.

⑤ 웩슬러지능검사에 의한 히스테리성성격장애의 일반적인 특징

    ㉠ 비교적 쉬운 문항에서 실패하는 양상을 보인다.

    ㉡ 산수(Arithmetic) 소검사의 낮은 점수가 수검자의 쉽게 포기하는 성향을 반영한다.

  ⓒ 이해(Comprehension) 소검사 점수가 상식(Information) 소검사 점수에 비해 상대적으로 높으며, 토막짜기(Block Design), 차례 맞추기(Picture Arrangement) 소검사에서도 높은 점수를 나타낸다.

  ⓔ 도덕적인 반응내용을 보인다.

  ⓜ 사고의 와해 징후는 보이지 않는다.

⑥ 웩슬러지능검사에 의한 반사회성성격장애의 일반적인 특징

  ⊙ 언어성 지능이 동작성 지능에 비해 상대적으로 낮은 수준을 보인다.

  ⓛ 소검사 간 분산이 심한 편이다.

  ⓒ 사회적 상황과 관련된 내용에 대해 예민한 반응을 보인다.

  ⓔ 바꿔쓰기(Digit Symbol), 차례 맞추기(Picture Arrangement) 점수가 높은 반면, 개념형성 관련 점수는 낮게 나타난다.

  ⓜ 무성의하게 아무렇게나 대답하는 경향이 있다.

  ⓑ 사회적 규준에 부합하지 못한다.

  ⓢ 지나친 관념화, 주지화, 현학적인 성향을 보일 수 있다.

4 성인용 웩슬러 지능검사

(1) 한국판 웩슬러 성인용 지능검사(K-WAIS)

① 의의

  ⊙ 성인의 지적 능력을 검사하기 위해 1939년에 웩슬러(David Wechsler)가 제작한 검사로, 만 17세 이상 만 64세 이하의 성인을 대상으로 한다. 우리나라에서는 1963년에 전용신, 서용연, 이창우가 표준화하였다.

  ⓛ 1981년에 개정된 WAIS-R은 연태호, 박영숙, 오경자, 김정규, 이영호가 1992년에 한국에서 표준화하였고, WAIS-Ⅲ가 1997년에 개정되어 나왔다.

② 특징

  ⊙ K-WAIS의 번안 및 표준화 과정을 살펴보면, 전체 검사의 목적과 기본 절차, 각 검사별 목표와 채점원칙 등은 WAIS-R을 따랐고 실제 문항은 가능한 한 우리나라 사람들에게 친숙하고 일상생활에서 쉽게 접할 수 있는 문항을 선택하고자 하였다.

  ⓛ K-WAIS는 WAIS-R과 마찬가지로 언어성 척도와 동작성 척도로 구성되었다. 언어성 척도는 언어반응이 요구되는 상식, 이해, 산수, 공통성, 숫자, 어휘 등 6개 소검사로 구성되어 있다. 동작성 소검사는 빠진 곳 찾기, 차례 맞추기, 토막짜기, 모양 맞추기, 바꿔 쓰기 5개의 소검사로 구성되어 있다.

③ 구성

■ **한국판 웩슬러 성인용 지능검사(K-WAIS)의 언어성 소검사**

① 기본지식(Information)

　㉠ 주요 측정 측면

　　• 일상의 사실적 지식의 범위

　　• 과거의 학습 및 학교교육

　　• 지적 호기심 혹은 지식추구 충동

　　• 일상생활에서의 기민성 혹은 일상세계에 대한 관심

　　• 장기기억

　㉡ 소검사의 특징

　　• 총 29문항으로, 수검자 개인이 소유한 일반적인 지식의 정도를 측정한다.

　　• 기억의 인출 및 장기기억, 언어적·청각적 이해력, 결정성 지능, 지적 호기심, 폭넓은 독서 경험 등과 연관된다.

　　• 교육적 기회, 문화적 노출, 환경의 영향을 많이 받으므로, 수검자의 지적 능력, 학력, 생활 여건을 고려해야 한다.

　　• 문항들은 정서적 중립성으로 인해 정서를 유발하지 않으므로, 수검자의 정서적 응답은 유의미한 분석대상이 된다.

　　• 쉬운 문항에서 실패하고 오히려 어려운 문항에서 성공하는 경우 수검자의 기억 인출 과정에서의 문제를 시사한다.

　　• 기괴한 응답의 경우 성격적·병리적 문제를 시사하는 한편, 지나치게 세부적이고 자세한 대답은 강박증을 시사한다.

　　• 병전 지능 추정에 사용되며, 특히 좌반구 손상 환자에게서 낮은 수행이 나타난다.

　　• 높은 점수는 지적인 야심이나 주지화의 방어기제를 반영하기도 한다.

　　• 낮은 점수는 만성적인 불안이나 갈등, 억압의 방어기제를 반영하기도 한다.

② 숫자 외우기(Digit Span)

　㉠ 주요 측정 측면

　　• 즉각적인 기계적 회상

　　• 사고 패턴을 전환할 수 있는 능력

　　• 주의집중력

　　• 청각적 연속능력

　　• 기계적 학습

ⓒ 소검사의 특징
- 총 14문항으로, 검사자가 불러주는 숫자열을 처음 단계에서는 바로 따라 외우다가, 다음 단계에서는 거꾸로 따라 외우도록 과제가 구성되어 있다.
- 문화적 영향을 거의 받지 않으나, 언어성 소검사 중 수검자의 상태에 따른 변동이 가장 심하다.
- 청각적 단기기억, 주의력 및 주의집중력, 유동성 지능, 학습장애 등과 연관된다.
- 바로 따라 외우기가 거꾸로 따라 외우기에 비해 아동 및 청소년의 경우 평균적으로 2자리 정도, 성인의 경우 1자리 정도 반응이 더 길게 나타난다. 만약 평균적인 기준에서 훨씬 벗어나 5자리 이상 길게 나타나는 경우 뇌손상을 시사한다.
- 거꾸로 따라 외우기가 바로 따라 외우기보다 뇌손상에 더욱 민감하다.
- 검사 상황에 민감하게 영향을 받는 검사로서, 특히 청각적인 문제를 가진 수검자에게 불리한 검사이기도 하다.
- 검사자가 문항을 다 읽기도 전에 반응하기 시작하거나 숫자를 매우 빠르게 열거하는 경우 충동성을 의심해 볼 수 있다.
- 높은 점수는 오히려 수검자의 분열성 성격을 반영하기도 한다.
- 낮은 점수는 정신병적 우울이나 상태불안, 주의력 결핍, 학습장애 등의 문제를 반영하기도 한다.

③ 어휘문제(Vocabulary)
ⓐ 주요 측정 측면
- 언어 발달의 정도
- 단어 지식 및 언어적 개념형성
- 언어 사용 및 축적된 언어 학습 능력
- 우수한 학업성취 및 교육적 배경
- 수검자의 최상의 지적 능력 추론
- 수검자가 획득한 사고, 경험, 관심의 범위

ⓒ 소검사의 특징
- 총 35문항으로, 검사자가 불러주는 여러 낱말들의 뜻을 구체적으로 설명하도록 하는 과제들로 구성되어 있다.
- 가장 안정적인 검사로서 정신장애에 의한 기능의 손상 및 퇴화가 적으므로, 병전 지능 추정에 사용된다.
- 일반지능을 나타내는 중요한 지표로, 특히 전체 IQ(FIQ)와 가장 높은 상관관계를 가지고 있다.
- 언어적 이해력 및 표현력, 어의적 수준의 인지능력, 획득된 지식과 축적된 상식, 장기기억, 결정성 지능, 지적 호기심, 폭넓은 독서경험 등과 연관된다.

- 시간이 많이 소요되는 소검사이므로, 검사 상황에 쉽게 피로해지는 뇌손상 환자들에게는 적합하지 않다.
- 소검사들 중 뇌손상과 사고장애를 가장 잘 구분해 줄 수 있다.
- 높은 점수는 기본지식 소검사와 마찬가지로 지적인 야심이나 주지화의 방어기제를 반영하기도 한다.
- 낮은 점수는 기억이나 학습상의 문제, 억압의 방어기제를 반영하기도 한다.

④ 산수문제(Arithmetic)
　㉠ 주요 측정 측면
- 청각적 기억
- 연속적 능력
- 수리적 추론, 계산능력 및 계산의 속도
- 주의집중력 및 낮은 주의산만
- 현실접촉 및 정신적 기민성, 외부세계와의 능동적 관계
- 학업능력(산수문제의 전반부) 및 획득된 지식
- 논리적 추론, 추상화, 수리적 문제 분석력(산수문제의 후반부)

　㉡ 소검사의 특징
- 총 16문항으로, 간단한 계산문제를 종이와 연필을 사용하지 않은 채 암산으로 푸는 과제로 구성되어 있다.
- 청각적 기억, 주의력 및 주의집중력, 숫자를 다루는 능력, 언어적 지시의 이해, 상징적 내용의 기억, 시간적 압박 하에서의 작업능력, 학습장애 등과 연관된다.
- 숫자 외우기 소검사에 비해 보다 높은 수준의 주의집중력이 요구된다.
- 과제에서 요구하는 계산기술은 초등학생 수준에 해당한다.
- 과제수행에서의 실패는 주의력 및 주의집중력 부족, 계산과정에서 종이와 연필을 사용하지 못하는 것에 대한 불안감, 반항심이나 패배주의적 태도에 의한 것일 수 있다.
- 검사가 끝난 후 수검자에게 종이와 연필을 주어 시간제한 없이 과제를 다시 해보도록 함으로써 수검자의 불안이나 주의집중력이 검사에 미친 영향에 대해 평가할 수 있다.
- 좌측 측두엽, 두정엽 손상 환자에게서 낮은 수행이 나타난다.
- 높은 점수는 주지화 방어기제와 연관되며, 경우에 따라 분열성 성격을 반영하기도 한다.
- 낮은 점수는 불안성향, 주의집중에의 어려움, 학습장애 등의 문제를 반영하기도 한다.

⑤ 이해문제(Comprehension)
　㉠ 주요 측정 측면
- 실제적 지식의 표명
- 사회성숙도

- 행동의 보편적 기준에 대한 지식
- 적절한 선택, 조직화, 사실과 관계의 강조 등 과거경험의 평가능력
- 추상적 사고와 일반화
- 사회적 판단력, 일반상식, 실제 사회적 상황에의 판단력
- 사회적 환경에 대한 이해력
- 현실 자각, 일상생활의 기민성

  © 소검사의 특징
- 총 16문항으로, 일상생활에서의 사회적 상황과 관련된 여러 가지 문항들에 대해 답하는 과제들로 구성되어 있다.
- 사회적 지능 및 사회적 이해력, 도덕적 판단 및 양심, 언어적 개념화, 결정성 지능 등과 연관된다.
- 다른 소검사들에 비해 지적 영역과 정서적 영역이 서로 결부되어 있다.
- 정보의 적절한 선택과 반응의 적절한 표출을 위한 안정적인 정서-태도 경향성이 요구된다.
- 수검자의 문제 상황에 대한 능동적/수동적 대처, 사회적/반사회적 행동 등이 임상적으로 유의미한 가치를 가진다.
- 지나치게 길고 세부적인 반응은 강박적 성향을 시사한다.
- 좌반구 손상에 민감한 소검사이다. 우반구 손상 환자의 경우 높은 점수를 얻을 수 있으나 실제 행동은 비합리적일 수 있다.
- 높은 점수는 수검자의 사회적ㆍ도덕적 판단력, 관습적인 문제해결 방식을 반영하기도 한다.
- 낮은 점수는 사회적 관심에 대한 저항, 대인관계에 대한 무관심, 판단력 손상을 반영하기도 한다.

⑥ 공통성문제(Similarities)

  ㉠ 주요 측정 측면
- 논리적ㆍ추상적 추론능력
- 언어적 개념형성 또는 개념적 사고
- 본질과 비본질을 구분하는 능력
- 언어적 유창성과 관련된 연합능력

  © 소검사의 특징
- 총 14문항으로, 검사자가 두 개의 단어를 불러주어 수검자에게 두 단어의 공통점에 대해 말하도록 하는 과제로 구성되어 있다.
- 언어적 이해력, 논리적ㆍ추상적 사고, 연합적 사고, 폭넓은 독서경험 등과 연관된다.
- 수검자의 응답 내용은 구체적 개념형성, 기능적 개념형성, 추상적 개념형성의 양상으로 나타난다.

- 언어적 이해력을 평가하는 소검사들 가운데 정규교육이나 특정 학습, 교육적 배경 등의 영향을 가장 적게 받는다.
- 응답이 1점에 편향되어 나타나는 경우 수검자의 잠재력이 제한적임을 나타내는 반면, 2점과 0점으로 분산되어 나타나는 경우 잠재력이 비교적 크다는 사실을 반영한다.
- 좌측 측두엽과 전두엽 손상에 민감하며, 특히 뇌손상 환자의 경우 2점에 해당하는 추상적 반응을 하는 데 어려움을 나타낸다.
- 이해문제 소검사와 달리 창의적인 응답이 부정적인 것은 아니다.
- 반응 내용에 성격적 경향성이 드러날 수 있으며, 특히 개인적 사고의 집착이 나타나는 경우 임상적으로 유의미한 것으로 볼 수 있다.
- 높은 점수는 오히려 수검자의 강박적·편집증적 성향을 반영하기도 한다.
- 낮은 점수는 사고장애나 중추신경계 손상을 반영하기도 한다.

■ 한국판 웩슬러 성인용 지능검사(K-WAIS)의 동작성 소검사

① 빠진 곳 찾기(Picture Completion)

ㄱ) 주요 측정 측면
- 시각적 기민성
- 시각적 재인 및 동일시(시각적 장기기억)
- 환경의 세부사항에 대한 인식
- 부분에 대한 전체의 인식(시각적 인식능력)
- 본질과 비본질을 구분하는 능력
- 시각적 조직화 능력과 연결된 시각적 주의집중력

ㄴ) 소검사의 특징
- 총 20문항으로, 검사자가 특정 부분이 생략된 그림카드를 제시하여 수검자에게 해당 부분을 찾아내도록 하는 과제로 구성되어 있다.
- 시각적 기민성, 시각적 조직화, 시각적 장기기억, 시간적 압박 하에서의 작업능력, 유동성 지능 등과 연관된다.
- 수검자가 그림의 어떤 측면에 초점을 맞추는지를 통해 수검자의 현실감각 유지 상태에 대한 정보를 얻을 수 있다. 즉, 그림의 선에 있는 지극히 작은 결함을 지적한다거나 기괴한 사고로 전혀 예상치 못한 부분을 지적하는 경우 수검자의 현실 왜곡적 성향을 의심할 수 있다.
- 20초의 시간제한을 초과하는 경우 정신지체나 뇌손상을 의심할 수 있다.
- 수검자의 반응속도가 지나치게 빠른 경우 충동성을 시사하는 반면, 쉬운 문항에서조차 반응속도가 지나치게 느린 경우 진단적으로 주목할 필요가 있다.

- 여러 문항에서 빠진 곳이 없음을 주장하는 경우 반항심이나 공포심, 적대감을 가진 것으로 의심할 수 있다.
- 언어능력이 극히 제한된 좌반구 손상 환자에게 좋은 병전 지능의 지표가 될 수 있다.
- 높은 점수는 고도의 주의집중력, 강박적·현학적 성향을 반영하기도 한다.
- 낮은 점수는 논리성 결여나 주의집중력 부족을 반영하기도 한다.

② **차례 맞추기(Picture Arrangement)**

  ⊙ 주요 측정 측면
- 계획하는 능력
- 시간 순서 및 시간 개념
- 비언어적 대인관계 상황에 대한 정확한 이해
- 전체적인 상황에 대한 이해 및 평가 능력
- 시각적 조직화 및 중요 시각적 단서에 대한 인식
- 정보의 연합 및 계획의 속도

  ⓛ 소검사의 특징
- 총 10문항으로, 10벌의 그림카드 세트를 도구로 사용하여 수검자로 하여금 각각의 그림들을 순서대로 잘 맞추어 어떤 줄거리가 있는 이야기로 꾸미도록 되어 있다.
- 사회적 지능 및 사회적 이해, 전체 상황에 대한 이해능력, 계획능력, 시간적 압박 하에서의 작업능력, 유동성지능 등과 연관된다.
- 그림의 차례를 제대로 맞추든 잘못 맞추든 간에, 수검자가 그림의 순서에 따라 이야기를 엮어나가는 것이 중요한 해석적 가치를 지닌다.
- 수검자가 그림 카드를 다루는 방식을 통해 충동성/조심성, 시행착오적 접근/통찰적 접근등 수검자의 사고 과정과 관련된 정보를 입수할 수 있다.
- 수검자의 시각적 지각능력 부족이나 문화적 배경으로 인해 반응에 실패하는 경우도 있다.
- 일반적으로 뇌손상에 취약하며, 특히 전두엽 손상 환자의 경우 카드 순서를 약간 옮겨 놓은 후 정답이라고 반응하기도 한다.
- 높은 점수는 수검자의 사회적 상황에서의 민감성, 편집증적 성향을 반영하기도 한다.
- 낮은 점수는 사회적 상황에 대한 이해력 부족, 대인관계상의 어려움을 반영하기도 한다.

③ **토막짜기(Block Design)**

  ⊙ 주요 측정 측면
- 전체를 구성요소로 분석하는 능력
- 공간적 시각화 능력
- 비언어적 개념형성
- 지속적 노력 및 주의집중력

- 시각-운동 협응 및 지각적 조직화
- 시각-운동-공간 협응, 조작적 지각 속도

ⓛ 소검사의 특징
- 총 9문항으로, 모형이 그려진 9장의 카드와 함께 빨간색과 흰색이 칠해진 9개의 나무토막을 도구로 사용하여 이를 맞추어 보도록 하는 과제로 구성되어 있다.
- 시각-운동 협응능력, 지각적 조직화, 공간적 표상능력, 장 의존적 또는 장 독립적 인지유형, 시간적 압박 하에서의 작업능력, 유동성지능 등과 연관된다.
- 수검자의 과제 수행과정을 통해 주의산만/주의집중력, 충동성/조심성, 시행착오적 접근/통찰적 접근, 운동협응능력 등에 대한 정보를 입수할 수 있다.
- 수검자의 시지각상의 문제가 한계검증의 과정을 통해 드러날 수 있다.
- 대뇌 손상에 취약하며, 병전 지능 추정에 사용된다.
- 예상치 못한 기괴한 반응을 나타내는 경우 수검자의 현실검증력 장애나 전두엽의 손상 등을 의심할 수 있다.
- 우반구 손상 환자로서 시각-공간 기능 영역에 이상이 있는 경우 지남력 장애나 지각 왜곡으로 인해 검사에 실패할 가능성이 있다.
- 높은 점수는 수검자의 양호한 형태지각, 문제해결능력, 시각-운동 협응능력을 반영하기도 한다.
- 낮은 점수는 강박성, 정서불안, 뇌손상 또는 뇌기능 장애를 반영하기도 한다.

④ **모양 맞추기(Object Assembly)**
㉠ 주요 측정 측면
- 각 부분들 간의 관계 예측
- 시각-운동 협응능력
- 동시적 처리능력
- 익숙한 형태로의 종합능력
- 익숙한 형태를 구별하는 능력
- 어떤 것과 관련된 미지의 물체에 대한 인식적 조작능력 및 지각속도

ⓛ 소검사의 특징
- 4문항으로, 4개의 상자에 들어있는 모양 맞추기 조각들을 도구로 사용하여 해당 조각들을 특정 모양이 되도록 하는 과제로 구성되어 있다.
- 시각-운동 협응능력, 지각적 조직화, 공간적 표상능력, 형태관계의 평가, 장 의존적 또는 장 독립적 인지유형, 시간적 압박 하에서의 작업능력, 유동성 지능 등과 연관된다.
- 토막짜기 소검사에서는 전체를 부분으로 분석하는 능력이 강조되는 반면, 모양 맞추기에서는 부분을 전체로 통합하는 능력이 강조된다.

- 토막짜기와 마찬가지로 수검자의 과제 수행과정을 통해 주의산만/주의집중력, 충동성/조심성, 시행착오적 접근/통찰적 접근, 운동협응능력 등에 대한 정보를 입수할 수 있다.
- 검사자가 조각을 배열하는 과정을 들여다보려는 수검자의 경우 불안성향, 충동성, 도덕성의 결여 등을 의심할 수 있다.
- 우반구 후반부에 손상이 있는 경우 보통 점수가 낮게 나타나며, 전두엽 손상 환자의 경우 과제 수행 속도가 느리므로 역시 낮은 점수를 보인다.
- 좌반구 손상 환자의 경우 전체적인 윤곽은 파악하나 세부적인 부분에서 실수를 하는 경향이 있다.
- 높은 점수는 오히려 수검자의 만성 조현병(정신분열)을 반영하기도 한다.
- 낮은 점수는 강박성, 정서불안, 우울성향, 분열성 성격을 반영하기도 한다.

⑤ 바꿔쓰기(Digit Symbol)
  ㉠ 주요 측정 측면
   - 정신운동 속도 및 사무적 속도
   - 지시를 정확히 따르는 능력
   - 지필 기술
   - 익숙하지 않은 과제에 대한 학습능력
   - 인지적 유연성
   - 지속적 노력 및 주의집중력
   - 연합 학습 및 새로 습득한 시각적 자료에 대한 모방능력
   - 순차적 능력
  ㉡ 소검사의 특징
   - 총 93문항으로, 1에서 9까지의 숫자가 적힌 칸과 숫자에 대응하는 기호(예 2/ㅗ, 4/ㄴ, 8/x)가 있으며, 수검자는 제한시간 내에 각 숫자 밑에 숫자에 대응하는 기호를 그려 넣는다.
   - 시각-운동 협응능력, 시각-운동 기민성, 시각적 단기기억, 정확성, 쓰기 속도, 시간적 압박 하에서의 작업능력, 주의산만, 학습장애 등과 연관된다.
   - 검사수행 전 수검자의 문맹이나 시지각상의 문제 여부를 살펴보아야 한다.
   - 강박적 성향을 보이는 수검자에게는 기호를 읽을 수 있을 정도로만 쓰면 된다는 점을 알려주어야 한다.
   - 수행과정에서 수검자의 피로도, 주의산만, 기호에 대한 암기여부 등을 주의 깊게 살펴보아야 한다.
   - 좌우반구 영역에 관계없이 대뇌 손상에 취약하므로 뇌의 특정 부위에 대한 손상을 밝힐 수는 없으나, 손상의 유무를 판단하기 위한 좋은 지표로 활용된다.
   - 높은 점수는 수검자의 과도한 성취욕구, 순응적 경향을 반영하기도 한다.
   - 낮은 점수는 강박성, 주의력 분산, 학습장애, 뇌손상 및 뇌기능 장애를 반영하기도 한다.

(2) 한국판 웩슬러 성인용 지능검사 제4판(K-WAIS-IV)

① 의의

ⓐ K-WAIS-IV는 미국 원판인 WAIS-IV(2008)를 한국판으로 번안하여 표준화한 개인용 지능검사이다.

ⓑ K-WAIS-IV는 16세 0개월부터 69세 11개월까지의 청소년과 성인의 인지능력을 개인적으로 평가할 수 있도록 만들어진 임상도구이다.

ⓒ 이 검사의 원판인 WAIS-IV의 개정 목표는 동시대적인 규준을 만들고, 심리측정적 속성을 개선하여, 임상적 활용을 개선하고 사용하기에 보다 편리한 도구를 만드는 것이었다.

ⓓ K-WAIS-IV 제작과정에서 이러한 WAIS-IV의 개정 목표를 충실하게 따르고자 노력하였다.

② 특징

ⓐ WAIS-IV의 웩슬러 성인용 지능검사의 가장 최신판으로, 소검사들과 합성점수로 이루어져있다. 합성점수는 일반적인 지적 능력을 나타내주는 점수와 특정 인지영역에서의 지적 기능을 나타내주는 점수로 구성되어 있다.

ⓑ K-WAIS와 비교할 때 K-WAIS-IV는 이전판에 제공되던 3가지 지능점수 중 전체 지능지수만 제공되고, 언어성 및 동작성 점수는 제공되지 않는다.

ⓒ WAIS-III에서 처음으로 채택되었던 언어이해, 지각추론, 작업기억, 처리속도의 4요인 구조가 WAIS-IV에서도 유지되어 K-WAIS-IV에서도 4요인 구조가 그대로 적용되었다.

이전 판의 소검사들 중 차례 맞추기와 모양 맞추기 소검사가 없어지고 행렬추론, 동형 찾기, 퍼즐, 순서화, 무게비교, 지우기와 같은 새로운 형식의 소검사가 추가되었다.

ⓓ 이를 통해 유동적 지능, 작업기억, 처리속도를 안정적으로 측정할 수 있게 하였으며, 지능지수를 연령범주별 환산점수로부터 유도하도록 하였다(전체연령 기준의 환산점수도 제공된다).

ⓔ 산출되는 지능지수의 범위를 IQ 40 ~ 160으로 확장하여 능력이 매우 뛰어나거나 매우 제한된 사람들의 지능지수 산출을 가능하게 하였다.

ⓕ 시범문항과 연습문항의 도입, 시각적 자극의 크기를 확대, 언어적 지시를 단순화하고, 시간보너스의 비중을 줄이며, 검사의 수행과정에서 운동 요구를 감소시켜 전반적으로 실시를 간편화하고 실시시간을 단축시켰다. 특히 나이든 집단의 과제 수행을 용이하게 하였다.

③ 구성

■ **한국판 웩슬러 성인용 지능검사 제4판(K-WAIS-Ⅳ)의 구성**

① 언어이해(Verbal Comprehension)

   ㉠ 공통성(Similarity)

- 총 18문항으로, 쌍으로 짝지어진 낱말들을 제시하여 그들 간의 공통점이 무엇인지 찾도록 한다.
- 특히 이 소검사는 유동성지능을 잘 반영하는 소검사로 간주되고 있다.
- 공통성 소검사에 의해 측정되는 주요 내용은 다음과 같다.

> – 언어적 개념형성능력
> – 논리적 · 추상적 추론능력
> – 연합 및 범주적 사고력
> – 본질과 비본질을 구분하는 능력 등

   ㉡ 어휘(Vocabulary)

- 총 30문항으로, 27개의 어휘문항과 3개의 그림문항으로 구성되어 있다.
- 어휘문항에서 수검자는 인쇄된 글자와 함께 구두로 제시되는 단어의 뜻을 말하며, 그림문항에서 수검자는 시각적으로 제시되는 물체의 이름을 말한다.
- 반응내용은 매우 중요한 질적 분석의 기초로서, 수검자의 공포, 흥미, 배경, 사고집착, 기괴한 사고 등을 분석할 수 있게 한다.
- 일반지능을 나타내는 중요한 지표로 간주되어 수검자의 병전 지능을 추정할 때 사용된다.
- 어휘 소검사에 의해 측정되는 주요 내용은 다음과 같다.

> – 언어발달 정도
> – 단어지식 및 언어적 개념형성능력
> – 언어 사용 및 축적된 언어학습능력
> – 우수한 학업성취 및 교육적 배경
> – 장기기억 등

   ㉢ 상식(Information)

- 총 26문항으로, 개인이 평균적으로 획득할 수 있는 지식을 요구하는 문항으로 구성되어 있다.
- 개인이 소유한 기본지식, 즉 개인이 소유한 일반적인 지식의 정도를 측정한다.
- 일반지능의 가장 좋은 측정치 중 하나로서, 전체지능지수(FSIQ)와 높은 상관을 보인다.
- 상식 소검사에 의해 측정되는 주요 내용은 다음과 같다.

- 일반적 · 실제적 지식의 범위
- 과거의 학습 또는 학교교육
- 지적 호기심 또는 지식을 얻고자 하는 욕구
- 장기기억과 정보축적
- 결정성 지능, 획득된 지식 등

---

② 이해-보충(Comprehension)
- 총 18문항으로, 대부분 개방형 질문으로 구성되어 있어 수검자가 다양한 반응을 할 수 있도록 되어 있다.
- 일상생활에서의 사회적 상황과 관련된 여러 가지 문항들에 대해 자신의 이해를 토대로 답하도록 한다.
- 반응을 정확히 채점하기 위해 실시 단계에서 중립적인 태도로 추가적인 탐색질문을 할 필요가 있다.
- 이해 소검사에서의 낮은 점수는 빈약한 사회적 판단력, 초자아의 약화 등을 시사한다.
- 이해 소검사에 의해 측정되는 주요 내용은 다음과 같다.

- 사회적 상황의 이해력 및 사회적 성숙도
- 관습적 행동규준에 관한 지식 정도
- 과거경험을 평가하고 사용하는 능력
- 실질적 지식과 판단력
- 언어적 추론 및 개념화
- 언어적 이해와 표현 등

---

② **지각추론(Perceptual Reasoning)**
⊙ 토막짜기(Block Design)
- 총 14문항으로, 모형이 그려진 카드를 보고 빨간색과 흰색이 칠해진 나무토막을 도구로 사용하여 이를 맞추어 보도록 한다.
- 과제를 수행하는 데 시간제한이 있으며, 수검자가 빠르고 정확하게 과제를 수행할 경우 추가 점수를 받게 된다.
- 일반지능과 상관이 높으므로 상식(Information), 어휘(Vocabulary) 소검사와 더불어 병전 지능을 추정하는 데 사용된다.
- 특히 뇌의 우반구 손상에 민감하며, 알츠하이머병 환자들이 가장 낮은 수행을 보이는 것으로 알려져 있다.

• 토막짜기 소검사에 의해 측정되는 주요 내용은 다음과 같다.

> – 시각적 자극의 분석 및 통합능력
> – 시각–운동 협응능력
> – 지각적 조직화 능력
> – 비언어적 개념형성능력
> – 시간적 압박 하에서의 작업능력 등

ⓛ 행렬추론(Matrix Reasoning)

• 총 26문항으로, 일부가 누락된 행렬을 보고 이를 완성할 수 있는 반응선택지를 고르도록 한다.

• 수검자가 약 30초 이내에 반응을 하지 않는 경우 검사자는 단지 반응을 촉구할 뿐 시간제한을 하지 않는다.

• 행렬추론 소검사에 의해 측정되는 주요 내용은 다음과 같다.

> – 광범위한 시각적 지능
> – 부분과 전체의 관계를 파악하는 능력
> – 지각적 조직화 능력
> – 시공간 정보에 대한 동시적 처리능력
> – 유동성 지능 등

ⓒ 퍼즐(Visual Puzzles)

• 총 26문항으로, 완성된 퍼즐을 모델로 하여 제한된 시간 내에 해당 퍼즐을 만들 수 있는 세 개의 조각을 찾도록 한다.

• 이 소검사는 퍼즐 맞추기와 유사하지만 수검자가 실제로 퍼즐 조각을 조작하거나 맞춰볼 수는 없다.

• 퍼즐 소검사에 의해 측정되는 주요 내용은 다음과 같다.

> – 광범위한 시각적 지능
> – 부분들 간의 관계를 예상할 수 있는 능력
> – 시각적 · 지각적 조직화 능력
> – 시각적 기억능력
> – 공간적 표상능력 등

  ② 무게비교-보충(Figure Weights)

   • 총 27문항으로, 양쪽 무게가 달라 불균형 상태에 있는 저울 그림을 보고 균형을 맞추는 데 필요한 반응선택지를 고르도록 한다.

   • 이 소검사는 수학적 추론을 비언어적으로 측정하며, 귀납적 및 연역적 추론이 강조된다.

   • 지속적 주의집중력을 필요로 한다는 점에서 산수(Arithmetic) 소검사와 유사하나, 산수 소검사가 작업기억과 연관된 반면, 이 소검사는 문항이 시각적으로 제시되므로 기억의 영향력이 최소화된다.

   • 무게비교 소검사에 의해 측정되는 주요 내용은 다음과 같다.

> – 양적 · 수학적 추론능력
> – 유추적 추론능력
> – 시각적 조직화 및 주의집중력 등

  ⑩ 빠진 곳 찾기-보충(Picture Completion)

   • 총 24문항으로, 특정 부분이 생략된 그림을 보고 해당 부분을 찾도록 한다.

   • 수검자의 시각적 예민성과 연관된 것으로서, 수검자의 특이한 반응이나 오류에 대한 내용 분석이 중요하며, 반응시간이 지나치게 길거나 짧은 경우에 주목해야 한다.

   • 빠진 곳 찾기 소검사에 의해 측정되는 주요 내용은 다음과 같다.

> – 시각적 · 지각적 조직화 능력
> – 대상의 핵심적인 세부사항을 시각적으로 인식해내는 능력
> – 본질과 비본질을 구분하는 능력
> – 시각적 기억능력
> – 환경적 세부사항에 대한 인식 등

 ③ 작업기억(Working Memory)

  ㉠ 숫자(Digit Span)

   • '바로 따라하기', '거꾸로 따라하기', '순서대로 따라하기'의 3가지 과제로 구성되며, 한문항당 두 번의 시행이 포함된 각 8개의 문항으로 이루어져 있다.

   • '바로 따라하기'는 자릿수가 점차적으로 증가하는 일련의 숫자를 듣고 동일한 순서로 따라하는 즉각적인 회상과제이며, '거꾸로 따라하기'는 이를 역순으로 반복하여 집중력의 범위를 측정하는 과제이다.

- 수검자의 작업기억과 연관된 것으로, 특히 수검자의 불안이나 긴장의 증가로 인해 저하될 수 있다.
- 특히 알츠하이머병과 외상성 뇌손상의 영향에 민감한 소검사로 알려져 있다.
- 숫자 소검사에 의해 측정되는 주요 내용은 다음과 같다.

> – 청각적 단기기억능력
> – 즉각적인 기계적 회상능력
> – 연속적 정보처리능력
> – 암기학습능력
> – 주의력 및 주의집중력
> – 정신적 조작능력 등

ⓛ 산수(Arithmetic)
- 총 22문항으로, 제한된 시간 내에 간단한 계산문제를 암산으로 풀도록 한다.
- 모든 문항에 시간제한이 있으며, 특히 수검자의 반응시간을 측정하고 오답을 기록하는 것이 질적 분석에서 매우 중요하다.
- 충동적이고 성급한 수검자, 집중력이 부족한 수검자, 산수 공포증이 있는 수검자의 경우 좋은 점수를 받기 어렵다.
- 산수 소검사에 의해 측정되는 주요 내용은 다음과 같다.

> – 청각적 단기기억능력
> – 연속적 정보처리능력
> – 주의력 및 주의집중력
> – 수리적 추론능력
> – 계산능력
> – 단기 및 장기기억 등

ⓒ 순서화-보충(Letter-Number Sequencing)
- 숫자와 요일을 지시에 따라 순서대로 암기하도록 하는 과제로 구성되며, 한 문항 당 세 번의 시행이 포함된 10개의 문항으로 이루어져 있다.
- 본래 WAIS-Ⅳ의 경우 알파벳을 글자로 사용하였으나, K-WAIS-Ⅳ에서는 영어 알파벳에 상응하는 한글 자음의 발음이 변별하기 어렵고, 순서가 알파벳만큼 보편적이지 않으므로 요일 이름으로 대체한 것이다.

- 순서화 소검사에 의해 측정되는 주요 내용은 다음과 같다.

> – 청각적 단기기억능력
> – 주의력 및 주의집중력
> – 정신적 조작능력
> – 순차적 처리능력 등

④ 처리속도(Processing Speed)

㉠ 동형 찾기(Symbol Search)

- 총 60문항으로, 쌍으로 이루어진 도형이나 기호들이 표적부분과 반응부분으로 제시되며, 해당 두 부분을 훑어본 후 표적모양이 반응부분에 있는지 여부를 지적하도록 한다.
- 수검자의 처리속도를 측정하기 위해 고안된 소검사로서, 수검자의 완벽주의적 성향이나 강박적 문제해결양식 등을 반영하기도 한다.
- 동형 찾기 소검사에 의해 측정되는 주요 내용은 다음과 같다.

> – 정보처리속도
> – 시각–운동 협응능력
> – 시각적 단기기억능력
> – 시각적 변별력
> – 주의력 및 주의집중력 등

㉡ 기호쓰기(Coding)

- 총 135문항으로, 제한된 시간 내에 기호표를 사용하여 숫자와 짝지어진 기호를 그려 넣도록 한다.
- 이 소검사는 읽기 및 쓰기 경험이 풍부한 수검자에게 유리한 반면, 불안이나 우울, 우유부단, 완벽주의 등에 의해 저하될 수 있다.
- 지속적인 집중력, 빠르고 기민한 반응, 양호한 미세운동 조절력 등이 요구되는 과제로서, 특히 뇌손상에 가장 민감한 소검사로 알려져 있다.

• 기호쓰기 소검사에 의해 측정되는 주요 내용은 다음과 같다.

- 정보처리속도
- 시각–운동 협응능력
- 시각적 단기기억능력
- 시각적 지각능력 및 탐색능력
- 주의력 및 주의집중력
- 사무적 과제의 속도 및 정확성
- 친숙하지 않은 과제를 학습하는 능력
- 새로운 시각적 학습자극에 대한 모방능력 및 연합능력 등

ⓒ 지우기–보충(Cancellation)
• 제한된 시간 내에 조직적으로 배열된 도형들 속에서 표적대상과 색깔 및 모양이 동일한 도형을 찾도록 한다.
• 이 소검사의 과제는 본래 반응억제나 운동 보속증 등을 측정하는 신경심리검사에서 널리 사용되어 왔다.
• 특히 주의력결핍 및 과잉행동장애(ADHD), 외상성 뇌손상에서 나타나는 주의산만을 측정하는 데 유효한 것으로 알려져 있다.
• 지우기 소검사에 의해 측정되는 주요 내용은 다음과 같다.

- 정보처리속도
- 시각–운동 협응능력
- 시각적 단기기억능력
- 선택적 주의력
- 속도와 정확성 등

5. 아동용 웩슬러 지능검사

(1) 한국판 웩슬러 아동용 지능검사 제4판(K-WISC-Ⅳ)

① 의의

    ㉠ 한국판 웩슬러 아동용 지능검사(K-WISC-Ⅳ)는 6세 0개월 ~ 16세 11개월까지의 아동의 인지적 능력을 평가하기 위한 개별 검사도구이다.

    ㉡ 기존의 한국판 웩슬러 아동용 지능검사(K-WISC-Ⅲ)를 개정한 것으로 개정과정에서 인지발달, 지적평가, 인지과정에 대한 최근 연구들을 통합하여 전반적인 지적능력(전체검사 IQ)을 나타내는 합성점수는 물론, 특정 인지 영역에서의 지적기능을 나타내는 소검사와 합성점수를 제공한다.

② 특징

    ㉠ 소검사 추가

        K-WISC-Ⅳ는 15개의 소검사로 구성되어 있다. K-WISC-Ⅲ와 동일한 10개 소검사와 5개의 새로운 소검사(공통 그림 찾기, 순차연결, 행렬추리, 선택, 단어추리)가 추가되었다.

    ㉡ 합성점수 산출

        K-WISC-Ⅳ는 다섯 가지 합성점수를 얻을 수 있으며, 아동의 전체적인 인지능력을 나타내는 전체검사 IQ를 제공한다(15개의 소검사로 이루어져 있지만, 합성점수를 얻기 위해서는 대부분 10개의 주요검사만 실시한다).

    ㉢ 처리점수 산출

        K-WISC-Ⅳ는 3개의 소검사(토막짜기, 숫자, 선택)에서 7개의 처리점수를 제공한다. 이러한 점수들은 아동의 소검사 수행에 기여하는 인지적 능력에 대해 보다 자세한 정보를 제공하도록 고안되었다(처리점수는 다른 소검사 점수로 대체할 수 없으며, 합성점수에도 포함되지 않음).

    ㉣ 심리교육적 도구

        K-WISC-Ⅳ는 전반적인 인지적 기능에 대한 포괄적인 평가를 할 때 사용할 수 있다. 또한 지적 영역에서의 영재, 정신지체, 그리고 인지적 강점과 약점을 확인하기 위한 평가의 일부분으로 사용가능하다. 따라서 임상장면 및 교육장면에서 치료계획이나 배치결정을 내릴 때 유용하다.

    ㉤ 다양한 인지기능 평가

        인지 능력이 평균 이하로 추정되는 아동, 인지기능을 재평가해야 하는 아동, 낮은 지적능력이 아닌 신체적, 언어적, 감각적 제한이 있는 아동, 청각장애아 또는 듣는데 어려움이 있는 아동의 평가 등이 가능하다.

③ 구성

■ 한국판 웩슬러 아동용 지능검사 제4판(K-WISC-Ⅳ)의 구성

① 언어이해(Verbal Comprehension)

　㉠ 공통성(Similarities)
　　• 총 23문항으로, 쌍으로 짝지어진 낱말들을 제시하여 그들 간의 공통점이 무엇인지 찾도록 한다.
　　• 언어적 추론 및 개념형성능력, 청각적 이해력, 기억력, 본질과 비본질을 구분하는 능력, 언어적 표현능력 등을 측정한다.

　㉡ 어휘(Vocabulary)
　　• 총 36문항으로, 32개의 어휘문항과 4개의 그림문항으로 구성되어 있으며, 어휘의 의미와 대상의 이름을 말하도록 한다.
　　• 개인의 획득된 지식, 언어적 추론 및 개념화, 학습능력, 장기기억, 언어발달 정도 등을 측정한다.

　㉢ 이해(Comprehension)
　　• 총 21문항으로, 일상생활에서의 사회적 상황과 관련된 여러 가지 문항들에 대해 자신의 이해를 토대로 답하도록 한다.
　　• 사회적 상황의 이해력, 언어적 추론 및 개념화, 언어적 이해와 표현능력, 과거경험을 평가하고 사용하는 능력, 실제적 지식을 발휘하는 능력 등을 측정한다.

　㉣ 상식-보충(Information)
　　• 총 33문항으로, 개인이 소유한 일반적인 지식의 정도를 측정한다.
　　• 학교와 환경으로부터 얻은 정보를 유지하고 인출하는 능력, 장기기억, 결정성 지능, 청각적 이해력, 언어적 표현능력 등을 측정한다.

　㉤ 단어추리-보충(Word Reasoning)
　　• 총 24문항으로, 마치 추리게임과 같이 주어진 단서들에 대해 어떠한 생각을 가지고 있는지, 공통된 개념은 무엇인지 답하도록 한다.
　　• 언어적 이해력 및 언어적 추상화, 유추 및 추론능력, 서로 다른 유형의 정보를 통합하는 능력, 대체개념을 만들어 내는 능력 등을 측정한다.

② 지각추론(Perceptual Reasoning)

　㉠ 토막짜기(Block Design)
　　• 총 14문항으로, 모형이 그려진 카드를 보고 빨간색과 흰색이 칠해진 나무토막을 도구로 사용하여 이를 맞추어 보도록 한다.
　　• 시각적 자극의 분석 및 통합능력, 시각-운동 협응능력, 시지각적 조직화 능력, 동시처리능력, 시간적 압박 하에서의 작업능력 등을 측정한다.

ⓛ 공통그림찾기(Picture Concepts)
- 총 28문항으로, 2줄 또는 3줄로 제시된 그림들 속에서 서로 어울리거나 공통된 특성을 가지는 그림들을 고르도록 한다.
- 추상적 사고력 및 추상적·범주적 추론능력 등을 측정한다.

ⓒ 행렬추리(Matrix Reasoning)
- 총 35문항으로, 일부가 누락된 행렬을 보고 이를 완성할 수 있는 반응선택지를 고르도록 한다.
- 비언어적 추론 및 문제해결능력, 유추적 추론능력, 공간적 표상능력, 시각적 조직화 능력, 유동성지능 등을 측정한다.

ⓔ 빠진 곳 찾기-보충(Picture Completion)
- 총 38문항으로, 특정 부분이 생략된 그림을 보고 해당 부분을 찾도록 한다.
- 시각적 조직화 능력, 시각적 변별력, 시각적 기억력, 주의집중력, 본질과 비본질을 구분하는 능력 등을 측정한다.

③ 작업기억(Working Memory)
ⓐ 숫자(Digit Span)
- 바로 따라하기와 거꾸로 따라하기로 구성되며, 한 문항당 두 번의 시행이 포함된 각 8개의 문항으로 이루어져 있다.
- 청각적 단기기억능력, 계열화 기술, 주의력 및 주의집중력, 정신적 조작능력, 시공간적 형상화 능력, 정보변환 능력 등을 측정한다.

ⓑ 순차연결(Letter-Number Sequencing)
- 숫자와 글자(가나다)를 지시에 따라 순서대로 암기하도록 하는 과제로 구성되며, 한 문항당 세 번의 시행이 포함된 10개의 문항으로 이루어져 있다.
- 청각적 단기기억능력, 계열화 기술, 주의력 및 주의집중력, 정신적 조작능력, 시공간적 형상화 능력, 처리속도 등을 측정한다.

ⓒ 산수-보충(Arithmetic)
- 총 34문항으로, 제한된 시간 내에 간단한 계산문제를 암산으로 풀도록 한다.
- 청각적 단기기억능력, 계열화 기술, 주의력 및 주의집중력, 수와 관련된 추론능력, 정신적 조작능력 등을 측정한다.

④ 처리속도(Processing Speed)
ⓐ 기호쓰기(Coding)
- 연령집단에 따라 A유형(6~7세)과 B유형(8~16세)으로 구분된다. 제한된 시간 내에 기호표를 사용하여 숫자와 짝지어진 기호를 그려 넣도록 한다.
- 시각-운동 협응능력, 시각적 단기기억능력, 시각적 주사능력, 주의력 및 주의집중력, 인지적 유연성 등을 측정한다.

ⓛ 동형 찾기(Symbol Search)
- 연령집단에 따라 A유형(6~7세)과 B유형(8~16세)으로 구분된다. 쌍으로 이루어진 도형이나 기호들이 표적부분과 반응부분으로 제시되며, 해당 두 부분을 훑어본 후 표적모양이 반응부분에 있는지 여부를 지적하도록 한다.
- 시각-운동 협응능력, 시각적 단기기억능력, 시각적 변별력, 주의집중력, 지각적 조직화 능력, 계획하고 학습하는 능력 등을 측정한다.

ⓒ 선택-보충(Cancellation)
- 제한된 시간 내에 조직적으로 배열된 도형들 속에서 표적대상과 색깔 및 모양이 동일한 도형을 찾도록 한다.
- 처리속도, 시각적 선택 주의, 시각적 무시, 각성 등을 측정한다.

💡 더 알아두기 🔍

K-WAIS-Ⅳ와 K-WISC-Ⅳ의 척도별 구성 비교

척도	소검사 구분	K-WAIS-Ⅳ	K-WISC-Ⅳ
언어이해	핵심 소검사	공통성, 어휘, 상식	공통성, 어휘, 이해
	보충 소검사	이해	상식, 단어추리
지각추론	핵심 소검사	토막짜기, 행렬추론, 퍼즐	토막짜기, 공통그림찾기, 행렬추리
	보충 소검사	무게비교, 빠진 곳 찾기	빠진 곳 찾기
작업기억	핵심 소검사	숫자, 산수	숫자, 순차연결
	보충 소검사	순서화	산수
처리속도	핵심 소검사	동형 찾기, 기호쓰기	기호쓰기, 동형 찾기
	보충 소검사	지우기	선택

(2) 한국판 웩슬러 아동용 지능검사 제5판(K-WISC-Ⅴ)

① 의의
ⓐ 기존 한국 웩슬러 아동지능검사 4판의 개정판으로 전반적인 지적 능력(즉, 전체 FSIQ)은 물론, 특정 인지영역(언어이해, 시공간, 유동추론 등)의 지적 기능을 나타내는 소검사 및 지표검사를 제공한다.
ⓑ 추가적인 임상적 활용을 위한 여러 점수(처리점수)를 제시해준다.

② 특징

　　㉠ 이전 판과는 달리, 지능 이론은 물론이고 인지발달, 신경발달, 인지신경과학, 학습과정에 대한 최근 심리학 연구들에 기초하고 있다.

　　㉡ 16개의 소검사로 이루어져 있으며, 유동적 추론의 측정을 강화하는 새로운 3개의 소검사(무게비교, 퍼즐, 그림기억)가 추가되었고, 4판에서 13개의 소검사(토막짜기, 공통성, 행렬추리, 숫자, 기호쓰기, 어휘, 동형 찾기, 상식, 공통 그림 찾기, 순차연결, 선택, 이해, 산수)가 유지였으나, 소검사의 실시 및 채점 절차가 수정되었다.

　　㉢ 구조적으로 변화한 전체 IQ(FSIQ)와 5가지 기본지표점수(언어이해, 시공간, 유동추론, 작업기억, 처리속도)와 5가지 추가지표점수(양적추론, 청각작업기억, 비언어, 일반능력, 인지효율)를 제공한다는 점에서 이전 4판과 다르다.

　　㉣ 인지능력에서 좀 더 독립적인 영역에 대한 아동의 수행을 나타낼 수 있는 지표점수와 처리점수를 추가적으로 제공한다.

③ 구성

　　㉠ 전체척도

언어이해	시공간	유동추론	작업기억	처리속도
공통성 어휘 상식 이해	토막짜기 퍼즐	행렬추리 무게비교 공통그림찾기 산수	숫자 그림기억 순차연결	기호쓰기 동형찾기 선택

　　㉡ 기본지표척도

언어이해	시공간	유동추론	작업기억	처리속도
공통성 어휘	토막짜기 퍼즐	행렬추리 무게비교	숫자 그림기억	기호쓰기 동형찾기

　　㉢ 추가지표척도

양적추론	청각작업기억	비언어	일반능력	인지효율
무게비교 산수	숫자 순차연결	토막짜기 퍼즐 행렬추리 무게비교 그림기억 기호쓰기	공통성 어휘 토막짜기 행렬추리 무게비교	숫자 그림기억 기호쓰기 동형찾기

6. 한국판 웩슬러 유아용 지능검사 제4판(K-WPPSI-IV)

(1) 의의

① 한국 웩슬러 유아지능검사 4판은 2세 6개월 ~ 7세 7개월 사이 유아의 인지능력을 임상적으로 평가할 수 있도록 개발된 개인지능검사이다.

② 전반적인 지능(전체 IQ)과 더불어 특정 인지영역의 지적 기능을 나타내는 15가지(2 : 6 – 3 : 11세는 7가지) 소검사와 5가지(2 : 6 – 3 : 11세는 3가지) 기본지표 및 4가지(2 : 6 – 3 : 11세는 3가지) 추가지표를 제공해준다.

③ 아동의 인지영역별 강점과 약점을 상세히 평가할 수 있을 뿐 아니라 영재, 정신지체 등을 포함하는 전반적인 인지 기능에 대한 평가가 가능하다.

(2) 특징

① 한국 규준 자료는 2013년~2014년 사이에 수집되었으며, 층화표집을 위해 2010년도 통계청의 전국 인구통계학적 특성을 고려하였다. 연령별로 남녀성비를 동일하게 유지하면서 지역별 연령별 어머니의 교육수준을 반영하여 표집하였다. 따라서 한국 전체 인구에 대한 대표성을 지닌다.

② 규준 자료는 일반아동의 수행에 기초하고 있으며 특수아동은 포함하지 않았다.

③ 전문가 검토와 예비 연구들을 통해 한국 아동에게 낯선 문항을 유사한 문항으로 대체하였으며, 그림의 일부와 더불어 주로 언어관련 문항에서 수정이 이루어졌다.

④ 연령 범위가 확장되면서 2 : 6 ~ 3 : 11세용과 4 : 00 ~ 7 : 7세용으로 소검사와 검사지 등 검사 도구를 구분하고 발달적 적합성을 향상시켰으며, 최신 발달심리학의 정보를 사용하여 이론적 기초를 보완하였다.

⑤ 검사자가 용이하게 사용할 수 있도록 실시 및 채점절차를 개정하였다.

⑥ 장애별 진단을 용이하게 함으로써 임상학적 유용성을 향상시켰다.

(3) 구성

① 언어이해(Verbal Comprehension)

㉠ 상식(Information)

• 그림문항의 경우, 일반적인 상식에 관한 주제를 다루는 질문에 대한 반응으로 가장 적절한 보기를 선택하며, 언어문항의 경우, 일반 상식에 관한 광범위한 주제를 다루는 질문에 답한다.

• 일상적 사건이나 물건에 대하여 개인이 소유한 기본지식의 정도를 측정한다. 기억발달과 기억의 기능과 밀접하게 관련된다.

㉡ 공통성(Similarity)

• 그림문항의 경우, 제시된 두 개의 사물과 같은 범주의 사물을 보기 중에서 선택하며, 언어문항의 경우, 공통된 물체 개념을 나타내는 두 개의 단어를 듣고 공통점을 말한다.

• 언어적 개념형성 및 유사성에 대한 관계능력과 추상적 사고능력을 측정한다.

ⓒ 어휘-보충(Vocabulary)

- 그림문항의 경우, 소책자에 있는 그림의 이름을 말하며, 언어문항의 경우, 검사자가 읽어주는 단어의 정의를 말한다.
- 일반지능을 나타내는 주요지표로 기능하며, 학습능력과 언어에 대한 지식의 정도 및 일반개념의 정도를 측정한다.

ⓔ 이해-보충(Comprehension)

- 그림문항에서 일반적인 원칙이나 사회적 상황을 가장 잘 나타내는 보기를 선택한다. 언어문항에서 일반적인 원칙과 사회적인 상황에 대한 이해를 기초로 질문에 답한다.
- 주어진 상황에서 문제를 해결해 나가는데 필요한 이해력 및 판단능력을 측정한다.

② 시공간(Visual Spatial)

ⓐ 토막짜기(Block Design)

- 제한시간 내에 흰색과 빨간색으로 이루어진 토막을 사용하여 제시된 모형이나 그림과 똑같은 모양을 만든다.
- 시각과 운동의 협응능력, 시각적 구성능력을 측정하며 아울러 검사를 실시하면서 수검자의 심리적 상태나 성격특성 등이 반영될 수 있다.

ⓑ 모양맞추기-보충(Object Assembly)

- 제한시간 내에 사물의 표상을 만들기 위해 퍼즐조각을 맞춘다.
- 시각-운동협응을 측정한다.

③ 유동추론(Fluid Reasoning)

ⓐ 행렬추리(Matrix Reasoning)

- 완성되지 않은 행렬을 보고 행렬을 완성시키는 보기를 선택한다.
- 유동성지능, 비언어적 추론, 유추적 추론, 비언어적 문제해결, 공간적 시각화 등을 측정한다.

ⓑ 공통그림찾기-보충(Picture Concepts)

- 두 줄 또는 세 줄로 이루어진 그림을 보고, 공통된 특성으로 묶일 수 있는 그림을 각 줄에서 한 가지씩 선택한다.
- 추상화와 범주적 추론능력을 측정한다.

④ 작업기억(Working Memory)

ⓐ 그림기억(Picture Memory)

- 일정 시간 동안 하나 이상의 그림이 있는 자극페이지를 보고난 후, 보기페이지의 보기들 중 그 그림을 찾아낸다.
- 작업기억, 주의지속능력, 부호화, 인지적 유연성 등을 측정한다.

ⓛ 위치찾기-보충(Zoo Location)
- 일정 시간 동안 울타리 안에 있는 하나 이상의 동물카드를 보고 난 후, 각 카드에서 보았던 위치에 동물카드를 배치한다.
- 작업기억, 정보의 재조직, 주의집중능력 등을 측정한다.

⑤ 처리속도(Processing Speed)
㉠ 동형찾기(Bug Search)
- 제한시간 내에 제시된 벌레 그림과 같은 벌레 그림을 보기 중에 찾아 표시한다.
- 처리속도, 시각적 단기기억, 시각-운동협응, 인지적 유연성, 시각적 변별, 집중력 등을 측정한다.
㉡ 선택하기-보충(Cancellation)
- 제한시간 내에 정렬 또는 비정렬된 그림들을 보고 목표그림을 선택한다.
- 처리속도, 시각의 선택적 주의, 시각적 무시 등을 측정한다.
㉢ 동물짝짓기-보충(Animal Coding)
- 제한시간 내에 동물과 모양의 대응표를 보고, 동물그림에 해당하는 모양에 표시한다.
- 처리속도, 시각-운동협응능력, 재인과 확인능력, 소근육발달과 조정능력을 측정한다.

제4절 신경심리검사

1 의의 및 목적

(1) 의의
① 신경심리검사는 선천적 또는 후천적 뇌손상 및 뇌기능 장애를 진단하는 검사도구를 말한다.
② 환자의 행동 변화를 야기하는 뇌손상과 그로 인한 신체적·인지적 기능상의 변화 등을 감별하기 위한 것이다. 즉, 환자의 행동변화를 야기하는 뇌손상이 있는지, 손상이 있는 경우 어떤 기능영역에서 나타나는지, 나아가 그와 관련된 뇌병변의 위치가 어디인지 등을 판단하기 위한 진단적 목적으로 사용된다.
③ 가벼운 초기 뇌손상의 진단에 효과적인 도구로, 특히 초기 치매나 두개골 골절이 없는 폐쇄두부손상 등 자기공명영상(MRI)이나 양전자단층촬영(PET)과 같은 첨단 뇌영상촬영장비로 탐지하기 어려운 미세한 장애를 탐지하는 데 유용하게 활용된다.
④ 신경심리평가는 이와 같은 뇌손상 및 뇌기능장애에 특화된 심리검사와 함께 신경심리상태에 대한 과학적·체계적인 검사 및 환자의 행동장애에 대한 평가를 통해 인지기능의 손상여부를 판정하고 치료계획을 세우기 위한 과정을 의미한다.

(2) 목적

① **환자상태의 예측** : 신경심리검사는 환자에게서 나타난 뇌손상의 심각도를 알 수 있도록 하며, 뇌손상의 후유증을 예측할 수 있도록 한다. 특히 단층촬영(CT)이나 자기공명영상(MRI)과 같은 뇌영상기법에서 이상소견이 나타나지 않을 때 유용할 수 있다.

② **환자관리 및 치료계획수립** : 환자의 성격특성이나 인지상태 등에 대한 자세한 정보를 입수하여 신경학적 장애가 있는 환자들을 보다 세심하게 관리하며, 환자가 겪고 있는 심리적 변화가 그의 행동에 어떠한 영향을 미치는지 파악함으로써 합리적인 치료계획을 세우도록 한다.

③ **재활 및 치료평가** : 환자의 현재 신경심리학적 상태에 대한 평가를 통해 환자의 변화된 욕구와 능력에 부합하는 적절한 재활프로그램을 적용할 수 있도록 하며, 환자의 수행실패에 대한 분석을 통해 어떤 치료기법이 유효한지 평가할 수 있도록 한다.

④ **연구** : 환자의 뇌기능과 행동의 연관성에 대한 연구를 가능하도록 한다. 예를 들어 환자의 유형에 따라 어떤 특정한 신경외과적 수술이 요구되는지, 향후 어떤 변화가 일어날 수 있는지 등을 연구하는 데 유용한 도구로 활용된다.

2 평가영역 및 주요 신경심리검사

(1) 평가영역

① **지능**

㉠ 지적 능력의 저하는 뇌손상의 결과로 인한 가장 일반적인 현상으로서, 특히 지능검사는 신경심리 평가에 있어서 가장 많이 사용되는 도구이다.

㉡ 웩슬러지능검사(The Wechsler Scales)는 인지기능의 기저 수준을 결정하고 병전 기능 수준을 추정하는 데 유용하지만, 신경심리학적 평가의 관점에서 뇌손상의 성질을 밝히는 데 크게 도움이 되지는 않는다.

㉢ 일반적으로 웩슬러지능검사에서 낮은 언어성 IQ는 좌반구의 손상을, 낮은 동작성 IQ는 우반구의 손상을 나타내는 것으로 간주한다.

② **기억 및 학습능력**

㉠ 기억장애는 유전적인 요인에서부터 신경학적 손상, 대사기능의 이상, 나아가 정서적·심리적 문제 등에 의해서도 야기되므로, 평가 시에 기억 곤란을 야기하는 근본적인 원인을 명확히 파악하는 것이 중요하다.

㉡ 환자들이 호소하는 기억손상은 과거의 사건이나 지식을 잃어버리는 역행성 기억상실과 함께 손상 후 새로운 사건이나 사실을 학습하는 데 어려움을 보이는 순행성 기억상실로 구분된다.

㉢ 대표적인 검사로는 웩슬러 기억척도(Wechsler Memory Scale), 레이 청각언어학습 검사(Rey Auditory Verbal Learning Test), 캘리포니아 언어학습 검사(California Verbal Learning Test) 등이 있다.

③ 언어기능

    ㉠ 신경학적 병변과 관련된 언어기능상의 이상은 실어증(Aphasia) 혹은 언어기능 장애(Dysphasias)로 나타난다.

    ㉡ 실어증은 크게 수용기술과 표현기술, 즉 읽고 이해하기, 듣고 이해하기 등의 수용언어와 함께, 단어와 의미의 정확한 사용, 문장의 정확한 사용, 목적지향적 언어의 정확한 사용 등 표현언어로 나누어 측정한다.

    ㉢ 대표적인 검사로는 라이탄 실어증 선별검사(Reitan Aphasia Screen Test), 보스턴 진단용 실어증 검사(Boston Diagnostic Aphasia Examination), 보스톤 이름대기 검사(Boston Naming Test) 등이 있다.

④ 주의력과 정신적 처리속도

    ㉠ 주의력은 시공간적 지남력과 주의전환, 각성 또는 지속적 주의, 선택적 또는 초점 주의 등의 세 가지 측면으로 구분된다.

    ㉡ 주의력은 신경학적 손상에 의해서는 물론 정신과적인 질병이나 검사 상황에서의 불안 및 긴장 등에 의해서도 저하될 수 있으므로 이에 대한 변별이 이루어져야 한다.

    ㉢ 대표적인 검사로는 선로잇기 검사(Trial Making Test), 기호 숫자 양식 검사(Symbol Digit Modalities Test), 스트룹 색상-단어 검사(Stroop Color-Word Test), 숫자 외우기 검사(Digit Span), 요일순서 거꾸로 말하기 등이 있다.

⑤ 시각구성능력

    ㉠ 자극의 재구성을 위해서는 자극 부분들의 공간적 관계를 정확하게 지각하는 능력, 각 부분을 전체로 조직화하는 능력, 실제적인 운동능력 등이 필요하다.

    ㉡ 시공간적 지각능력의 손상은 구성장애 또는 구성실행증(Constructional Apraxia)을 초래한다. 구성장애는 1차원 및 2차원의 자극을 토대로 2차원 또는 3차원으로 된 대상이나 형태를 구성하는 능력에서 결함을 나타내는 장애로서, 특히 두정엽의 병변과 밀접한 관련이 있는 것으로 알려져 있다.

    ㉢ 대표적인 검사로는 벤더게슈탈트 검사(Bender Gestalt Test), 레이-오스테리스 복합도형 검사(Rey-Osterrieth Complex Figure Test), 벤톤 시각기억 검사(The Benton Visual Retention Test) 등이 있다.

⑥ 집행기능(실행기능)

    ㉠ 집행기능은 개념형성 및 추론을 통해 문제를 해결하거나 계획하며, 상황에 부합하는 판단 및 적절한 행동을 하도록 하는 고차적인 기능이다.

    ㉡ 집행기능의 손상은 기초적인 인지기능이 보존되어 있더라도 사회적으로 적응적인 행동을 하는 데 어려움을 초래하는데, 특히 전두엽 및 전두엽-피질하부 순환경로상의 병변과 밀접한 관련이 있는 것으로 알려져 있다.

ⓒ 대표적인 검사로는 위스콘신 카드분류 검사(Wisconsin Card Sorting Test), 스트룹 검사(Stroop Test), 하노이 탑 검사(Tower of Hanoi Test), 선로잇기 검사(Trail Making Test), 추적검사(Trail Making Test) 등이 있다.

⑦ 성격 및 정서적 행동

㉠ 성격 및 정서의 변화는 뇌손상의 직접적인 결과로 나타날 수도 있으나 신체적 기능저하나 사고경험, 환자의 병전 성격이나 정신과적 질병의 유무, 보상과 관련된 꾀병의 여부 등에 의한 것일 수도 있다.

㉡ 뇌손상을 입은 환자는 MMPI 프로파일이 현저히 상승하거나 로샤검사에서 빨간색에 과도한 반응을 보이기도 하며, 기괴한 반응이나 해부학적 반응을 나타내기도 한다.

㉢ 대표적인 검사로는 간이정신진단검사-90(Symptom Checklist 90-Revised), 밀튼 임상 다축성검사(Milton Clinical Multiaxial Inventory-Ⅲ) 등이 있다.

(2) 주요 신경심리검사 및 배터리

① 루리아-네브라스카 신경심리배터리(Luria-Nebraska Neuropsychological Battery, LNNB)

㉠ 양적-질적 접근법을 결합한 것으로서, 개별 수검자 실험연구는 물론 집단 간 실험연구로도 사용된다.

㉡ 총 269문항으로 이루어져 있으며, 운동(Motor), 리듬(Rhythm), 촉각(Tactile), 시각(Visual), 언어수용(Receptive Speech), 언어표현(Expressive Speech), 쓰기(Writing), 읽기(Reading), 산수(Arithmetic), 기억(Memory), 지적 과정(Intelligence)의 11개 척도로 구성되어 있다.

㉢ 뇌손상의 유무, 뇌기능장애로 인한 운동기능과 감각기능의 결함, 지적 기능장애를 비롯하여 기억력과 학습능력, 주의집중력 등을 포괄적으로 평가한다.

㉣ 검사실시에서 결과 해석에 이르기까지 2~3시간의 비교적 짧은 시간이 소요되며, 검사자가 융통성을 발휘할 수 있다.

㉤ 검사자의 주관적 판단과 임상적 직관의 비중이 매우 크며, 뇌손상 여부의 확인에는 유용하지만 뇌손상의 유형이나 손상된 부위 및 결과에 대해서는 의심의 여지가 많다.

② 할스테드-라이탄 신경심리배터리(Halstead-Reitan Neuropsychological Battery, HRNB)

㉠ 뇌손상의 유무는 물론 그 부위를 미리 알지 않고도 대뇌기능과 함께 그 손상 정도를 의미 있게 측정할 수 있도록 여러 가지 서로 다른 검사들의 배터리로 구성되어 있다.

㉡ 지능, 언어지각, 촉각인지, 손가락운동, 감각기능 등을 평가하기 위해 할스테드 범주검사(Halstead Category Test), 언어청각검사(Speech-Sounds Perception Test), 시쇼어 리듬검사(Seashore Rhythm Test), 촉각수행검사(Tactual Performance Test), 선로잇기검사(Trail Making Test), 라이탄-인디아나 실어증검사(Reitan-Indiana Aphasia Screening Test), 편측우세검사(Lateral Dominance Examination), 수지력검사(Finger Tapping Test) 등 다양한 항목들을 포함하고 있다.

ⓒ 뇌손상 환자군과 대조군의 비교를 통해 다수의 타당도 검사가 실시되어 그 타당도가 검증된 바 있으며, 이로써 뇌손상이 있는 영역과 뇌손상의 유형, 진행과정 등을 유의미하게 평가할 수 있는 것으로 보고되고 있다.

③ 서울신경심리검사(Seoul Neuropsychological Screening Battery, SNSB)

ⓘ 주의집중능력, 언어 및 관련 기능, 시공간 기능, 기억력, 전두엽 집행기능 등을 평가하는 다양한 하위검사들로 구성되어 있다.

ⓛ 단시간 내에 치매를 선별하기 위한 검사도구로서 한국판 간이 정신상태 검사(K-MMSE), 수검자의 인지기능에 영향을 미칠 수 있는 정서적 상태를 평가하는 노인용 우울검사(GDS), 신체적 상태를 평가하는 바텔 일상생활활동(B-ADL), 수검자와 보호자의 보고를 토대로 치매의 심각도를 평가하는 임상치매척도(CDR) 등이 포함되어 있다.

ⓒ 검사실시에 대략 2시간 정도가 소요되며, 55~80세 노년층에 대한 규준을 제공한다.

④ 한국판 치매평가검사(Korean-Dementia Rating Scale-2, K-DRS-2)

ⓘ 치매 환자의 진단 및 경과 측정을 위해 개발된 치매평가검사(DRS-2)를 국내 실정에 맞도록 재표준화한 것이다.

ⓛ 주의, 관리기능, 구성, 개념화, 기억 등을 측정하는 검사들로 구성되어 있다.

ⓒ 검사실시에 대략 30분~1시간 정도가 소요되며, 4개의 연령 수준(50~59세, 60~69세, 70~79세, 80~89세)과 4개의 학력 수준(문맹, 0~5세, 6~11세, 12년 이상)으로 세분화된 규준을 제공한다.

⑤ 한국판 세라드 치매 진단검사(Korean Version of Consortium to Establish a Registry for Alzheimer's Disease, CERAD-K)

ⓘ CERAD는 알츠하이머병 환자의 진단 및 평가, 연구에 표준화된 평가도구 및 진단방법을 사용함으로써 연구자 간 협력기반을 구축하고자 개발된 것이다.

ⓛ 기억력, 지남력, 언어능력, 시공간 능력을 측정하는 검사들로 구성되어 있다.

ⓒ 검사실시에 대략 30분 정도의 비교적 짧은 시간이 소요되면서도 치매와 관련된 인지기능을 포괄적으로 측정하는 장점을 가지고 있다.

📋 **참고** ➕

배터리(Battery) 검사와 개별검사

구분	특징
배터리 검사	• 배터리(Battery)는 여러 종류의 검사를 하나의 세트로 묶어 사용하는 방식으로서, 배터리형으로 제작된 검사세트를 모두 실시하는 방법에 해당한다. • 평가되는 기능에 관하여 총체적인 자료를 제공해 준다. • 자동화된 해석체계가 존재하므로 검사자의 채용을 촉진한다. • 환자의 병전 기능수준에 대한 평가와 함께 현재 기능수준에 대한 파악이 가능하다. • 임상적 평가 목적과 연구 목적이 함께 충족될 수 있다. • 자료가 광범위하거나 불충분하게 제공될 수 있으며, 시간과 비용이 많이 소요된다. • 최신의 신경심리학적 연구결과들을 반영하기 어렵다.
개별검사	• 환자에 따라 적절한 검사를 특정적으로 선정하여 실시하는 방법에 해당한다. • 다른 불필요한 검사들을 제외하며, 필요한 검사에 대하여 보다 집중적인 실행이 가능하다. • 자동화된 해석체계가 존재하지 않으므로 고도의 전문성을 가진 신경심리전문가가 필요하다. • 환자의 검사 행동 및 결과의 종합을 통해 풍부한 정보를 제공한다. • 신경심리전문가를 훈련시키거나 모집하는 데 어려움이 있다.

3 관련 장애 및 검사해석 시 고려사항

(1) 관련 장애

① 신경인지장애 또는 치매

　㉠ 신경인지장애(Neurocognitive Disorder)는 기존에 치매(Dementia)로 불린 DSM-5 분류 기준 상의 장애범주로, 알츠하이머병, 파킨슨병, 헌팅턴병을 비롯하여 외상성뇌손상, 혈관질환 등 다양한 병인의 결과인 만큼 신경학적, 정신과적, 신체적 상해 등의 평가과정을 포함한다.

　㉡ 신경심리학적 평가는 이러한 장애로 인한 현재의 기능 상태와 특정영역의 손상을 탐지하고 병전 능력 수준과의 비교를 통해 손상의 정도를 제시함으로써 이를 치료에 활용할 수 있도록 한다.

② 약물중독 또는 물질남용

　㉠ 약물중독이나 물질남용은 신경계에 손상을 입히는데, 보통 이와 같은 중독 혹은 남용은 정신과적 문제가 복합적으로 작용하고 있다. 따라서 정신과적 문제에 일차적인 초점이 맞춰지지만, 재활 프로그램을 적용하는 경우 개개인의 신경심리학적 소견에 따라 실시되어야 효율적이다.

　㉡ 급성환자를 제외하고 중독의 영구적 후유증은 명확하지 않다. 이때 신경심리학적 평가가 그 미묘한 차이를 평가하는 데 유용하게 사용될 수 있다.

③ 뇌졸중

㉠ 뇌졸중은 혈관의 이상으로 인해 뇌의 혈액공급이 단절됨으로써 신경학적 증상이 나타나는 것이다. 그러나 뇌졸중은 광범위한 혈관질환이므로 인지손상이 다양하게 나타날 수 있으며, 그 결과로 예상되는 인지손상의 특정한 형태가 존재하지 않는다.

㉡ 신경심리학적 평가는 일차적인 진단도구로 사용되지는 않지만, 회복속도 및 예후에 대한 평가, 인지기능의 현재 상태평가 및 치료 후 효과와의 비교, 치료영역결정 및 치료종결 후 장기치료 계획수립을 위한 기초자료제공 등을 위해 실시된다.

④ 두부손상

㉠ 두부충격으로 인한 외상 중 폐쇄성두부손상(Closed Head Injury)은 뇌의 구조적 변화를 야기하는 심한 두부손상과 달리 뇌에 광범위하고 산재성 형태의 확산성축색손상을 일으키므로, 특징적인 장애양상을 보이지 않는 것이 특징이다.

㉡ 신경심리학적 평가는 주의력감소, 새로운 학습이나 처음 시도하는 과제에 대한 정신적 속도 및 능력의 감소 등 완전한 기능상실보다는 다양한 기능의 효율성감소가 어느 정도 나타나는지를 알려준다.

⑤ 뇌전증

㉠ 뇌전증은 급격히 일시적으로 나타나는 뇌세포들의 과도한 방전으로 인한 발작을 의미하는 것으로, 심한 근육경련, 의식상실 등을 동반한다. 성인보다는 아동에게서 많이 관찰되며, 특히 5세 이하의 아동과 사춘기 연령에서 발생빈도가 높은 것으로 알려져 있다.

㉡ 신경심리학적 평가는 발작의 발생 및 빈도 등 여러 요인이 복합적으로 작용하여 나타나는 뇌전증의 특징적 양상에 대해 보다 정확한 평가를 내릴 수 있도록 하며, 취학기의 학습과 수행에 관한 적절한 정보를 제공해 준다.

(2) 검사 해석 시 고려사항

① **환자 및 환자가족의 사회력** : 사회경제적 상태, 교육수준 또는 학력, 직업력, 가족력, 결혼력 등

② **생활환경** : 가계소득, 직업, 여가활동, 종교활동 등

③ **의학적 상태** : 뇌손상의 정도, 뇌손상 후 경과시간, 뇌손상 당시 연령, 뇌손상 전 환자상태, 병력에 대한 환자의 보고, 병원 등에서의 각종 진단기록 등

④ **평가상의 문제** : 환자가 신경심리평가를 의뢰하게 된 배경, 평가의 적절성 여부 등

01 TAT는 주제통각검사로 개인이 가진 욕구와 압력의 관계와 함께 다양한 심리적 역동을 분석 · 진단하는데 사용되는 검사이다.

01 다음 검사 중 지적 기능을 측정하는 도구로 볼 수 <u>없는</u> 것은?

① K-ABC

② PTI

③ K-WISC-Ⅲ

④ TAT

02 **지능의 일반적 정의**
- 학습능력
- 적응능력
- 추상적 사고능력
- 총합적 · 전체적 능력

02 지능의 일반적 정의에 해당하지 <u>않는</u> 것은?

① 학습능력

② 적응능력

③ 추상적 사고능력

④ 집약적 능력

03 ② 스턴(Stern) : 지능은 사고를 작동시켜 새로운 요구에 의식적으로 적응하는 일반적 능력이다.

③ 터만(Terman) : 지능은 추상적 사고를 하는 능력, 즉 다양한 문제들을 해결하기 위해 추상적 상징을 사용하는 능력이다.

④ 프리만(Freeman) : 지능은 지능검사에 의해 측정된 것이다.

03 "지능은 새로운 환경에 자신을 적응시키는 능력"이라고 주장한 학자는 누구인가?

① 핀트너(Pintner)

② 스턴(Stern)

③ 터만(Terman)

④ 프리만(Freeman)

정답 01 ④ 02 ④ 03 ①

04 지능의 환경론에서 지능에 영향을 미친다고 주장하는 요인 중 가장 비중이 큰 것은?

① 가정환경
② 태아기의 환경
③ 출생순위
④ 자녀 수

05 아래 학자 중 입장이 다른 사람은?

① Skinner
② Fraser
③ Bloom
④ Gottesman

06 아래의 내용과 관련되는 학자와 이론을 바르게 연결한 것은?

> • 지능은 언어이해(Verbal Comprehension), 수(Numerical), 공간시각(Spatial Visualization), 지각속도(Perceptual Speed), 기억(Memory), 추리(Reasoning), 단어유창성(Word Fluency) 등 7가지 요인으로 구성된다.

① 손다이크(Thorndike)의 다요인설
② 서스톤(Thurstone)의 다요인설
③ 길포드(Guilford)의 복합요인설
④ 가드너(Gardner)의 다중지능이론

07 고대–비네지능검사의 특징에 대한 내용이다.

07 지능이 높거나 낮은 경우 변별력이 높기 때문에 발달이 빠른 유아기의 아동이나 지적 장애가 의심되는 아동에게 많이 실시하는 검사는?

① 스탠포드–비네지능검사
② 웩슬러 아동용 지능검사
③ 고대–비네지능검사
④ 카우프만 아동용 지능검사

08 개인의 지능을 동일 연령대 집단에서의 상대적인 위치로 규정한 편차지능지수를 사용한다.

08 웩슬러지능검사의 특징으로 볼 수 없는 것은?

① 집단검사가 아닌 개인검사이므로 검사자와 수검자 간 관계형성이 보다 용이하다.
② 구조화된 객관적 검사에 해당한다.
③ 정신연령과 생활연령을 비교한 비율지능지수 방식을 사용한다.
④ 글을 모르는 수검자라도 검사를 받는 것이 가능하다.

09 산수문제 소검사의 특징에 해당하는 내용이다.

09 웩슬러지능검사에서 아래의 내용과 관련되는 소검사는 무엇인가?

- 좌측 측두엽, 두정엽 손상 환자에서 낮은 수행이 나타난다.
- 높은 점수는 주지화 방어기제와 연관되며, 경우에 따라 분열성 성격을 반영하기도 한다.
- 낮은 점수는 불안 성향, 주의집중에의 어려움, 학습장애 등의 문제를 반영하기도 한다.

① 어휘문제　　　　　　② 산수문제
③ 이해문제　　　　　　④ 공통성문제

정답　07 ③　08 ③　09 ②

10 웨슬러지능검사에서 토막짜기(Block Design)가 주로 측정하는 능력으로 볼 수 <u>없는</u> 것은?

① 전체를 구성요소로 분석하는 능력

② 비언어적 개념형성

③ 시각–운동 협응 및 지각적 조직화

④ 계획하는 능력

11 K–WPPSI–Ⅳ에서 작업기억을 측정하는 소검사끼리 연결된 것은?

① 상식(Information), 공통성(Similarity)

② 그림기억(Picture Memory), 위치찾기–보충(Zoo Location)

③ 행렬추리(Matrix Reasoning), 공통그림찾기–보충(Picture Concepts)

④ 동형찾기(Bug Search), 선택하기–보충(Cancellation)

12 기질적 뇌손상환자가 웨슬러지능검사를 받을 경우 나타날 수 있는 특징은?

① 숫자 외우기(Digit Span) 소검사에서 '바로 따라 외우기'와 '거꾸로 따라 외우기' 간의 점수 차이가 크게 나타난다.

② 전반적으로 반응속도가 느리다.

③ 비교적 쉬운 문항에서 실패하는 양상을 보인다.

④ 소검사 간 분산이 심한 편이다.

---

10 **토막짜기: 주요 측정 측면**
- 전체를 구성요소로 분석하는 능력
- 공간적 시각화 능력
- 비언어적 개념형성
- 지속적 노력 및 주의집중력
- 시각–운동 협응 및 지각적 조직화
- 시각–운동–공간 협응, 조작적 지각 속도

11 ① 언어이해
③ 유동추론
④ 처리속도

12 ② 우울증
③ 히스테리성성격장애
④ 반사회성성격장애

정답　10 ④　11 ②　12 ①

안심Touch

13 ① · ② · ④ 순차처리능력
③ 동시처리능력

13 K-ABC의 구성 중 그 성격이 다른 하나는?

① 손동작

② 수회생

③ 마법의 창

④ 단어배열

14 퍼즐은 WAIS-Ⅳ의 핵심 소검사이다.

14 WISC-Ⅳ 4개 지표 중 지각추론지표의 핵심 소검사 항목이 아닌 것은?

① 토막짜기

② 행렬추리

③ 공통그림찾기

④ 퍼즐

15 간단한 지시를 알아듣고 따를 수 있는 아동이라면 정상아동 뿐 아니라 언어나 동작성장애를 가진 아동, 정서장애 및 자폐를 가진 아동, 그리고 뇌성마미가 있는 아동들도 쉽게 검사를 받을 수 있다.

15 PTI의 특징 중 옳지 않은 것은?

① 검사문항과 응답선택지가 전부 그림으로 되어 있다.

② 지능지수와 정신연령의 두 가지 규준을 모두 사용한다.

③ 우연히 맞힌 문항 때문에 점수가 높아질 수 있다.

④ 간단한 지시를 알아듣고 따를 수 있는 정상아동에게만 사용할 수 있다.

정답 13 ③ 14 ④ 15 ④

16 신경심리검사의 목적에 해당하지 <u>않는</u> 것은?

① 환자상태의 예측

② 환자관리

③ 치료

④ 재활 및 치료평가

16　신경심리검사의 목적
　• 환자상태의 예측
　• 환자관리 및 치료계획수립
　• 재활 및 치료평가
　• 연구

17 주의력을 평가하는 신경심리검사로 볼 수 <u>없는</u> 것은?

① 보스톤 이름대기 검사(Boston Naming Test)

② 선로잇기 검사(Trial Making Test)

③ 기호 숫자 양식 검사(Symbol Digit Modalities Test)

④ 스트룹 색상-단어 검사(Stroop Color-Word Test)

17　보스톤 이름대기 검사는 언어기능을
　평가한다.

18 다음 검사 중 치매를 평가하는 신경심리검사가 <u>아닌</u> 것은?

① SNSB

② HRNB

③ CERAD-K

④ K-DRS-2

18　할스테드-라이탄 신경심리배터리(Hals
　tead-Reitan Neuropsychological
　Battery, HRNB)
　뇌손상의 유무는 물론 그 부위를 미리
　알지 않고도 대뇌기능과 함께 그 손상
　정도를 의미 있게 측정할 수 있도록
　여러 가지 서로 다른 검사들의 배터리
　로 구성되어 있다.

정답　16 ③　17 ①　18 ②

19 뇌졸중 : 신경심리학적 평가가 일차적인
진단도구로 사용되지는 않는다.

19 신경심리검사를 실시하는 질환과 이에 대한 내용으로 옳지 않은 것은?

① 신경인지장애 : 신경학적, 정신과적, 신체적 상해 등의 평가과정을 포함한다.
② 약물중독 : 중독의 영구적 후유증이 명확하지 않을 경우 신경심리학적 평가를 통해 그 미묘한 차이를 밝혀낼 수 있다.
③ 뇌졸중 : 신경심리학적 평가가 일차적인 진단도구로 사용된다.
④ 뇌전증 : 뇌전증의 특징적 양상에 대해 보다 정확한 평가를 내릴 수 있도록 한다.

20 **배터리검사**
• 평가되는 기능에 관하여 총체적인 자료를 제공해 준다.
• 자동화된 해석체계가 존재하므로 검사자의 채용을 촉진한다.
• 환자의 병전 기능수준에 대한 평가와 함께 현재 기능수준에 대한 파악이 가능하다.
• 임상적 평가목적과 연구목적이 함께 충족될 수 있다.
• 자료가 광범위하거나 불충분하게 제공될 수 있으며, 시간과 비용이 많이 소요된다.
• 최신의 신경심리학적 연구결과들을 반영하기 어렵다.

20 배터리검사의 특징에 해당하지 않는 것은?

① 환자의 병전 기능수준에 대한 평가와 함께 현재 기능수준에 대한 파악이 가능하다.
② 자동화된 해석체계가 존재하지 않으므로 고도의 전문성을 가진 신경심리전문가가 필요하다.
③ 최신의 신경심리학적 연구결과들을 반영하기 어렵다.
④ 평가되는 기능에 관하여 총체적인 자료를 제공해 준다.

정답 19 ③ 20 ②

◎ 주관식 문제

01 웩슬러지능검사의 지능지수 산출공식을 쓰시오.

01

[정답] 지능지수(IQ)=

$$15 \times \frac{개인점수 - 해당연령\ 규준의\ 평균}{해당연령\ 규준의\ 표준편차} + 100$$

02 지능이론 중 스피어만(Spearman)의 2요인설에 대하여 간략히
    기술하시오.

02

[정답] 지능은 모든 개인이 공통적으로 가지
고 있는 일반요인(General Factor)과
언어나 숫자와 같은 특정한 부분에 대
한 특수요인(Special Factor)으로 구성
된다고 가정한다.

03

정답 웩슬러(Wechsler)

03 지능에 대하여 아래와 같이 정의한 학자는 누구인가?

> 지능은 개인이 합목적적으로 행동하고 합리적으로 사고하며, 환경을 효율적으로 다룰 수 있는 총체적인 능력이다.

04

정답 간단한 지시를 알아듣고 따를 수 있는 아동이라면 정상아동 뿐 아니라 언어나 동작성장애를 가진 아동, 정서장애 및 자폐를 가진 아동, 그리고 뇌성마비가 있는 아동들도 쉽게 검사를 받을 수 있다.

04 PTI가 다른 일반적 지능검사와 가장 차별화되는 특징을 간략히 기술하시오.

05 웩슬러 지능검사에 의한 우울증 환자의 일반적 특징을 기술하시오.

05

정답
- 언어성 지능이 동작성 지능에 비해 상대적으로 높다.
- 쉽게 포기하는 경향이 있으며 지구력이 낮다.
- 언어성 검사 중 공통성 점수가 낮고 동작성 검사 중 빠진 곳 찾기를 제외한 소검사에서 낮은 점수를 보인다.
- 반응의 질적인 면에서 정교화나 언어표현의 유창성이 부족하다.
- 전반적으로 반응속도가 느리다.

06 신경심리평가에 대하여 간략히 기술하시오.

06

정답 뇌손상 및 뇌기능장애에 특화된 심리검사와 함께 신경심리상태에 대한 과학적·체계적인 검사 및 환자의 행동장애에 대한 평가를 통해 인지기능의 손상여부를 판정하고 치료계획을 세우기 위한 과정을 의미한다.

여기서 멈출 거예요? 고지가 바로 눈앞에 있어요.
마지막 한 걸음까지 시대에듀가 함께할게요!

제 **4** 장

객관적 검사와 투사적 검사

I wish you the best of luck

객관적 검사와 투사적 검사

객관적 검사

◻ 특징과 장·단점

(1) 특징

① 객관적 검사(Objective Test)는 검사과제가 구조화되어 있으므로 '구조적 검사(Structured Test)'라고도 한다.

② 검사에서 제시되는 문항의 내용이나 그 의미가 객관적으로 명료화되어 있으므로 모든 사람에게서 동일한 방식의 해석이 내려질 것을 기대하는 검사이다.

③ 검사에서 평가되는 내용이 검사의 목적에 부합하여 일정하게 준비되어 있으며, 수검자가 일정한 형식에 따라 반응하도록 되어 있다.

④ 검사결과를 통해 나타나는 개인의 특성 및 차이는 각각의 문항들에 대한 반응점수를 합산한 후 그 차이를 평가하는 과정으로 전개된다.

⑤ 객관적 검사의 목적은 개인의 독특성을 측정하기보다는 개인마다 공통적으로 지니고 있는 특성이나 차원을 기준으로 하여 개인들을 상대적으로 비교하는 데 있다.

(2) 장·단점

① 장점

ㄱ 검사실시의 간편성 : 검사의 시행·채점·해석이 간편하며, 검사대상 범주화에 따른 문항구성으로 응답이 용이하다.

ㄴ 시간과 노력의 절약 : 부호화(Coding)와 분석이 용이하므로 시간과 노력이 상대적으로 절약된다.

ㄷ 객관성의 증대 : 검사자극의 의미가 명료하므로 검사자나 상황변인의 영향을 덜 받으며, 검사자의 주관성이 배제되므로 검사결과의 객관성이 보장된다.

ㄹ 신뢰도 및 타당도의 확보 : 검사제작과정에서 신뢰도 및 타당도에 대한 증거를 확보할 수 있다.

ㅁ 부적합한 응답의 최소화 : 민감한 주제를 다루는 경우 나타나는 무응답이나 검사목적에 부합하지 않은 응답을 줄일 수 있다.

② 단점

  ㉠ 사회적 바람직성 : 문항의 내용이 사회적으로 바람직한 내용인가가 문항에 대한 응답결과에 영향을 미친다.

  ㉡ 반응경향성 : 개인의 응답방식에서 나타나는 일정한 흐름이 결과에 영향을 미친다.

  ㉢ 묵종경향성 : 자기이해와 관계없이 협조적인 대답으로 일관함으로써 결과에 영향을 미친다.

  ㉣ 문항제한성 : 검사문항이 개인의 주요특성을 중심으로 전개됨으로써 특정상황에서의 특성과 상황 간의 상호작용내용을 밝히기 어렵다.

  ㉤ 응답제한성 : 응답의 범위가 제한되어 있으므로 개인의 독특한 문제에 대한 진술기회가 상대적으로 적으며, 수집된 자료에 개인의 문제가 노출되지 않을 수 있다.

❷ 객관적 검사의 종류

한국판 성인용 웩슬러지능검사(K-WAIS), 한국판 웩슬러 아동용지능검사(K-WISC) 등의 지능검사와 미네소타 다면적 인성검사(MMPI), 마이어스-브릭스 성격유형검사(MBTI), 기질 및 성격검사(TCI), 16성격요인검사(16PF) 등의 성격검사 등이 해당한다.

❸ 다면적 인성검사(MMPI-2, MMPI-A)

(1) 의의

① 미네소타다면적 인성검사(Minnesota Multiphasic Personality Inventory, MMPI)는 세계적으로 가장 널리 쓰이고 가장 많이 연구되는 객관적 성격검사이다.

② 1943년 미국 미네소타대학의 하더웨이와 매킨리(Hathaway & McKinley)가 처음 발표하였으며, 진단적 도구로서의 유용성과 다양한 장면에서의 활용 가능성을 인정받고 있다.

③ 임상장면의 규준집단을 사용하여 개발된 것으로서, 비정상적인 행동과 증상을 객관적으로 측정하여 임상진단에 관한 정보를 제공해 주는 것이 주목적이다.

④ 본래 일반적 성격특성을 측정하기 위한 것이 아니었으나, 진단적 · 병리적 분류의 개념이 정상인의 행동을 설명하는 데에도 어느 정도 유효하다는 전제 하에 일반적 성격특성을 유추하기 위한 용도로도 사용되고 있다.

(2) 특징

① 20C 초반 대다수의 심리검사들이 이론적 제작방법에 의해 고안된 반면, MMPI는 실제 환자들의 반응을 토대로 외적 준거 접근의 경험적 제작방법에 의해 만들어졌다. 즉, 검사 제작 초기에 검사개발을 목표로 이론적인 접근을 하여 문항을 제시하기는 하지만, 최종 단계에서 문항을 질문에 포함시킬 것인지는 목표집단과 통제집단의 반응 차이 여부에 따라 결정이 이루어진다.

② 대표적인 자기보고식 검사로서, 검사의 실시·채점·해석이 용이하며, 시간과 노력을 절약할 수 있다.

③ 투사적 검사에서와 달리 비교적 덜 숙련된 임상가라도 간편하고 정확한 해석을 할 수 있다.

④ 550개의 문항을 포함하고 있는데, 이 중 16개의 문항이 중복되어 총 566개의 문항으로 구성되어 있다. 중복된 16개의 문항은 수검자의 반응 일관성을 확인하기 위한 지표로 사용된다.

⑤ 수검자는 각 문항에 대해 그렇다 혹은 아니다의 두 가지 답변 중 하나를 택하여 반응하도록 되어 있다.

⑥ 이와 같은 반응은 주요 비정상행동을 측정하는 10가지 임상척도와 수검자의 검사태도를 측정하는 4가지 타당도척도에 따라 채점된다.

⑦ 원점수를 T점수로 환산하여 평가하며, 이때 T점수는 평균이 50, 표준편차가 10이 되도록 Z점수를 변환한 점수에 해당한다.

⑧ 수검자의 성격적 특징을 보다 정확히 반영하기 위해 수검자가 검사 문항에 솔직하게 반응하는지, 의도적으로 좋게 또는 나쁘게 보이려고 하는지 파악한다.

⑨ 보다 올바르고 풍부한 해석을 위해서는 임상가의 수련과 경험이 필요하며, 성격 및 정신병리에 대한 체계적인 지식이 요구된다.

⑩ MMPI의 문항 수가 너무 많고 방대하여 시간이 많이 소요된다는 문제가 제기되어 단축형 MMPI에 대한 연구가 지속적으로 전개되었다. 참고로 현재 임상장면에서는 383개의 문항으로 구성된 단축형이 널리 사용되고 있다.

(3) MMPI-2의 개발

① MMPI가 1943년 개발된 이후 임상장면 이외의 장면들(예 인사선발, 입학, 징병 등)에서 사용됨에 따라 성적 적응, 신체적 기능, 종교적 문제 등과 관련된 문항들에 의문이 제기되었다. 특히 기존 MMPI의 몇몇 문항들이 의학적·정신과적 평가 용도로는 적합하나, 그것이 다른 용도로 사용되는 경우 사생활을 침범하고 불쾌감을 줄 수 있다는 지적이 제기되었다.

② 사회문화적 변화와 함께 사람들의 인식도 변화되었으므로, 그에 적합한 새로운 규준의 필요성이 제기되었다. 특히 성차별적 문구, 구식의 관용적 표현들, 시대에 맞지 않는 구식의 문화와 관련된 문항들을 적절히 수정하고, 최근 사회적인 문제로 대두되고 있는 자살, 약물사용, 치료 관련 행동 등 임상적으로 중요한 내용 영역들을 추가적으로 포함할 필요성이 제기되었다.

③ 이와 같은 문제 제기와 개정의 필요성에 따라 1980년대 초부터 미네소타 주립대에서 MMPI 의 재표준화 작업이 시작되었다. 개정판의 개발을 위해 남자 1,138명, 여자 1,462명을 규준집단으로 선정하였으며, 기존 원판의 문제점을 개선하고 최신의 규준을 확보하여 새로운 문항과 척도들을 추가하였다.

④ 1989년 MMPI-2가 처음 출판되었으며, 이후 축적된 연구결과들을 토대로 하여 2001년 MMPI-2 Manual Revised Edition이 출판되었다.

⑤ 총 567개의 문항과 함께 재구성 임상척도, 내용척도, 보충척도, 성격병리 5요인척도(PSY-5 척도) 등이 포함되었다.

⑥ 개발의 기본적인 원칙은 원판 MMPI의 기본 타당도척도 및 임상척도의 틀을 그대로 유지함으로써 원판 MMPI와 연속성을 지닌 검사를 만드는 것이었다. 따라서 검사결과의 해석에 있어서 원판 MMPI에 적용되던 해석 내용들을 그대로 적용할 수 있게 되었다.

(4) 검사실시 전 수검자 고려사항

① **수검자의 독해력** : 검사자는 수검자가 MMPI에 제대로 응답할 수 있는지 수검자의 독해력 수준을 파악해야 한다. 이 경우 독해력은 초등학교 6학년 이상의 수준이어야 한다.

② **수검자의 연령** : MMPI를 실시할 수 있는 수검자의 연령 하한선은 본래 16세이다. 다만, 일정 수준의 독해력이 인정되는 경우 12세까지 가능하다.

③ **수검자의 지능수준** : 일반적으로 수검자의 언어성 IQ(VIQ)가 80 이하인 경우 검사실시가 부적합한 것으로 간주되고 있다.

④ **수검자의 임상적 상태** : MMPI는 원칙적으로 검사시간에 제한이 없으므로 수검자가 심리적인 혼란 상태에 있는 경우를 제외하고 수검자의 정신적 손상을 검사제한 사유로 고려하지 않는다. 다만, 검사소요시간에 영향을 미치는 수검자의 우울증이나 강박증 성향 또는 충동성이나 비협조적 태도 등은 진단적으로 유의미할 수 있다.

(5) 검사시행 시 유의사항

① 검사시간은 원칙적으로 제한이 없으나, 보통 대부분의 사람들(90% 이상)에서 60분 내지 90분 정도 소요된다. 그러나 다른 심리검사에 비해 검사문항이 월등히 많으므로 수검자가 피로나 권태를 느끼지 않는 시간대에 실시하는 것이 바람직하다.

② 검사자는 수검자에게 검사용지를 주어 집에서 하게 할 수도 있으나, 가능한 한 검사자가 지정하는 곳에서 검사자의 감독 하에 실시하는 것이 바람직하다.

③ 검사는 충분한 조명, 조용한 분위기, 여유로운 공간, 적절한 환기 등 환경적 조건이 갖추어진 곳에서 이루어져야 한다.

④ 검사자는 검사실시 전 수검자와 충분한 관계형성을 시도한다. 검사의 목적, 결과의 용도, 누가 이 결과를 보게 되는가, 그리고 결과의 비밀보장 등에 대해 솔직하고 성실하게 설명해 준다. 또한 수검자의 검사에 대한 제반 질문에 대해 친절하게 답변함으로써 수검자의 협조를 얻도록 노력한다.

⑤ 검사 도중 검사자는 수검자에게 방해되지 않게 한 두 번 정도 검사진행을 확인할 필요가 있다.

⑥ 검사실시와 함께 보호자나 주변인물과의 면접을 실시함으로써 수검자에 대한 생활사적 정보와 수검자의 현 상태에 대한 객관적인 정보를 얻는 것이 필요하다.

⑦ 마지막으로 실시한 검사를 채점한 후에 다시 수검자와 면접을 실시해야 한다.

(6) 채점 및 프로파일 작성

① 채점자는 수검자의 답안지를 세밀하게 살펴보며, 응답하지 않은 문항 또는 그렇다, 아니다 모두에 응답한 문항을 표시해 둔다. 해당 문항들은 무응답으로 처리하여 ? 채점란에 기입한다.

② 구멍 뚫린 채점판 또는 컴퓨터 채점 프로그램을 이용하여 채점한다. 특히 원점수가 극단적으로 높거나 낮게 나오는 경우 채점 과정상의 오류를 점검해 본다.

③ 검사의 신뢰도와 타당도를 높이기 위해 K 교정점수를 구하며, 이를 5가지의 특정임상척도에 일정 비율 더해 준다.

④ 13개 검사척도(? 척도를 제외한 3개의 타당도척도와 10개의 임상척도)의 원점수를 T점수로 환산하며, 해당 값에 따라 프로파일 용지 위에 프로파일을 그린다.

⑤ 프로파일을 작성할 때 우선 T점수를 점으로 찍은 후 검사척도들을 실선으로 연결한다. 다만, 타당도척도와 임상척도는 분리하며, 보통 척도는 환산점수 대신 원점수를 그대로 기입한다.

(7) 검사해석 시 고려해야 할 절차

① 수검자의 특징적인 검사태도에 대한 고려
   ㉠ 수검자의 검사수행에 소요되는 시간, 검사수행 시 행동 등을 관찰한다.
   ㉡ 수검자가 강박적이거나 우유부단한 성격을 가진 경우, 우울증으로 인해 정신운동지체를 보이는 경우 검사수행에 오랜 시간이 소요되는 반면, 수검자가 성의가 없거나 충동적인 성격을 가진 경우 검사수행 시간이 짧은 경향이 있다.

② 개별척도에 대한 해석의 시도
   ㉠ 처음에는 타당도척도를 검토하여 검사결과의 타당성을 고려한다.
   ㉡ 검사결과가 타당한 것으로 판단될 경우, 각 임상척도들의 상승 정도를 확인하며, 그 점수들이 정상 범위에 있는지 혹은 정상 범위를 이탈해 있는지를 파악한다.

③ 2 코드 해석의 시도
   ㉠ 코드유형으로 확인된 상승척도쌍에 대한 경험적 해석은 단일척도에 대한 해석보다 더욱 강력할 수 있다.
   ㉡ 가장 보편적인 방법은 가장 높이 상승되어 있는 두 개의 임상척도를 찾아내어 이를 해석하는 2 코드 해석이다.

④ 낮은 임상척도에 대한 고려

    ㉠ 낮은 점수의 임상척도에 대한 연구는 높은 점수의 해석과 관련된 연구에 비해 빈약한 편이지만, 수검자의 주요 특징을 잘 나타내 주는 경우도 있다.

    ㉡ 통계적으로 30T 이하가 낮은 점수의 기준이 될 수 있으나, 35T 혹은 40T를 기준으로 삼는 것이 보다 융통성 있는 해석에 유리하다.

⑤ 전체 프로파일에 대한 형태분석

    ㉠ 임상척도가 전반적으로 상승되어 있는 경우 수검자의 심리적 고통이나 혼란이 심한 상태이며, 그와 같은 자신의 상태를 외부에 호소하고 있음을 시사한다.

    ㉡ 특히 신경증과 관련된 세 척도(척도 1, 2, 3)와 정신병과 관련된 네 척도(척도 6, 7, 8, 9)의 상대적 상승도를 살피는 방식이 널리 사용되고 있다.

(8) 빠뜨린 문항의 원인(? 척도의 상승 이유) 및 대처방법

① 수검자가 강박성으로 인해 문항내용에 대한 정확한 응답에 과도하게 집착하는 경우

    → 검사자는 문항에 정답이 있는 것이 아니며, 문항이 요구하는 응답이 대략적인 것임을 강조한다.

② 수검자가 정신적 부주의나 혼란으로 인해 문항을 빠뜨리는 경우

    → 검사자는 수검자가 충분한 시간과 여유를 가지고 모든 문항을 주의 깊게 살펴보도록 요구한다.

③ 수검자가 방어적인 태도로 자신을 드러내는 것에 대해 거부감을 느끼거나 검사 및 검사자에 대해 불신하는 경우

    → 검사자는 척도점수가 중요한 것이지 각 문항의 개별적인 응답 내용이 중요한 것이 아니라는 점을 강조하며, 검사결과에 대해 비밀이 유지될 것임을 확신시킨다.

④ 수검자가 검사자에게 비협조적이고 반항적인 태도를 보이는 경우

    → 이 경우 검사를 실시하지 않는 것이 바람직하다. 다만, 검사자는 수검자와 면담을 통해 충분히 라포(Rapport)를 형성한 후 검사를 재시도할 수 있다.

⑤ 수검자가 극도의 불안이나 우울증상을 보이는 경우

    → 이 경우 검사를 실시하지 않는 것이 바람직하다. 다만, 검사자는 수검자의 불안이나 우울증상이 경감된 후 검사를 시행할 수 있다.

(9) 코드유형(Code Type)

① MMPI에서 각각의 척도는 해당 척도명의 의미에 따라 단일 증상 행동을 측정하는 데 한계가 있다.

② 정신병리의 증상들은 다양하고 복합적으로 나타나며, 이질적 성향의 집단 간에도 동일한 증상 행동이 나타날 수 있다.

③ 프로파일 분석기법으로서 코드유형에 따른 해석법은 다양한 척도들 간의 관계를 통해 보다 유효한 진단적 정보를 제공해 준다.

④ 코드유형은 다면적 인성검사의 형태분석에서 T점수가 일정수준 이상으로 상승된 임상척도들을 하나의 프로파일로 간주하여 해석한다.

⑤ 이러한 코드유형에 따른 해석법은 상호 연관성이 높은 척도들을 결합하여 해석함으로써 높은 행동 예언력을 나타내 보인다.

(10) 타당도척도

① ? 척도(무응답척도, Cannot Say)

> • 응답하지 않은 문항 또는 그렇다, 아니다 모두에 응답한 문항들의 총합으로서, 내담자의 심각한 정신병리로 인한 반응상의 어려움, 검사 및 검사자에 대한 비협조적 태도, 개인적 정보 노출에 대한 방어적 태도 등을 측정한다.
> • 문항의 누락은 보통 검사지시에 따라 좌우된다. 즉, 모든 문항에 응답하도록 요청하면 별로 빠뜨리는 문항 없이 응답하며, 그렇다, 아니다를 결정할 수 없는 경우에는 답하지 않아도 된다는 지시를 주면 무응답 문항이 많아지게 된다.
> • 제외되는 문항의 효과는 잠재적으로 전체 프로파일 및 해당 문항이 속한 척도의 높이를 저하 시키는 결과를 초래한다.
> • 보통 30개 이상의 문항을 누락하거나 양쪽 모두에 응답하는 경우 프로파일은 무효로 간주될 수 있다. 다만, 30개 이상의 문항을 누락하더라도 기본적인 타당도척도와 임상척도가 위치한 검사의 전반부에 해당하지 않는다면 비교적 타당한 것으로 볼 수 있다.
> • 특히 MMPI-2에서는 단축형 검사 실시를 용이하게 하기 위해 원판 타당도척도들과 임상척도들을 최초 370문항 안에 모두 배치하였다. 따라서 무응답 문항이 370번 문항 이후에서 많이 나타났다면, 무응답 문항 수가 많다는 이유만으로 검사결과의 타당성을 의심할 필요는 없다.

② VRIN척도, TRIN척도

- VRIN척도(무선반응 비일관성척도, Validity Response INconsistency)
  - 수검자가 응답을 하면서 무선적으로 반응하는 경향을 탐지한다.
  - 서로 내용이 유사하거나 상반되는 문항 쌍으로 구성되어 있으며, 수검자가 각 문항쌍에 불일치하는 비일관적인 반응을 보일 경우 점수가 높아진다.
  - 내용상 서로 유사한 문항쌍 혹은 서로 상반된 문항쌍들로서, 모두 49개의 문항쌍으로 구성되어 있으나, 특정문항쌍의 경우 두 가지 반응패턴 모두가 비일관적인 반응으로 채점될 수 있으므로, 비일관적인 문항반응쌍은 총 67개이다.
  - VRIN척도 점수가 80T 이상인 경우 수검자가 무선적인 방식으로 문항에 응답한 것으로 볼 수 있으므로, 해당 프로파일은 무효로 간주할 수 있다.
- TRIN척도(고정반응 비일관성척도, True Response INconsistency)
  - 수검자가 문항에 응답하면서 모든 문항에 그렇다 혹은 아니다로 반응하는 경향을 탐지한다.
  - VRIN척도와 달리 서로 상반된 내용의 문항들로서, 총 20개의 문항쌍, 총 23개의 문항반응쌍으로 구성되어 있다.
  - TRIN척도는 T점수가 항상 50점 이상이 되도록 환산된다. 따라서 원점수가 평균으로부터 1표준편차 높은 경우 그렇다로 응답하는 경향을 시사하며, 이를 60T로 표시한다. 반면, 원점수가 평균으로부터 1표준편차 낮은 경우 아니다로 응답하는 경향을 시사하며, 이를 60F로 표시한다. 이때 T 또는 F는 MMPI-2 프로토콜에 나타난 고정반응 편향의 방향성을 나타내는 것이다.
  - TRIN척도 점수가 80점 이상인 경우 수검자가 그렇다 혹은 아니다 방향으로 응답하는 경향이 지나치게 강함을 시사한다.

---

③ F척도(비전형척도, Infrequency)

- F척도는 비전형적인 방식으로 응답하는 사람들을 탐지하기 위한 것으로서, 검사문항에 대해 정상인들이 응답하는 방식에서 벗어나는 경향성을 측정한다.
- 수검자의 부주의나 일탈된 행동, 증상의 과장 혹은 자신을 나쁘게 보이려는 의도, 질문항목에 대한 이해부족 혹은 읽기의 어려움, 채점이나 기록에서의 심각한 오류 등을 식별할 수 있다.
- 문항은 정상 성인을 대상으로 하여 비정상적인 방향으로의 응답이 10%를 초과하지 않는 것들로서, 총 60개의 문항으로 구성되어 있다. 예 내 혼이 가끔 내 몸에서 떠난다.
- F척도 점수가 높을수록 수검자는 대부분의 정상적인 사람들이 하는 것처럼 반응하지 않는 것을, 그가 가지고 있는 문제영역이 많고 문제의 정도가 심각한 것을 나타낸다.
- 특히 F척도가 상승할 경우 VRIN척도와 TRIN척도를 함께 검토해야 한다. VRIN척도가 80T 이상인 경우 무작위 응답에 의해 F척도가 상승했을 가능성이 있으며, TRIN척도가 80T 이상인 경우 고정반응에 의해 상승했을 가능성이 있다.
- 측정결과가 65~80T 정도인 경우 수검자의 신경증이나 정신병, 현실검증력 장애를 의심할 수 있다. 또한 자신의 자아정체성 문제로 고민하고 있는 청소년에게서도 나타날 수 있다.
- 반면, 측정결과가 100T 이상인 경우 수검자가 의도적으로 심각한 정신병적 문제를 과장해서 응답한 것으로 짐작할 수 있다.

---

④ FB척도, FP척도

- FB척도(비전형-후반부척도, Back inFrequency)
  - 검사실시 과정에서 수검자의 수검 태도상의 변화를 탐지하기 위한 것으로서, 검사 후반부에 총 40개의 문항으로 구성되어 있다.
  - 기존의 F척도만으로 수검자가 검사 후반부에 어떤 수검 태도를 보였는지 파악할 수 없었던 문제점을 보완하기 위해 고안되었다. 즉, FB척도가 크게 상승된 경우 수검자의 수검 태도에 변화가 있음을 의미한다.
  - FB척도 점수는 검사 실시 과정에서 수검자의 수검 태도가 크게 변화되었는지를 파악하는 목적으로만 사용된다. 특히 FB척도가 90T 이상이면서 F척도보다 최소 30T 이상 높은 경우 태도상 유의미한 변화가 있는 것으로 간주한다.
- FP척도(비전형-정신병리척도, inFrequency Psychopathology)
  - 규준집단과 정신과 외래환자집단에서 모두 매우 낮은 반응 빈도를 보인 총 27개의 문항으로 구성되어 있다.
  - VRIN척도와 TRIN척도 점수를 검토한 결과 무선반응이나 고정반응으로 인해 F척도 점수가 상승된 것이 아니라고 판단될 경우 사용한다.
  - 이 척도는 F척도의 상승이 실제 정신과적 문제 때문인지 혹은 의도적으로 자신을 부정적으로 보이려고 한 것인지를 판별하는 데 유효하다. 특히 FP척도가 100T 이상일 경우 수검자의 무선반응 혹은 부정왜곡(Faking-Bad)을 짐작할 수 있으므로, 해당 프로파일은 무효로 간주할 수 있다.

⑤ FBS척도(증상타당도척도, Fake Bad Scale)

- 본래 부정왜곡척도로 개발되었으나 척도해석에 이론의 여지가 있어서, 약자는 그대로 유지한 채 현재 증상타당도(Symptom Validity)척도로 불리게 되었다.
- 개인상해 소송이나 신체장애 판정장면에서의 꾀병을 탐지하기 위한 총 43개의 문항으로 구성되어 있다.
- 문항들은 신체와 통증에 관한 내용, 신뢰나 정직함에 관한 내용 등을 포함하고 있다.
- MMPI-2의 다른 모든 척도들 가운데 사실상 가장 낮은 타당도를 보인 만큼, 현재까지 논란이 되고 있는 척도이다. 그로 인해 표준채점 양식에서 FBS척도를 제외시키는 경향이 있다.

⑥ L척도(부인척도, Lie)

- L척도는 사회적으로 찬양할 만하나 실제로는 극도의 양심적인 사람에게서 발견되는 태도나 행동을 측정한다.
- 문항은 이성적으로는 가능하나 사실상 그대로 실행하기 어려운 내용들로서, 총 15개의 문항으로 구성되어 있다. 예 가끔 욕설을 퍼붓고 싶은 때가 있다.
- 본래 수검자가 자신을 좋게 보이려고 하는 다소 고의적이고 부정직하며 세련되지 못한 시도, 즉 심리적 세련(Psychological Sophistication)의 정도를 측정하려는 척도이다.
- L척도의 점수는 수검자의 지능, 교육수준, 사회경제적 위치 등과 연관이 있으며, 특히 지능 및 교육수준이 높을수록 L척도의 점수는 낮게 나온다.
- MMPI의 모든 척도가 경험적 방법에 의해 도출된 문항으로 구성된 반면, L척도만은 논리적 근거에 의해 선발된 문항으로 구성되어 있다.
- 측정결과가 70T 이상으로 높은 경우 자신의 결점을 부정하고 도덕성을 강조하며 고지식하다. 또한 부인(부정)이나 억압의 방어기제를 사용하는 환자에게서 나타날 수 있다. 특히 측정결과가 80T 이상인 경우 수검자가 솔직하게 응답하지 않았을 가능성이 크므로, 해당 프로파일은 무효로 간주할 수 있다.
- 측정결과가 45T 이하로 낮은 경우 비교적 자신의 결점을 인정하며 솔직하며 허용적이다. 반면, 자신을 병적으로 보이려는 환자에게서도 나타날 수 있다.

⑦ K척도(교정척도, Correction)

- K척도는 분명한 정신적인 장애를 지니면서도 정상적인 프로파일을 보이는 사람들을 식별하기 위한 것이다.
- 정상집단과 정상 프로파일을 보이는 환자집단을 구별해 주는 경험적으로 선택된 총 30개의 문항으로 구성되어 있다. 예 처음 만나는 사람과 대화하기가 어렵다.
- 심리적인 약점에 대한 방어적 태도를 탐지하기 위한 것으로서, 수검자가 자신을 바람직한 방향으로 왜곡하여 좋은 인상을 주려고 하는지 혹은 검사에 대한 저항의 표시로 나쁜 인상을 주려고 하는지 파악하는 데 유효하다.
- L척도의 측정내용과 중복되기도 하지만 L척도보다는 은밀하게, 그리고 보다 세련된 사람들에게서 측정한다는 점이 다르다.
- K척도가 상승한 수검자는 심각한 심리적 문제를 나타내지 않는 방향으로 반응했을 가능성이 크므로, 임상척도에서 주목할 만한 상승이 없다고 하더라도 심리적 문제가 없는 것으로 결론을 내릴 수는 없다.
- K척도는 5가지 임상척도의 진단상 변별력을 높이기 위한 교정목적의 척도로도 사용된다. 특히 척도 7 Pt(강박증), 척도 8 Sc(조현병)에는 K척도의 원점수 전부를 더하고, 척도 1 Hs(건강염려증), 척도 4 Pd(반사회성), 척도 9 Ma(경조증)에는 K척도의 점수 일부를 더하여 교정하도록 하고 있다.
- 측정결과가 65T 이상인 경우 수검자가 자신을 좋은 방향으로 왜곡해서 대답하는 긍정왜곡(Faking-Good)의 가능성이 있다. 이는 수검자의 정신병리에 대한 방어 또는 억압성향을 나타내는 것으로 볼 수 있다.
- 측정결과가 35T 이하인 경우 수검자가 자신의 단점을 과장하거나 심각한 정서적 장애를 가지고 있는 것으로 왜곡하려는 부정왜곡(Faking-Bad)의 가능성이 있다.

⑧ S척도(과장된 자기제시척도, Superlative Self-Presentation)

- S척도는 인사선발, 보호감찰, 양육권 평가 등 비임상집단에서 도덕적 결함을 부인하고 자신을 과장된 방식으로 표현하는 것을 평가하기 위해 개발되었다.
- 5개의 소척도, 즉 인간의 선함에 대한 믿음(S1 – Beliefs in Human Goodness), 평정심 또는 평온함(S2 – Serenity), 삶에 대한 만족감(S3 – Contentment with Life), 흥분과 분노에 대한 인내심/부인(S4 – Patience/Denial of Irritability and Anger), 도덕적 결점에 대한 부인(S5 – Denial of Moral Flaws) 등으로 이루어지며, 규준집단과 극단적인 방어태도를 나타내는 집단 간의 반응률 차이를 비교할 수 있는 총 50개의 문항으로 구성되어 있다.
- S척도와 K척도는 수검자의 방어성을 측정하는 지표인 점에서 공통적이지만, K척도의 문항들이 검사의 전반부에 국한되어 있는 반면, S척도의 문항들은 검사 전반에 걸쳐 퍼져 있는 점에서 차이가 있다.
- 측정결과가 70T 이상인 경우 수검자의 긍정왜곡의 가능성이나, 주로 아니다로 응답하는 경향을 시사한다.
- 측정결과가 45T 이하인 경우 수검자의 부정왜곡의 가능성이나, 정신병리로 인한 주관적 고통과 행동 장해의 정도를 반영한다.

📋 참고

MMPI-2의 주요 타당도척도 범주 구분

범주	척도

성실성	• 문항내용과 무관한 응답을 평가하는 척도
	  – ?척도(무응답척도)
	  – VRIN척도(무선반응 비일관성척도)
	  – TRIN척도(고정반응 비일관성척도)

비전형성	• 문항내용과 연관된 왜곡응답을 평가하는 척도
	  – F척도(비전형척도)
	  – FB척도(비전형-후반부척도)
	  – FP척도(비전형-정신병리척도)

방어성	• 과소보고 경향을 탐지하는 척도
	  – L척도(부인척도)
	  – K척도(교정척도)
	  – S척도(과장된 자기제시척도)

(11) 임상척도

① 척도 1 Hs(Hypochondriasis, 건강염려증)

- 심기증(Hypochondria) 척도로서 수검자의 신체적 기능 및 건강에 대한 과도하고 병적인 관심을 반영한다.
- 원판 MMPI에서는 총 33개의 문항으로 구성되었으나, MMPI-2에서는 내용상 문제의 소지가 있는 문항을 한 개 삭제하여 총 32문항으로 구성되어 있다.
- 대부분의 문항들이 다른 임상척도에서도 채점되며, 특히 척도 3 Hy(히스테리)와 중복되어 같은 방향으로 채점이 이루어진다.
- 측정결과가 65T 이상인 경우 만성적인 경향이 있는 모호한 여러 신체증상들을 호소한다. 일반적으로 불행감을 느끼고 자기중심적이며, 애처롭게 호소하는 동시에 적대적이고 타인의 주의집중을 바란다. 또한 자신의 병을 구실로 다른 사람을 조종하며 지배하려고 한다.
- 측정결과가 80T 이상인 경우 극적이면서도 기이한 신체적 염려를 지니고 있을 수 있으며, 특히 척도 3 Hy도 매우 높다면 전환장애의 가능성을 고려해야 한다.
- 측정결과가 낮은 경우 낙천적이고 통찰력이 있으며, 건강에 대한 염려가 없는 것을 나타낸다. 다만, 측정결과가 30T 이하로 매우 낮은 경우 자신의 건강에 대한 걱정 및 신체적 결함에 대한 강한 부정을 의미하기도 한다.

② 척도 2 D(Depression, 우울증)

- 검사수행 당시 수검자의 우울한 기분, 즉 상대적인 기분 상태를 알아보기 위한 척도이다.
- 원판 MMPI에서는 총 60문항으로 구성되었으나, MMPI-2에서는 그 중 3문항이 제외되어 총 57개의 문항으로 구성되어 있다.
- 5개의 소척도, 즉 주관적 우울감(D1 - Subjective Depression), 정신운동지체(D2 - Psychomotor Retardation), 신체적 기능장애(D3 - Physical Malfunctioning), 둔감성(D4 - Mental Dullness), 깊은 근심(D5 - Brooding)으로 이루어져 있다.
- 주로 내인성 우울증보다는 외인성 우울증을 측정하므로, 척도점수는 수검자의 현재 기분상태에 의해 변할 수 있다.
- 수검자의 자기 자신 및 생활환경에서의 안정감 또는 만족감을 파악하는 지표로도 활용된다.
- 측정결과가 70T 이상인 경우 우울하고 비관적이며, 근심이 많고 무기력하다. 또한 지나치게 억제적이며 쉽게 죄의식을 느낀다. 특히 점수 증가는 심한 심리적 고통, 변화나 증상완화에 대한 소망을 반영하기도 한다.
- 측정결과가 낮은 경우 우울이나 비관적 성향이 없이 사교적이고 낙천적이며, 사고나 행동에서 자유로움을 의미한다. 반면, 오히려 주의력 부족 또는 자기과시적 성향을 시사하기도 한다.

③ 척도 3 Hy(Hysteria, 히스테리)

- 현실적 어려움이나 갈등을 회피하는 방법으로 부인기제를 사용하는 성향 및 정도를 반영한다.
- 원판 MMPI의 총 60개의 문항이 MMPI-2에서도 유지되었다.
- 5개의 소척도, 즉 사회적 불안의 부인(Hy1 − Denial of Social Anxiety), 애정욕구(Hy2 −Need for Affection), 권태−무기력(Hy3 − Lassitude−Malaise), 신체증상 호소(Hy4 −Somatic Complaints), 공격성 억제(Hy5 − Inhibition of Aggression)로 이루어져 있다.
- 전환성 히스테리 경향의 지표로서, 스트레스로 인해 일시적으로 나타나는 신체마비, 소화불량, 심장이상 등의 신체적 기능장애나, 신경쇠약, 의식상실, 발작 등의 심리적 기능장애와 연관된다. 특히 척도 3에 속하는 문항들은 척도 1 Hs(건강염려증)과 중복되어 같은 방향으로 채점이 이루어진다.
- 척도 3의 점수는 수검자의 지능, 교육수준, 사회경제적 위치 등과 연관이 있으며, 특히 지능 및 교육수준이 높을수록 척도 3의 점수 또한 높게 나온다.
- 측정결과가 70T 이상인 경우 유아적이고 의존적이며, 자기도취적이고 요구가 많다. 또한 스트레스상황에서 특수한 신체적 증상을 나타내 보이며, 스트레스 처리에 있어서 부인 또는 부정(Denial), 억압(Repression)의 신경증적 방어기제를 사용하기도 한다. 특히 측정결과가 80T 이상으로 현저히 높은 사람은 신체적 증상을 이용하여 책임을 회피하는 경향이 있다.
- 측정결과가 낮은 경우 논리적이고 냉소적이며, 정서적으로 둔감하고 흥미 범위가 좁다. 특히 이와 같은 낮은 점수는 타인에 대한 비우호적인 성향과 사회적인 고립상태를 반영하기도 한다.

④ 척도 4 Pd(Psychopathic Deviate, 반사회성)

- 반사회적 일탈행동, 가정이나 권위적 대상 일반에 대한 불만, 반항, 적대감, 충동성, 자신 및 사회와의 괴리, 학업이나 진로문제, 범법행위, 알코올이나 약물남용, 성적 부도덕 등을 반영한다.
- 원판 MMPI의 총 50개의 문항이 MMPI-2에서도 유지되었다.
- 5개의 소척도, 즉 가정불화(Pd1 − Familial Discord), 권위와의 갈등(Pd2 − Authority Problems), 사회적 침착성(Pd3 − Social Imperturbability), 사회적 소외(Pd4 − Social Alienation), 자기소외(Pd5 − Self−Alienation)로 이루어져 있다.
- 일탈행동이 나타나기 이전 잠재시기에는 오히려 다른 사람의 호감을 사고, 지적인 사고와 행동을 하는 경우가 많다.
- 정상적인 사람으로서 척도 4의 점수가 약간 높은 경우 자기주장적이고 솔직하며 진취적이고 정력적이지만, 실망스러운 상황이나 좌절에 처하게 되면 공격적이고 부적응적인 모습으로 변하게 된다.
- 측정결과가 65T 이상인 경우 외향적·사교적이면서도 신뢰할 수 없고 자기중심적이며, 무책임하다. 스트레스를 경험하면 반사회적인 특성이 드러나며, 적대감이나 반항심을 표출한다. 특히 척도 4의 점수가 높은 사람은 외향화(Externalization), 행동화(Acting−Out), 합리화(Rationalization) 및 주지화(Intellectualization)의 방어기제를 자주 사용하는 경향이 있다.
- 측정결과가 낮은 경우 도덕적·관습적이며, 권태로운 생활에도 잘 견뎌낼 수 있다. 반면, 자신의 경쟁적·공격적·자기주장적인 성향에 대한 강한 억제를 반영하기도 한다.

⑤ 척도 5 Mf(Masculinity-Femininity, 남성성-여성성)

- 본래 동성애자를 변별하기 위해 개발되었으나, 실제로 변별이 잘 되지 않는 것으로 밝혀짐에 따라 남성성 혹은 여성성의 정도를 측정하는 척도로 개정되었다.
- 원판 MMPI에서는 총 60문항으로 구성되었으나, MMPI-2에서는 그 중 4문항이 제외되어 총 56개의 문항으로 구성되어 있다.
- 흥미 양상이 남성적 성향에 가까운지 여성적 성향에 가까운지를 나타내는 지표로서, 남성용과 여성용 두 개의 척도가 있으며, 그 해석은 별개이다.
- 문항은 명백히 성적인 내용을 다루기보다는 대부분 직업 및 여가에 대한 관심, 걱정과 두려움, 과도한 민감성, 가족관계 등 다양한 주제들을 담고 있다.
- 측정결과가 65T 이상으로 상승되어 있고 점수가 다양한 인구통계학적 변인에 근거한 기대치에서 현저히 벗어난 경우, 동성애적 경향 혹은 강한 이성적 취향의 가능성을 시사한다. 즉, 남성의 경우 예민하고 탐미적이며, 여성적이거나 수동적인 성향이 있는 반면, 여성의 경우 남성적이고 거칠며 공격적이고 감정적으로 무딘 경향이 있다.
- 측정결과가 낮은 경우 자기 성에 대한 고정관념에 충실한 경향이 있다.

⑥ 척도 6 Pa(Paranoia, 편집증)

- 대인관계에서의 민감성, 의심증, 집착증, 피해의식, 자기 정당성 등을 반영한다.
- 원판 MMPI의 총 40개의 문항이 MMPI-2에서도 유지되었다.
- 3개의 소척도, 즉 피해의식(Pa1 - Persecutory Ideas), 예민성(Pa2 - Poignancy), 순진성 또는 도덕적 미덕(Pa3 - Naïveté)으로 이루어져 있다.
- 문항에 대한 요인분석에서는 박해, 망상, 희망상실, 죄책감 등의 편집증적 요인과 함께 냉소적 태도, 히스테리, 경직성 등의 신경증적 요인이 나타나고 있다.
- 정상적인 사람으로서 척도 6의 점수가 약간 높은 경우 호기심과 탐구심이 많으며, 진취적이고 흥미 범위도 넓다. 다만, 과도한 스트레스상황에 처하는 경우 민감성과 의심증을 드러내며, 왜곡된 지각을 나타내 보이기도 한다.
- 측정결과가 70T 이상인 경우, 수검자는 피해망상, 과대망상, 관계사고 등 정신병적 증상을 보일 수 있다. 이들은 남을 비난하고 원망하며, 적대적이거나 따지기를 좋아한다. 특히 척도 6의 점수가 높은 사람은 투사(Projection)와 합리화(Rationalization)의 방어기제를 자주 사용하는 경향이 있다.
- 정상인으로서 측정결과가 44T 이하인 경우, 사회적인 흥미를 가지고 생활상의 문제에 유연하게 대처하는 양상을 보인다. 그러나 정신병적 소견이 있는 환자로서 측정결과가 매우 낮은 경우, 자기중심적인 성향으로 문제해결에 있어서 경직적이고 경계심이 많으며, 편집증적이고 망상적인 양상을 보인다.

⑦ 척도 7 Pt(Psychasthenia, 강박증)

- 심리적 고통이나 불안, 공포, 자신의 능력에 대한 의심과 회의, 강박관념의 정도를 반영하는 지표로 활용된다. 특히 심리적 고통과 불안을 잘 측정하므로, 척도 2 D(우울증)와 함께 정서적 고통척도로 알려져 있다.
- 원판 MMPI의 총 48개의 문항이 MMPI-2에서도 유지되었다.
- 자신이 부적응적이라는 사실을 알고 있음에도 불구하고 특정행동이나 사고를 하지 않을 수 없는 상태이다.
- 척도 7은 특히 척도 8 Sc[조현병(정신분열증)]과 척도 2 D(우울증)에서 상당 부분 중복적인 양상을 보인다. 특히 척도 7의 점수가 높은 사람은 주지화(Intellectualization)의 방어기제를 주로 사용하며, 합리화(Rationalization)나 취소(Undoing)의 기제도 나타난다.
- 정상인으로서 측정결과가 높은 남성의 경우 책임감이 있고 양심적이며 이상주의적인 반면, 여성의 경우 불안과 걱정이 많고 긴장되어 있다. 그러나 강박적인 환자의 경우 긴장되고 불안하며 생각에 집착한다.
- 낮은 점수는 일상생활에서의 심리적 고통이나 불안 없이 비교적 안정감과 만족감을 느끼는 상태로 볼 수 있다.

⑧ 척도 8 Sc(Schizophrenia, 조현병)

- 정신적 혼란과 불안정 상태, 자폐적 사고와 왜곡된 행동을 반영하는 지표로 활용된다.
- 원판 MMPI의 총 78개의 문항이 MMPI-2에서도 유지되었다.
- 6개의 소척도, 즉 사회적 소외(Sc1 – Social Alienation), 정서적 소외(Sc2 – Emotional Alienation), 자아통합결여-인지적(Sc3 – Lack of Ego Mastery-Cognitive), 자아통합결여-동기적(Sc4 – Lack of Ego Mastery-Conative), 자아통합결여-억제부전(Sc5 – Lack of Ego Mastery-Defective Inhibition), 감각운동 해리(Sc6 – Bizarre Sensory Experiences)로 이루어져 있다.
- 척도 8의 문항들은 본래 조현병(정신분열증)으로 진단된 두 개 집단 환자들의 반응을 대조하여 경험적으로 제작한 것이다.
- 정상적인 사람으로서 척도 8의 점수가 약간 높은 경우 창의성과 상상력이 풍부하며 전위적인 성격을 가진 것으로 볼 수 있으나, 과도한 스트레스상황에 처하는 경우 비현실적이고 기태적인 행위를 보이기도 한다.
- 측정결과가 높은 경우, 전통적인 규범에서 벗어나는 정신분열성 생활방식을 반영한다. 이들은 위축되어 있고 수줍어하며 우울하다. 또한 열등감과 부족감을 느끼며, 주의집중 및 판단력 장애, 사고장애를 나타내 보이기도 한다. 특히 측정결과가 75T 이상인 경우, 기이한 사고, 환각, 판단력 상실 등의 문제를 보이는 정신병적 장애를 시사한다.
- 측정결과가 낮은 경우, 현실적·관습적인 사고를 나타내며, 순종적이고 권위에 수용적인 모습을 보이기도 한다. 이들은 창의력과 상상력이 부족하며, 세상을 다르게 지각하는 사람들을 이해하지 못한다.

⑨ 척도 9 Ma(Hypomania, 경조증)

- 심리적 · 정신적 에너지의 수준을 반영하며, 사고나 행동에 대한 효율적 통제의 지표로 활용된다.
- 원판 MMPI의 총 46개의 문항이 MMPI-2에서도 유지되었다.
- 4개의 소척도, 즉 비도덕성(Ma1 - Amorality), 심신운동 항진(Ma2 - Psychomotor Acceleration), 냉정함(Ma3 - Imperturbability), 자아팽창(Ma4 - Ego Inflation)으로 이루어져 있다.
- 인지영역에서는 사고의 비약이나 과장을, 행동영역에서는 과잉활동적 성향을, 정서영역에서는 과도한 흥분상태, 민감성, 불안정성을 반영한다.
- 정상적인 사람으로서 척도 9의 점수가 약간 높은 경우 적극적 · 열성적인 성격을 가진 것으로 볼 수 있으나, 과도한 스트레스 상황에 처하는 경우 피상적이고 신뢰성이 결여되며 일을 끝맺지 못한다.
- 측정결과가 70T 이상인 경우, 외향적 · 충동적 · 과대망상적 성향과 함께 사고의 비약을 반영한다. 비현실성으로 인해 근거 없는 낙관성을 보이기도 하며, 신경질적으로 자신의 갈등을 행동으로 표출하기도 한다. 특히 측정결과가 80T를 넘어서는 경우, 조증 삽화의 가능성이 있다. 이와 같이 척도 9의 점수가 높은 사람은 부인(Denial)과 행동화(Acting-Out)의 방어기제를 자주 사용하는 경향이 있다.
- 측정결과가 40T 이하인 경우, 소극적 · 통제적 성향, 조심스러움, 정서적 표현의 삼감을 반영한다. 또한 만성적인 피로나 흥미의 상실, 우울장애를 반영하기도 한다.

⑩ 척도 0 Si(Social Introversion, 내향성)

- 사회적 활동 및 사회에 대한 흥미 정도, 사회적 접촉이나 책임을 피하는 정도를 나타내는 지표로 활용된다.
- 원판 MMPI에서는 총 70문항으로 구성되었으나, MMPI-2에서는 그 중 1문항이 제외되어 총 69개의 문항으로 구성되어 있다.
- 3개의 소척도, 즉 수줍음/자의식(Si1 - Shyness/Self-Consciousness), 사회적 회피(Si2 - Social Avoidance), 내적/외적 소외(Si3 - Alienation - Self and Others)로 이루어져 있다.
- 혼자 있는 것을 좋아하는가(내향성), 타인과 함께 있는 것을 좋아하는가(외향성)와 같이 다른 사람과의 관계형성 양상을 반영한다.
- 척도 0은 전반적인 신경증적 부적응 상태를 반영하며, 정신병리와는 무관한 경우가 대부분이다.
- 측정결과가 70T 이상인 경우, 내성적 성향으로서 수줍어하고 위축되어 있으며, 사회적으로 보수적 · 순응적이다. 또한 지나치게 억제적이고 무기력하며, 융통성이 없고 죄의식에 잘 빠진다.
- 측정결과가 40T 이하인 경우, 외향적 성향으로서 자신감이 넘치며 사회적 관계에서의 능숙함을 보인다. 그러나 오히려 대인관계가 가벼울 수 있으며, 자신의 이익을 위해 다른 사람을 조정할 가능성도 배제할 수 없다.

📋 참고 ✚

MMPI-2에 포함된 내용척도, 보충척도, PSY-5 척도

구분	하위척도	
내용척도	• 불안(ANX, 23문항) • 강박성(OBS, 16문항) • 건강염려(HEA, 36문항) • 분노(ANG, 16문항) • 반사회적 특성(ASP, 22문항) • 낮은 자존감(LSE, 24문항) • 가정 문제(FAM, 25문항) • 부정적 치료 지표(TRT, 26문항)	• 공포(FRS, 23문항) • 우울(DEP, 33문항) • 기태적 정신상태(BIZ, 24문항) • 냉소적 태도(CYN, 23문항) • A유형 행동(TPA, 19문항) • 사회적 불편감(SOD, 24문항) • 직업적 곤란(WRK, 33문항)
보충척도	• 불안(A, 39문항) • 자아 강도(Es, 52문항) • 사회적 책임감(Re, 30문항) • 적대감(Ho, 50문항) • 중독 인정(AAS, 13문항) • 남성적 성역할(GM, 47문항) • 결혼생활 부적응(MDS, 14문항) • 외상 후 스트레스장애(PK, 46문항) • MacAndrew의 알코올중독(MAC-R, 49문항)	• 억압(R, 37문항) • 지배성(Do, 25문항) • 대학생활 부적응(Mt, 41문항) • 적대감 과잉통제(O-H, 28문항) • 중독 가능성(APS, 39문항) • 여성적 성역할(GF, 46문항) • 모호-명백소척도(S-O)
PSY-5 척도	• 공격성(AGGR, 18문항) • 정신증(PSYC, 25문항) • 통제 결여(DISC, 29문항) • 부정적 정서성/신경증(NEGE, 33문항) • 내향성/낮은 긍정적 정서성(INTR, 34문항)	

(12) 미네소타다면적인성검사(MMPI, MMPI-2)의 주요 상승척도쌍

① 1-2 또는 2-1코드(Hs & D)

- 신체 기능에 몰두함으로써 수반되는 다양한 신체적 증상에 대한 호소와 염려를 보인다.
- 정서적으로 불안감과 긴장감을 느끼며, 감정 표현에 어려움이 있다.
- 보통 내향적인 성격을 가지고 있으며, 다른 사람과의 관계에 있어서 수동적 · 의존적인 양상을 보인다.
- 사소한 자극에도 쉽게 안정을 잃으며, 의심과 경계심을 품는다.
- 억압과 신체화 방어를 통해 스스로 신체적 불편함을 견디려 하므로 정신적 치료를 통한 변화 동기가 부족하다.
- 신체증상 및 관련 장애(신체형장애), 불안장애의 진단이 가능하다.

② 1-3 또는 3-1코드(Hs & Hy)

- 심리적인 문제가 신체적인 증상으로 전환되어 나타난다.
- 자신의 외현적 증상이 심리적인 요인에 의한 것임을 인정하지 않으려 한다.
- 부인(Denial)의 방어기제를 사용하여 자신의 우울감이나 불안감을 잘 드러내지 않는다.
- 스트레스를 받는 경우 사지의 통증이나 두통, 흉통을 보이며, 식욕부진, 어지럼증, 불면증을 호소하기도 한다.
- 자기중심적인 동시에 의존적인 성향을 나타내며, 대인관계에 있어서 피상적이다.
- 전환장애의 가능성이 있다.

③ 2-6 또는 6-2코드(D & Pa)

- 심각한 정서적 어려움을 겪고 있는 정신병 초기의 환자에게서 종종 나타난다.
- 평소 우울한 상태에 있으며, 그러한 우울한 감정에는 분노와 적개심이 내재해 있다.
- 보통의 우울증 환자와 달리 자신의 공격성을 공공연하게 드러낸다.
- 타인의 친절을 거부하고 곧잘 시비를 걸며, 보통의 상황에 대해 악의적인 해석을 내린다.
- 편집증적 경향이 현저하게 나타나기도 한다.

④ 3-8 또는 8-3코드(Hy & Sc)

- 심각한 불안과 긴장, 우울감과 무기력감을 호소한다.
- 주의력 장애 및 집중력 장애, 지남력 상실, 망상 및 환각 등의 사고장애를 보인다.
- 정서적으로 취약하고 다른 사람에 대해 애정과 관심의 욕구를 가진다.
- 자신의 욕구가 좌절되는 경우 자기처벌적인 양상을 보이며, 상동증적 방식으로 문제에 접근한다.
- 과도한 정신적 고통이 두통이나 현기증, 흉통, 위장장애 등의 신체적 증상으로 나타나기도 한다.
- 조현병(정신분열증), 신체증상 및 관련 장애(신체형장애)의 진단이 가능하다.

⑤ 4-6 또는 6-4코드(Pd & Pa)

- 사회적 부적응이 현저하고 공격적 태도를 보이는 비행청소년에게서 종종 나타난다.
- 미성숙하고 자기중심적인 성향을 보이며, 다른 사람들에게서 관심과 동정을 유도한다.
- 화를 내면서 내부의 억압된 분노를 표출하나, 그 분노의 원인을 항상 외부에 전가한다.
- 부인이나 합리화의 방어기제를 사용하여 자신의 심리적인 문제를 외면하며, 이를 지적하는 사람에게 분노와 비난을 퍼붓는다.
- 다른 사람을 의심하며, 정서적인 유대관계를 맺지 않으려고 한다.
- 비현실적인 사고를 하기도 하며, 자신에 대해 과대망상적인 평가를 내리기도 한다.
- 수동-공격성성격장애, 조현병(정신분열증)(편집형)의 진단이 가능하다.

⑥ 4-9 또는 9-4코드(Pd & Ma)

- 재범 우려가 있는 범죄자나 신체노출, 강간 등의 성적 행동화를 보이는 사람, 결혼문제나 법적 문제 등에 연루된 사람에게서 종종 나타난다.
- 충동적·반항적 성격과 함께 과격하고 공격적인 행동을 특징으로 한다.
- 일시적으로 다른 사람에게 좋은 인상을 주기도 하지만, 자기중심적 성향과 다른 사람에 대한 불신으로 대인관계가 피상적이다.
- 자신의 행동에 대해 무책임하여 신뢰감을 주지 못하며, 사회적 가치를 무시하여 반사회적 범죄행위를 저지르기도 한다.
- 합리화의 방어기제를 사용하여 자신의 문제를 외면하며, 실패의 원인을 다른 사람에게 전가하기도 한다.
- 반사회성성격장애의 진단이 가능하다.

⑦ 6-8 또는 8-6코드(Pa & Sc)

- 편집증적 경향과 사고장애 등으로 편집증적 조현병(정신분열증)이 의심되는 사람에게서 종종 나타난다.
- 피해망상, 과대망상, 환청 등으로 작은 고통에도 괴로워한다.
- 타인과의 관계에서 적대감과 의심, 과민한 반응과 변덕스러운 태도를 보이는 등 불안정하다.
- 현실을 인지하는 능력을 상실하여 자폐적이고 분열적인 환상에 빠지기도 하며, 성적인 문제에 대해 갈등을 나타낸다.
- 조현병(정신분열증)(편집형), 조현(분열)성성격장애의 가능성이 있다.

⑧ 7-8 또는 8-7코드(Pt & Sc)

- 불안하고 우울하며, 긴장하고 예민한 모습을 보인다.
- 주의집중에 어려움을 호소하며, 사고력이나 판단력에 있어서 장애를 보이기도 한다.
- 망상, 감정적 둔마를 보이기도 한다.
- 사회적 상황에서 현실회피적인 양상을 보이며, 대인관계에 있어서도 수동적·의존적이거나 대인관계 자체를 기피하기도 한다.
- 성과 관련된 공상을 즐기나 성숙한 이성관계의 형성에 어려움을 보인다.
- 우울장애, 불안장애, 조현(분열)성성격장애, 조현(분열)형성격장애의 가능성이 있다.

⑨ 8-9 또는 9-8코드(Sc & Ma)

> - 편집증적 망상과 환각, 공상으로 많은 시간을 보낸다.
> - 사고는 기태적이며, 정서는 부적절하다.
> - 한 가지 생각에 집중하지 못하며, 예측불허의 행동을 보이기도 한다.
> - 다른 사람에 대한 의심과 불신으로 인해 친밀한 대인관계를 형성하기 어렵다.
> - 성적 적응에 어려움을 보이며, 성적인 문제에 대해 갈등을 나타낸다.
> - 조현병(정신분열증), 양극성장애의 진단이 가능하다.

⑩ 1-2-3/2-1-3코드(Hs, D & Hy)

> - 신체적 고통감을 주된 증상으로 하며, 소화기계의 장애나 피로감, 신체적 허약을 호소한다.
> - 만성적인 건강염려증을 나타낸 과거력이 있으며, 우울과 불안, 흥미 상실, 무감동 등을 경험한다.
> - 수동적·의존적인 양상을 보이며, 삶에 있어서 적극성이 결여되어 있다.
> - 신체증상 및 관련 장애, 불안장애의 진단이 가능하다.

⑪ 1-3-8/9-3-1/3-1-8코드(Hs, Hy & Sc)

> - 기괴한 생각이나 믿음을 가지기 쉬우며, 특히 종교나 성적 문제, 신체증상과 관련된 망상을 나타낼 수 있다.
> - 사고장애, 강박행동이 관찰되기도 하며, 우울증 삽화, 자살에 대한 집착을 보이기도 한다.
> - 신체증상에 대한 과도한 걱정은 정신증적 증상들이 현저히 드러나 보이는 것을 막아 주는 역할을 한다.
> - 조현병(정신분열증)(망상형), 경계성성격장애의 진단이 가능하다.

⑫ 2-4-7/2-7-4/4-7-2코드(D, Pd & Pt)

> - 만성적인 우울증과 불안증을 가지고 있으며, 수동-공격적인 성격 양상을 보인다.
> - 분노 감정을 가지고 있으면서도 이를 적절히 표현하지 못하며, 자신이 제대로 역할을 하지 못하는 것에 대한 죄책감을 느낀다.
> - 자기 자신에 대한 열등감과 부적절감이 많으며, 우울감을 경감시키기 위해 약물에 의존하는 경향이 있다.
> - 이와 같은 성격적 특징은 기본적인 신뢰감이나 애정욕구가 좌절된 구강-의존기적인 성격 특징과 연관된 것으로 보인다.

⑬ 4-6-8코드(Pd, Pa & Sc)

- 심리적인 갈등에 대해 회피적 · 방어적인 태도를 보이며, 대인관계에서 적대적이고 화를 잘 내며 의심이 많다.
- 다른 사람의 비판에 대해 쉽게 상처를 받으며, 상대방의 행동에 대해 악의를 가진 것으로 생각 하는 경향이 있다.
- 자기도취적이고 자기중심적인 태도를 보이며, 자신의 문제를 인정하기보다는 이를 외부로 귀인하여 다른 사람을 탓하거나 비난한다. 그러나 그와 같은 시도에도 불구하고 자신의 심리적인 불안과 긴장을 해소하지 못한다.
- 합리화에 능하고 논쟁적이며, 권위에 대한 깊은 분노감이 내재해 있으므로, 이들을 치료하거나 면접 하는 데 상당한 어려움이 있다.

⑭ 6-7-8/6-8-7코드(Pa, Pt & Sc)

- 심각한 정신병리를 시사하며, 흔히 조현병(정신분열증)(편집형)의 진단이 내려진다.
- 피해망상, 과대망상, 환각이 나타나고 정서적으로 둔화되어 있거나 부적절한 정서를 보인다.
- 타인에 대한 의심이 많으며, 불신감과 적대감으로 친밀한 대인관계를 회피한다.
- 평소 내향적이고 사회적으로 위축된 모습을 보이다가도 술을 마시면 공격적인 모습을 보인다.
- 주의력 및 주의집중의 어려움을 보이며, 일상생활에서 자신에게 부과되는 책임들을 잘 다루지 못한다.

4 MBTI

(1) 의의 및 특징

① 마이어스-브릭스 성격유형검사(Myers-Briggs Type Indicator, MBTI)는 융(Jung)의 심리유형이론을 토대로 마이어스와 브릭스(Myers & Briggs)가 제작한 객관적 검사이다.

② MMPI와 달리 MBTI는 인간의 건강한 심리에 기초를 두어 만들어진 심리검사도구로, 인간 성격의 일관성 및 상이성에 근거한다.

③ MBTI는 수검자로 하여금 자신의 성격유형을 파악하도록 하여 자신을 보다 깊이 이해하며, 진로나 직업을 선택하는 데 도움을 제공한다. 또한 수검자의 타인에 대한 이해 및 대인관계향상에 긍정적인 영향을 미치는 것을 목표로 한다.

④ 개인이 비교적 쉽게 응답할 수 있는 자기보고식의 문항들을 통해 선호경향들을 추출한 다음 그러한 경향들이 행동에 어떠한 영향을 미치는지 파악한다.

⑤ 개인의 성격을 4개의 양극차원에 따라 분류하고 각 차원별로 2개의 선호 중 하나를 선택하도록 함으로써 총 16가지의 성격유형으로 구분한다.

(2) 선호지표에 따른 성격특징

① 에너지의 방향 : 에너지의 방향은 어느 쪽인가?

ㄱ 개인의 주의집중 및 에너지의 방향이 인간의 외부로 향하는지 혹은 내부로 향하는지를 반영한다.

ㄴ 외향형(Extroversion, E)은 에너지가 외부세계의 일이나 사람에게 향하는 것을 선호한다.

ㄷ 내향형(Introversion, I)은 에너지를 내부세계의 아이디어에 집중하는 것을 선호한다.

외향형(E)	내향형(I)
• 자기 외부에 주의집중	• 자기 내부에 주의집중
• 폭넓은 활동력, 활동성	• 내부 활동, 아이디어에 집중
• 정열적 · 사교적	• 조용하고 신중
• 글보다는 말로 표현	• 말보다는 글로 표현
• 경험 우선	• 이해 우선
• 솔직함	• 사려 깊음
• 쉽게 알려짐	• 서서히 알려짐

② 인식기능 : 무엇을 인식하는가?

ㄱ 정보의 인식 및 수집 방식에 있어서 경향성을 반영한다.

ㄴ 감각형(Sensing, S)은 오감을 통해 직접적으로 인식되는 정보에 주의를 기울이고 실제로 존재하는 것을 선호한다.

ㄷ 직관형(Intuition, N)은 육감을 통해 얻은 정보에 관심을 기울이고 실제로 존재하는 것보다는 있음직한 것 혹은 있을 법한 것, 즉 숨어있는 의미를 알아차리는 것과 관련된 것을 선호한다.

감각형(S)	직관형(N)
• 지금, 현재에 초점	• 미래 가능성에 초점
• 실제 경험을 강조	• 아이디어, 영감을 강조
• 정확함, 철저한 일처리	• 신속 · 비약적인 일처리
• 나무를 보려는 경향	• 숲을 보려는 경향
• 세부적 · 사실적 · 실리적	• 상상적 · 임의적 · 개혁적
• 일관성	• 다양성
• 가꾸고 추수함	• 씨뿌림

③ 판단기능 : 어떻게 결정하는가?

ㄱ 인식된 정보를 토대로 판단 및 결정을 내리는 경향성을 반영한다.

ㄴ 사고형(Thinking, T)은 판단을 할 때 사실과 논리에 근거를 두고 객관적인 가치에 따라 결정을 내리는 것을 선호한다.

ㄷ 감정형(Feeling, F)은 개인적인 가치와 인간중심적 가치에 근거하여 결정을 내리는 것을 선호한다.

사고형(T)	감정형(F)
• 사실과 논리에 근거	• 인간 및 인간관계에 주목
• 원리와 원칙을 강조	• 의미와 영향을 강조
• 객관적인 가치에 따라 결정	• 인간중심적 가치에 따라 결정
• 맞다/틀리다	• 좋다/나쁘다
• 규범, 기준 중시	• 나에게 주는 의미 중시
• 머리로 생각	• 가슴으로 느낌
• 지적 논평, 비판	• 우호적 협조, 설득

④ 생활양식 또는 이행양식 : 어떤 생활양식을 채택하는가?

　㉠ 외부세계에 대한 태도, 생활방식 및 적응양식에 있어서 어떠한 과정을 선호하는지를 반영한다.

　㉡ 판단형(Judging, J)은 무엇이든 나름대로 판단을 하여 서둘러 결정을 내리는 것을 선호한다.

　㉢ 인식형(Perceiving, P)은 결정을 가능한 한 미루면서 새로운 가능성의 소지를 남겨두는 것을 선호한다.

판단형(J)	인식형(P)
• 철저한 준비와 계획 중시	• 가능성 중시
• 의지적 추진	• 이해로 수용
• 임무 완수, 신속한 결론 강조	• 과정을 즐김
• 통제와 조정	• 융통성과 적응성
• 조직과 체계	• 유연성, 호기심
• 분명한 목적의식과 방향감각	• 목적과 방향의 변화에 대한 개방성
• 뚜렷한 기준과 자기 의사	• 상황 및 재량에 따른 포용성

(3) 16가지 성격유형별 해석

ISTJ	ISFJ	INFJ	INTJ
ISTP	ISFP	INFP	INTP
ESTP	ESFP	ENFP	ENTP
ESTJ	ESFJ	ENFJ	ENTJ

① ISTJ : 세상의 소금형

- 신중하고 조용하며 집중력이 강하고 매사에 철저하며 사리분별력이 뛰어나다.
- 실제 사실에 대하여 정확하고 체계적으로 기억하며 일 처리에 있어서도 신중하며 책임감이 강하다.
- 집중력이 강한 현실감각을 지녔으며 조직적이고 침착하다.
- 보수적인 경향이 있으며, 문제를 해결하는데 과거의 경험을 잘 적용하며, 반복되는 일상적인 일에 대한 인내력이 강하다.
- 자신과 타인의 감정과 기분을 배려하며, 전체적이고 타협적 방안을 고려하는 노력이 때로 필요하다.
- 정확성과 조직력을 발휘하는 분야의 일을 선호한다.
- 즉 회계, 법률, 생산, 건축, 의료, 사무직, 관리직 등에서 능력을 발휘하며, 위기상황에서도 안정되어 있다.

② ISFJ : 임금님 뒤편의 권력형

- 조용하고 차분하며 친근하고 책임감이 있으며 헌신적이다.
- 책임감이 강하고 온정적이며 헌신적이고, 침착하며, 인내력이 강하다.
- 다른 사람의 사정을 고려하며 자신과 타인의 감정에 민감하며, 일처리에 있어서 현실감각을 갖고 실제적이고 조직적으로 처리한다.
- 경험을 통해서 자신이 틀렸다고 인정할 때까지 어떠한 난관이 있어도 꾸준히 밀고 나가는 형이다.
- 때로 의존적이고 독창성이 요구되며 타인에게 자신을 충분히 명확하게 표현하는 것이 필요할 때가 있다.
- 타인의 관심과 관찰력이 필요한 분야, 즉 의료, 간호, 교직, 사무직, 사회사업에 적합하다.
- 이들이 일을 하고, 세상일에 대처할 때 그들의 행동은 분별력이 있다.

③ INFJ : 예언자형

- 인내심이 많고 통찰력과 직관력이 뛰어나며 양심이 바르고 화합을 추구한다.
- 창의력과 통찰력이 뛰어나며, 강한 직관력으로 말없이 타인에게 영향력을 끼친다.
- 독창성과 내적 독립심이 강하며, 확고한 신념과 열정으로 자신의 영감을 구현시켜 나가는 정신적 지도자들이 많다.
- 직관력과 사람중심의 가치를 중시하는 분야 즉, 성직, 심리학, 심리치료와 상담, 예술과 문학분야에 적합하다.
- 테크니컬한 분야로는 순수과학, 연구개발분야로 새로운 시도에 대한 열성이 대단하다.
- 한 곳에 몰두하는 경향으로 목적달성에 필요한 주변적인 조건들을 경시하기 쉽고, 자기 안의 갈등이 많고 복잡하다.
- 이들은 풍부한 내적인 생활을 소유하고 있으며 내면의 반응을 좀처럼 남과 공유하기 어려워한다.

④ INTJ : 과학자형

- 사고가 독창적이며 창의력과 비판분석력이 뛰어나며 내적 신념이 강하다.
- 행동과 사고에 있어 독창적이며 강한 직관력을 지녔다.
- 자신이 가진 영감과 목적을 실현시키려는 의지와 결단력과 인내심을 가지고 있다.
- 자신과 타인의 능력을 중요시하며, 목적달성을 위하여 온 시간과 노력을 바쳐 일한다.
- 직관력과 통찰력이 활용되는 분야, 즉 과학, 엔지니어링, 발명, 정치, 철학 분야 등에서 능력을 발휘한다.
- 냉철한 분석력 때문에 일과 사람을 있는 그대로의 사실적인 면을 보고자하는 노력이 필요하며 타인의 감정을 고려하고 타인의 관점에 진지하게 귀 기울이는 것이 바람직하다.

⑤ ISTP : 백과사전형

- 조용하고 과묵하고 절제된 호기심으로 인생을 관찰하며 상황을 파악하는 민감성과 도구를 다루는 뛰어난 능력이 있다.
- 말이 없으며, 객관적으로 인생을 관찰하는 형이다.
- 필요 이상으로 자신을 발휘하지 않으며, 일과 관계되지 않는 이상 어떤 상황이나 인간관계에 직접 뛰어들지 않는다.
- 가능한 에너지 소비를 하지 않으려 하며, 사람에 따라 사실적 자료를 정리, 조직하길 좋아하며 기계를 만지거나 인과관계나 객관적 원리에 관심이 많다.
- 연장, 도구, 기계를 다루는데 뛰어나며 사실들을 조직화하는 재능이 많으므로 법률, 경제, 마케팅, 판매, 통계분야에 능력을 발휘한다.
- 민첩하게 상황을 파악하는 능력이 있다.
- 느낌이나 감정, 타인에 대한 마음을 표현하기 어려워한다.

⑥ ISFP : 성인군자형

- 말없이 다정하고 온화하며 친절하고 연기력이 뛰어나며 겸손하다.
- 그러나 상대방을 잘 알게 될 때까지 이 따뜻함을 잘 드러내지 않는다.
- 동정적이며 자기 능력에 대해서 모든 성격 유형 중에서 가장 겸손하고 적응력과 관용성이 많다.
- 자신의 의견이나 가치를 타인에게 강요하지 않으며 반대의견이나 충돌을 피하고, 인화를 중시한다.
- 인간과 관계되는 일을 할 때 자신과 타인의 감정에 지나치게 민감하고, 결정력과 추진력이 필요할 때가 많을 것이다.
- 일상 활동에 있어서 관용적, 개방적, 융통성, 적응력이 있다.

⑦ INFP : 잔다르크형

- 정열적이고 충실하며 목가적이고, 낭만적이며 내적 신념이 깊다.
- 마음이 따뜻하고 조용하며 자신이 관계하는 일이나 사람에 대하여 책임감이 강하고 성실하다.
- 이해심이 많고 관대하며 자신이 지향하는 이상에 대하여 정열적인 신념을 가졌으며, 남을 지배하거나 좋은 인상을 주고자하는 경향이 거의 없다.
- 완벽주의적 경향이 있으며, 노동의 대가를 넘어서 자신이 하는 일에 흥미를 찾고자하는 경향이 있으며, 인간이해와 인간복지에 기여할 수 있는 일을 하기를 원한다.
- 언어, 문학, 상담, 심리학, 과학, 예술분야에서 능력을 발휘한다.
- 자신의 이상과 현실이 안고 있는 실제 상황을 고려하는 능력이 필요하다.

⑧ INTP : 아이디어뱅크형

- 조용하고 과묵하며 논리와 분석으로 문제를 해결하기 좋아한다.
- 과묵하나 관심이 있는 분야에 대해서는 말을 잘하며 이해가 빠르고 높은 직관력으로 통찰하는 재능과 지적 호기심이 많다.
- 개인적인 인간관계나 친목회 혹은 잡담 등에 별로 관심이 없으며 매우 분석적이고 논리적이며 객관적 비평을 잘 한다.
- 지적 호기심을 발휘할 수 있는 분야 즉 순수과학, 연구, 수학, 엔지니어링 분야나 추상적 개념을 다루는 경제, 철학, 심리학 분야의 학문을 좋아한다.
- 지나치게 추상적이고 비현실적이며 사교성이 결여되기 쉬운 경향이 있고, 때로는 자신의 지적 능력을 은근히 과시하는 수가 있기 때문에 거만하게 보일 수 있다.

⑨ ESTP : 수완 좋은 활동가형

- 현실적인 문제해결에 능하며 적응력이 강하고 관용적이다.
- 사실적이고 관대하며, 개방적이고 사람이나 일에 대한 선입관이 별로 없다.
- 강한 현실감각으로 타협책을 모색하고 문제를 해결하는 능력이 뛰어나다.
- 적응을 잘하고 친구를 좋아하며 긴 설명을 싫어하고, 운동, 음식, 다양한 활동 등 주로 오관으로 보고, 듣고, 만질 수 있는 생활의 모든 것을 즐기는 형이다.
- 순발력이 뛰어나며 많은 사실들을 쉽게 기억하고, 예술적인 멋과 판단력을 지니고 있으며, 연장이나 재료들을 다루는데 능숙하다.
- 논리 · 분석적으로 일을 처리하고, 추상적인 아이디어나 개념에 대해 별로 흥미가 없다.

⑩ ESFP : 사교적인 유형

- 사교적이고 활동적이며 수용적이고 친절하며 낙천적이다.
- 현실적이고 실제적이며 친절하다.
- 어떤 상황이든 잘 적응하며 수용력이 강하고 사교적이다.
- 주위의 사람이나 일어나는 일에 대하여 관심이 많으며 사람이나 사물을 다루는 사실적인 상식이 풍부하다.
- 물질적 소유나 운용 등의 실생활을 즐기며, 상식과 실제적 능력을 필요로 하는 분야의 일 즉, 의료, 판매, 교통, 유흥업, 간호직, 비서직, 사무직, 감독직, 기계를 다루는 분야를 선호한다.
- 때로는 조금 수다스럽고, 깊이가 결여되거나 마무리를 등한시하는 경향이 있으나, 어떤 조직체나 공동체에서도 밝고 재미있는 분위기 조성 역할을 잘한다.

⑪ ENFP : 스파크형

- 따뜻하고 정열적이고 활기에 넘치며 재능이 많고 상상력이 풍부하다.
- 온정적이고 창의적이며 항상 새로운 가능성을 찾고 시도한 형이다.
- 문제해결에 재빠르고 관심이 있는 일은 무엇이든지 수행해내는 능력과 열성이 있다.
- 다른 사람들에게 관심을 쏟으며 사람들을 잘 다루고 뛰어난 통찰력으로 도움을 준다.
- 상담, 교육, 과학, 저널리스트, 광고, 판매, 성직, 작가 등의 분야에서 뛰어난 재능을 보인다.
- 반복되는 일상적인 일을 참지 못하고 열성이 나지 않는다.
- 또한 한 가지 일을 끝내기도 전에 몇 가지 다른 일을 또 벌이는 경향을 가지고 있다.
- 통찰력과 창의력이 요구되지 않는 일에는 흥미를 느끼지 못하고 열성을 불러일으키지 못한다.

⑫ ENTP : 발명가형

- 독창적이며 창의력이 풍부하고 넓은 안목을 갖고 있으며 다방면에 재능이 많다.
- 풍부한 상상력과 새로운 일을 시도하는 솔선수범이 강하며 논리적이다.
- 새로운 문제나 복잡한 문제에 해결능력이 뛰어나며 사람들의 동향에 대해 기민하고 박식하다.
- 그러나 일상적이고 세부적인 일을 경시하고 태만하기 쉽다.
- 즉, 새로운 도전이 없는 일에는 흥미가 없으나 관심을 갖고 있는 일에는 대단한 수행능력을 가지고 있다.
- 발명가, 과학자, 문제해결사, 저널리스트, 마케팅, 컴퓨터 분석 등에 탁월한 능력이 있다.
- 때로 경쟁적이며 현실보다는 이론에 더 밝은 편이다.

⑬ ESTJ : 사업가형

- 구체적이고 현실적이고 사실적이며 활동을 조직화하고 주도해 나가는 지도력이 있다.
- 실질적이고 현실감각이 뛰어나며 일을 조직하고 계획하여 추진시키는 능력이 있다.
- 기계분야나 행정분야에 재능을 지녔으며, 체계적으로 사업체나 조직체를 이끌어 나간다.
- 타고난 지도자로서 일의 목표를 설정하고, 지시하고 결정하고 이행하는 능력이 있다.
- 결과를 눈으로 볼 수 있는 일, 즉, 사업가, 행정관리, 생산건축 등의 분야에서 능력을 발휘할 수 있다.
- 속단속결하는 경향과 지나치게 업무 위주로 사람을 대하는 경향이 있으므로 인간중심의 가치와 타인의 감정을 충분히 고려해야 한다.
- 또 미래의 가능성보다 현재의 사실을 추구하기 때문에 현실적, 실용적인 면이 강하다.

⑭ ESFJ : 친선도모형

- 마음이 따뜻하고 이야기하기 좋아하고, 양심 바르고 인화를 잘 이룬다.
- 동정심이 많고 다른 사람에게 관심을 쏟고 인화를 중시한다.
- 타고난 협력자로써 동료애가 많고 친절하며 능동적인 구성원이다.
- 이야기하기를 즐기며 정리정돈을 잘하고 참을성이 많으며 다른 사람을 잘 도와준다.
- 사람을 다루고 행동을 요구하는 분야 예를 들면, 교직, 성직, 판매 특히 동정심을 필요로 하는 간호나 의료 분야에 적합하다.
- 일이나 사람들에 대한 문제에 대하여 냉철한 입장을 취하는 것을 어려워한다.
- 반대 의견에 부딪혔을 때나 자신의 요구가 거절당했을 때 마음의 상처를 받는다.

⑮ ENFJ : 언변능숙형

- 따뜻하고 적극적이며 책임감이 강하고 사교성이 풍부하고 동정심이 많다.
- 민첩하고 동정심이 많고 사교적이며 인화를 중요시하고 참을성이 많다.
- 다른 사람들의 생각이나 의견에 진지한 관심을 가지고 공동선을 위하여 다른 사람의 의견에 대체로 동의한다.
- 현재보다는 미래의 가능성을 추구하며 편안하고 능란하게 계획을 제시하고 집단을 이끌어 가는 능력이 있다.
- 사람을 다루는 교직, 성직, 심리 상담치료, 예술, 문학, 외교, 판매에 적합하다.
- 때로 다른 사람들의 좋은 점을 지나치게 이상화하고 맹목적 충성을 보이는 경향이 있으며 다른 사람들에 대해서도 자기와 같을 것이라고 생각하는 경향이 있다.

⑯ ENTJ : 지도자형

> • 열성이 많고 솔직하고 단호하고 지도력과 통솔력이 있다.
> • 활동적이고 솔직하며, 결정력과 통솔력이 있고, 장기적 계획과 거시적 안목을 선호한다.
> • 지식에 대한 욕구와 관심이 많으며 특히 지적인 자극을 주는 새로운 아이디어에 높은 관심을 가졌다.
> • 일 처리에 있어 사전준비를 철저히 하며 논리·분석적으로 계획하고 조직하여 체계적으로 추진해 나가는 형이다.
> • 다른 사람의 의견에 귀를 기울일 필요가 있으며, 자신과 타인의 감정에 충실할 필요가 있다.
> • 자신의 느낌이나 감정을 인정하고 표현함이 중요하며, 성급한 판단이나 결론을 피해야 한다.
> • 그렇지 않으면 누적된 감정이 크게 폭발할 가능성도 있다.

5 NEO-Ⅱ

(1) 의의

① NEO 성격검사(NEO Personality Inventory : NEO-PI)는 Big five이론의 성격요인(외향성, 개방성, 친화성, 성실성, 신경증)에 입각한 객관적 검사이다.

② 1981년 미국의 심리학자 골드버그(Goldberg)는 사람에게는 공통된 다섯 가지 성격 요인이 있음을 파악하고 '빅 파이브(Big Five, 성격 5요인)' 이론을 발표하였다.

③ 1992년 코스타(Costa)와 매크레이(McCrae)가 골드버그의 5요인 모델을 요인분석을 통해 구체화하였으며, 모든 사람에게 공통적인 특성요인이 존재한다고 보고 5개의 주요 성격 영역을 평가하기 위해 NEO 인성검사를 개발하였다.

④ 5요인 모델은 아이젱크의 3요인보다 많고 케텔의 16요인보다는 적지만, 한 개인의 '성격의 특성차이'를 분류하기 필요충분조건을 갖추고 있다.

⑤ 5요인 및 하위 척도들 간의 상호작용적 해석을 통해 어떤 환경에서 어떻게 적응과 부적응을 나타내는지를 설명하고 기질과 환경의 상호작용적 해석을 할 수 있도록 개발되었다.

⑥ 피연구자층을 광범위하게 넓혀 자기보고와 타인평정에서뿐 아니라 종단적 자료와 횡단적 자료에서도 여러 가지 요인분석법을 적용하여, 신뢰도와 타당도가 높은 연구결과를 얻었다.

⑦ 우리나라의 경우 1997년 안창규와 채준호가 표준화한 NEO 인성검사와 2006년 안현의, 김동일, 안창규가 한국가이던스에서 개발한 NEO 성격검사가 있다.

(2) 특징

① NEO 성격검사는 어떤 성격 이론보다도 체계적이고 실증적인 연구가 많이 되어있어서 현장타당도가 높고, 복잡하고 어려운 연구 분석과는 달리 핵심 성격특성들이 쉽게 이해할 수 있도록 구성되어 있어, 상담과 지도에 활용성이 높아서 많은 호응을 얻고 있다.

② NEO 성격검사는 5요인 특성구조를 따르면서 각 특성요인의 하위척도들은 우리의 문화권에서 보다 적용가능성이 높도록 새로이 구성하여 총 26개의 요소로 구성되어 있다.

③ NEO 성격검사는 일반적인 정상인의 성격 구조를 측정하는 도구이지만 신경성 요인이 포함되어 있어 적응적이고 정상적인 사람들의 기질적 정보 및 성격을 측정함과 동시에 행동장애나 성격적 취약성, 심리적 부적응을 예측하게 하는 임상적 정보 제공도 가능하다. 특히, 아동/청소년용에서는 발달적 행동장애들, 즉 시험불안, 따돌림, 학교폭력, 우울, ADHD의 여부, 사회적 위축, 아동학대, 정서적 충격, 청소년 비행등의 예측과 예방적 지도 및 치료적 상담에 유익한 정보를 제공해준다.

④ 신경성의 하위척도를 보다 세분화함으로써 전문가의 진단과 추가 정밀 진단검사를 받도록 개발되어 임상군과 비임상군에서 폭넓게 실시할 수 있는 매우 포괄적인 검사이다.

⑤ 각 요인과 하위척도에 대하여 피검자의 점수 위치를 표기하고 T점수로 제시된다. 또한 다른 성격유형검사들의 경우 내향성, 외향성으로 구분 짓지만, NEO는 정규분포 곡선으로 특성을 설명한다. 기질적 5요인과 하위척도에 해당하는 양극단의 형용사들을 제시함으로써 해당 성격특성이 무엇인지 보여준다.

⑥ NEO 성격검사는 자기보고법과 타인평정법이 모두 가능하다. 따라서 자기 자신을 잘 이해하지 못하는 경우나 가까운 가족, 동료, 상담자들이 서로 평가함으로써 이해를 돕는데 보완적 자료로 사용할 수 있다.

(3) 5요인 모델(Five Factor Model)의 기본개념

5대 요인 모델을 만든 코스타와 매크레이는 성격 전체를 구성하는 5가지 기본 특성차원(요인)을 '① 외향성(extraversion), ② 개방성(openness to experience) ③ 친화성(우호성/동조성, agreeableness), ④ 신경증(정서안정성, neuroticism), ⑤ 성실성(conscientiousness)'으로 보았다.

외향성 (extraversion)	사람들과 어울리고 활달하게 즐기는 것을 좋아하는 특성이다. 외향성은 지나칠 경우 자기주장이 강한 면과 자극을 추구하는 성향(sensation seeking)을 함께 나타낸다.
개방성 (openness to experience)	모험, 여행, 새로운 경험 등을 좋아하고 예술적인 감각이 뛰어나다. 이 요소는 창의성, 호기심, 높은 지능과도 관련된다.
친화성 (우호성/동조성, agreeableness)	착하고 갈등을 싫어하고 남을 돕기 좋아하는 특성이다. 우호성이 높은 사람들은 어려운 사람을 보면 지나치지 못하고 타인에게 싫은 소리를 못하는 성격의 소유자이다.
신경증 (neuroticism)	걱정이 많고 위험에 대한 지각이 빠르고 예민한 특성을 보인다. 이러한 특성이 높은 사람은 짜증을 잘 내고 신경질적이며 항상 걱정이 많다.
성실성 (conscientiousness)	꼼꼼하고 깔끔하고 철두철미한 특성이다. 이 특성이 지나치게 높은 사람들은 완벽주의적이거나 지나치게 스스로를 통제하는 경향이 있다.

(4) 한국형 NEO 성격검사

① 5요인 및 하위요소

5요인	하위요인	설명
외향성 (E)	사회성	항상 사람들과 만나서 함께 하는 것을 좋아하며 사람들과 잘 어울리는 정도
	지배성	다른 사람들보다 우월하고 지배하고 지도력을 발휘하고 싶어하며 또한 자기주장을 잘 하는 정도
	자극추구	밝고 화려한 색깔이나 환경을 좋아하며, 스릴 있고 자극적인 것을 원하는 성향
	활동성	힘이 넘치고 매사에 바쁘고 활동적이어서 적극적으로 생활하고 있는 정도
개방성 (O)	창의성	독특한 생각을 하기를 즐기며 상상력이 풍부하여 창의성이 높은 정도
	정서성	음악, 미술 등 예술 분야를 좋아하고, 섬세하고 깊은 감정을 풍부하게 느낄 수 있는 정도
	사고유연성	호기심이 많고 배우고자 하는 마음이 강하며, 논리적, 분석적인 사고와 깊이 생각할 수 있는 능력을 나타내는 정도
	행동 진취성	정해진 일을 하기보다는 새로운 변화와 도전을 시도하는 정도
친화성 (A)	온정성	사람들에게 자상하고 따뜻하고 친절하여 사람들을 순수하게 좋아하고 친밀한 관계를 유지하려는 성향
	신뢰성	사람들이 정직하고 착하다고 보고 다른 사람들을 있는 그대로 믿고 잘 받아들이는 성향
	공감성	상대방이 느끼고 생각하고 경험하고 있는 것들을 상대방의 입장에서 정확하게 이해하고 의사소통 할 수 있는 성향
	관용성	다른 사람들의 잘못에 너그럽고, 쉽게 용서하며 갈등적인 관계를 피하려는 성향
성실성 (C)	유능감	자기 스스로 능력이 있고, 현명하며, 신중하고, 잘 적응하고 있는 사람으로 평가하는 정도
	성취동기	자신의 노력으로 바람직한 일을 성취하고 성공하는 상상과 공상을 자주하며 어려움을 극복하고 과제를 성취하려는 욕구의 강도
	조직성	정리 정돈된 생활을 잘 유지하며 일을 규칙적이고 일정하게 조직하고 처리하는 성향
	책임감	자신의 엄격한 행동 기준이나 의무에 충실하며 책임감을 나타내는 정도

신경증 (N)	불안	늘 불안하고 초조하며, 긴장되어 있으며 두려움과 걱정이 많은 정도
	적대감	다른 사람을 적으로 보고 화를 내거나 복수하고 공격하고 싶은 정도
	우울	매사에 의욕이 없거나 슬픔, 죄책감, 우울한 감정이 자주 들고 외로움을 느끼며 쉽게 포기하는 성향
	충동성	주의산만하고 한곳에 조용히 집중하지 못하며, 자신을 통제하는 힘이 부족하여 한 일에 대해 후회하는 정도
	사회적 위축	사회적 불안 경향으로 타인에 대하여 불편해하며 쉽게 거북하고 어색하게 느끼게 되어 당황해 하는 정도
	정서충격	어릴 때 또는 현재 겪고 있는 심리적 충격과 상처를 느끼는 정도
	심약성	조그마한 스트레스에도 잘 견디지 못하고 마음이 약해지며 쉽게 포기해 버리고 무력해지는 성격적 특징
	특이성	심리적 소외, 현실성의 결핍, 망상, 환각을 느끼는 정도
	반사회성	어른과 사회의 권위, 가치, 관습, 법, 규칙을 존중하고 잘 따르지 않는 정도
	자손감	자아 손상감의 정도로서 자신의 능력이나 가치에 대하여 낮게 평가하고 자신을 쓸모없다고 느끼는 정도

② 상호작용 스타일

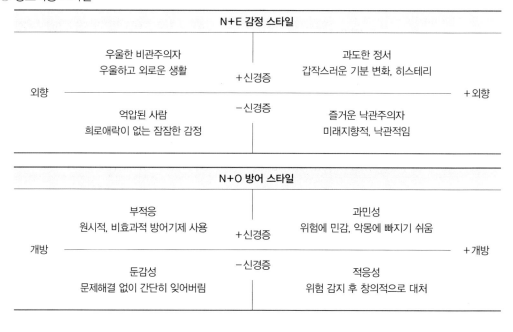

N+E 감정 스타일

우울한 비관주의자
우울하고 외로운 생활

과도한 정서
갑작스러운 기분 변화, 히스테리

+신경증

외향 ———————————————————— +외향

−신경증

억압된 사람
희로애락이 없는 잠잠한 감정

즐거운 낙관주의자
미래지향적, 낙관적임

N+O 방어 스타일

부적응
원시적, 비효과적 방어기제 사용

과민성
위험에 민감, 악몽에 빠지기 쉬움

+신경증

개방 ———————————————————— +개방

−신경증

둔감성
문제해결 없이 간단히 잊어버림

적응성
위험 감지 후 창의적으로 대처

N+A 분노통제 스타일

신경질적
직선적 표현, 공격 및 학대 경향

+신경증

소심한
분노에 대한 죄책감, 상처받음

친화 ———————————————————————————————————— +친화

냉혈한
분노와 공격성을 계획하여 분출

−신경증

편안한
모욕과 반대에도 잘 잊고 용서함

E+O 흥미 스타일

주류적 소비자
유행하는 것을 사람들과 즐김

+외향

창조적 상호주의자
신기하고 다양한 것에 흥미

−개방 ———————————————————————————————————— +개방

가정적
소그룹, 혼자 하는 활동 흥미

−외향

내정적
도전과 사생활이 유지되는 작업

E+A 대인관계 스타일

지도자
자만심이 있고 타인을 통제하려 함

+외향

환영자
사람을 쉽게 사귀고 인기 많음

친화 ———————————————————————————————————— +친화

경쟁자
타인과 거리를 두고 나를 지킴

−외향

겸손자
혼자 있는 것을 즐기고 겸손함

E+C 활동 스타일

즐기는 사람
자발적이고 충동적임

+외향

재주꾼
빠르고 능률적, 효율적으로 일함

성실 ———————————————————————————————————— +성실

무기력한
열정과 동기가 부족, 수동적

−외향

꾸준한 사람
천천히 꾸준히 완성해나감

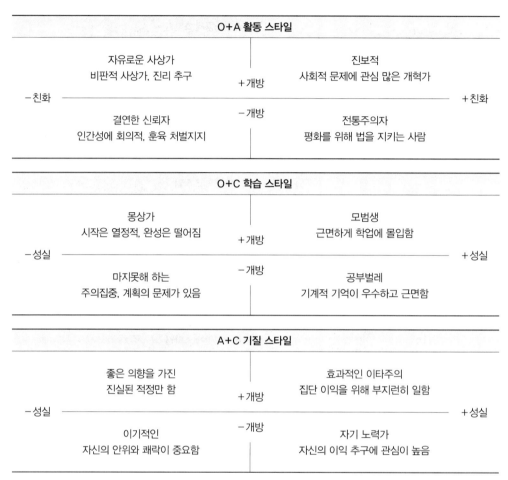

O+A 활동 스타일

자유로운 사상가
비판적 사상가, 진리 추구

진보적
사회적 문제에 관심 많은 개혁가

+ 개방

− 친화 ——————————————————————— + 친화

− 개방

결연한 신뢰자
인간성에 회의적, 훈육 처벌지지

전통주의자
평화를 위해 법을 지키는 사람

O+C 학습 스타일

몽상가
시작은 열정적, 완성은 떨어짐

모범생
근면하게 학업에 몰입함

+ 개방

− 성실 ——————————————————————— + 성실

− 개방

마지못해 하는
주의집중, 계획의 문제가 있음

공부벌레
기계적 기억이 우수하고 근면함

A+C 기질 스타일

좋은 의향을 가진
진실된 적정만 함

효과적인 이타주의
집단 이익을 위해 부지런히 일함

+ 개방

− 성실 ——————————————————————— + 성실

− 개방

이기적인
자신의 안위와 쾌락이 중요함

자기 노력가
자신의 이익 추구에 관심이 높음

※ 출처 : NEO 성격검사 전문가 지침서, 인사이트, 안현의, 안창규

제 2 절 　 투사적 검사

1 특징과 장 · 단점

(1) 특징

① 투사적 검사(Projective Test)는 비구조적 검사과제를 제시하여 개인의 다양한 반응을 무제한적으로 허용하므로 '비구조적 검사(Unstructured Test)'라고도 한다.

② 투사적 검사는 검사지시방법이 간단하고 일반적인 방식으로 주어지며, 개인의 독특한 심리적 특성을 측정하는 데 주목적을 둔다.

③ 투사적 검사에서 수검자의 특성은 명료한 검사자극에 대한 수검자의 의도적 · 가장적 반응이 아닌 모호한 검사자극에 대한 수검자의 비의도적 · 자기노출적 반응으로 나타난다.

④ 머레이(Murray)는 검사자극 내용이 모호할수록 수검자가 지각적 자극을 인지적으로 해석하는 과정에서 심리구조의 영향을 더욱 강하게 받는다고 주장하였다.

⑤ 검사자극 내용을 불분명하게 함으로써 막연한 자극을 통해 수검자가 자신의 내면적인 욕구나 성향을 외부에 자연스럽게 투사할 수 있도록 유도한다.

(2) 장 · 단점

① 장점

ㄱ 반응의 독특성 : 개인의 독특한 투사적 검사반응이 개인에 대한 이해에 매우 효과적이다.

ㄴ 방어의 어려움 : 자극의 내용이 불분명하므로 수검자의 의도된 방어적 반응에 적절히 대처할 수 있다.

ㄷ 반응의 풍부함 : 자극이 모호하고 응답에 제한이 없으므로 개인의 반응이 다양하게 표현 된다.

ㄹ 무의식적 내용의 반응 : 개인의 평소 의식화되지 않던 사고나 감정을 자극함으로써 전의식적이거나 무의식적인 심리적 반응을 유도할 수 있다.

② 단점

ㄱ 검사의 신뢰도 : 검사의 신뢰도가 전반적으로 부족하며, 특히 검사–재검사신뢰도는 매우 낮게 평가된다.

ㄴ 검사의 타당도 : 검사결과의 해석이 대부분 객관적으로 입증되는 자료가 아닌 임상적인 증거를 근거로 하므로 타당도 검증이 빈약하다.

ㄷ 반응에 대한 상황적 영향력 : 검사자의 태도, 수검자의 선입견 등 여러 상황적 요인들이 검사반응에 강한 영향을 미친다.

② 투사적 검사의 종류

연상기법을 통한 로샤 검사(Rorschach Test), 단어연상검사, 구성기법을 통한 주제통각검사(Thematic Apperception Test, TAT), 표현기법을 통한 인물화검사(Drawing A Person Test, DAP), 집-나무-사람검사(House-Tree-Person Test, HTP), 완성기법을 통한 문장완성검사(Sentence Complection Test, SCT), 등이 해당된다.

③ 로샤(Rorschach)검사

(1) 로샤검사의 의의

① 로샤검사는 1921년 스위스 정신과의사인 로샤(Rorschach)가 『심리진단(Psychodiagnostik)』에 발표한 논문을 통해 세상에 소개되었다.

② 로샤는 잉크반점(Ink-Blot)으로 된 카드들에 대해 정신과 환자들이 일반인과 다르게 반응한다는 사실에 주목하며, 405명의 수검자들을 대상으로 한 테스트에서 잉크반점기법이 조현병을 진단하는 데 유효한 도구가 된다는 사실을 입증하였다.

③ 로샤는 자신의 연구가 단순히 정신과적 진단에 유효한 것이 아닌 개인의 성격 및 습관, 반응양상 등에 대한 유용한 정보를 제공하는 도구로 사용될 수 있음을 인식하고, 연구를 체계적으로 확장하고자 하였다.

④ 로샤는 처음에 자신이 고안한 검사가 무의식을 탐구하는 도구로 오인되어서는 안 된다고 주장하였으나 차츰 검사결과가 수검자의 무의식에 대한 깊은 통찰을 제공할 수 있다고 입장을 바꿈으로써 수많은 논쟁을 불러왔다.

⑤ 로샤검사는 다양한 학자들에 의해 연구되었으며, 최근 가장 많이 사용되는 해석방식은 엑스너(Exner)의 종합체계방식이다.

(2) 로샤검사의 특징

① 대표적인 투사적 · 비구조적 검사로서, 지각과 성격의 관계를 상정한다.

② 추상적 · 비구성적인 잉크반점을 자극 자료로 하여 수검자의 학습된 특정 반응이 아닌 여러 가지 다양한 반응을 유도한다.

③ 개인이 잉크반점을 조직하고 구조화하는 방식이 근본적으로 그 사람의 심리적 기능을 반영한다고 본다.

④ 수검자는 그가 지각한 것 속에 자신의 욕구, 경험, 습관적 반응양식을 투사한다.

⑤ 로샤 카드에서는 형태와 색채는 물론 음영에 대한 지각적 속성까지 고려한다.

⑥ 우울증상이 있는 사람은 보통 음영차원과 무채색 반응의 빈도가 높게 나타난다.

⑦ 해석자의 판단에 정답은 없다. 즉, 주관적 검사로서 신뢰도 및 타당도가 검증되지 못했으므로 객관적 · 심리측정적 측면에서는 부적합하다.

(3) 로샤검사의 잉크반점카드(Ink-Blot Card)

① 카드 I
   ㉠ 무채색으로서, 박쥐 또는 나비를 평범반응으로 한다.
   ㉡ 처음으로 제시되는 카드이므로 수검자의 새로운 상황에 대한 대처방식을 살펴볼 수 있다.
   ㉢ 다른 카드에 비해 어렵지 않으므로 평범반응이 쉽게 유도되나, 검정과 회색의 무채색으로 인해 우울감이나 불행감의 반응을 보일 수 있다.

② 카드 II
   ㉠ 무채색에 부분 적색으로서, 동물을 평범반응으로 한다.
   ㉡ 수검자는 적색을 피로 보기도 하며, 이를 통해 분노나 적개심, 심리적 고통의 반응을 보일 수 있다.
   ㉢ 검은 영역의 상단을 남성의 성기로, 붉은 영역의 하단을 여성의 성기로 보는 경우도 있으며, 이는 수검자의 성(性)에 대한 관심 정도를 보여준다.

③ 카드 III
   ㉠ 무채색에 부분 적색으로서, 인간의 형상을 평범반응으로 한다.
   ㉡ 두 번째 카드와 달리 반점의 형태가 명확히 분리되어 있으며, 이는 마치 두 사람이 서로 마주하고 있는 것처럼 보일 수 있다.
   ㉢ 수검자가 이 카드에서 어려워하는 경우, 대인관계나 사회적 상호작용에 대해 부정적인 태도를 가지고 있는 것으로 볼 수 있다.

④ 카드 IV
   ㉠ 무채색으로서, 인간 또는 거인을 평범반응으로 한다.
   ㉡ '아버지 카드(Father Card)'로 불리며, 크고 강하며, 권위적이고 위협적인 것을 연상시킨다.
   ㉢ 수검자가 이 카드에서 어려워하는 경우, 권위나 권위적인 인물에 대한 열등감을 가지고 있는 것으로 볼 수 있다.

⑤ 카드 V
   ㉠ 무채색으로서, 박쥐 또는 나비를 평범반응으로 한다.
   ㉡ 수검자는 앞선 카드들에서 느꼈던 고통을 이 카드에 와서 다시 회복할 기회를 얻게 된다.
   ㉢ 쉬운 과제에도 불구하고 수검자가 이 카드에서 어려워하는 경우, 카드 IV에서 경험한 불안의 감정이 지속된 것으로 볼 수 있다.

⑥ 카드 VI
   ㉠ 무채색으로서, 양탄자 또는 동물가죽을 평범반응으로 한다.
   ㉡ 많은 사람들에 의해 성기의 상징으로 해석되므로 이른바 '성 카드(Sex Card)'라고 불리며, 이를 통해 수검자의 성에 대한 태도를 살펴볼 수 있다.
   ㉢ 인간관계에서의 친밀성을 연상시키기도 하므로, 이를 통해 수검자의 대인관계에 대한 태도를 살펴볼 수 있다.

⑦ **카드 Ⅶ**

　㉠ 무채색으로서, 인간의 얼굴 또는 동물의 머리를 평범반응으로 한다.

　㉡ 하단 가운데 부분이 여성의 성기를 연상시키므로 '어머니 카드(Mother Card)'라고 불리며, 여성적인 것과 연관된 특성들을 대거 포함한다.

　㉢ 수검자가 이 카드에서 어려워하는 경우, 여성에 대한 부정적인 감정이나 여성과의 해결되지 못한 불안 등을 경험하고 있는 것으로 볼 수 있다.

⑧ **카드 Ⅷ**

　㉠ 전체가 유채색으로서, 움직이는 동물을 평범반응으로 한다.

　㉡ 대부분의 수검자는 앞선 카드들에 비해 보다 쉽게 평범반응을 나타내 보이며, 안도감을 드러내기도 한다.

　㉢ 화려한 색상이 조각으로 나뉘어 흩어져 있으므로 이를 위협적인 것으로 느낄 수도 있으며, 수검자가 그와 같은 반응을 보이는 경우 복잡한 상황에서의 감정적 자극을 회피하고자 하는 것으로 볼 수 있다.

⑨ **카드 Ⅸ**

　㉠ 전체가 유채색으로서, 인간 또는 인간과 흡사한 형상을 평범반응으로 한다.

　㉡ 색면의 구조, 색상의 혼합, 그림자 영역으로 인해 모호하고 산만하게 보이므로, 어떤 수검자들은 전체를 사용하여 하나의 반응을 나타내는 데 어려움을 느낀다.

　㉢ 가장 빈번하게 거부되는 카드로서, 수검자가 이 카드에서 어려워하는 경우, 복잡한 상황을 좋아하지 않는 것으로 볼 수 있다.

⑩ **카드 Ⅹ**

　㉠ 전체가 유채색으로서, 게 또는 거미를 평범반응으로 한다.

　㉡ 카드 Ⅸ 다음으로 어려운 카드로서, 수검자들은 이 카드에서 전체가 아닌 부분을 선택하여 반응하는 경우가 많다.

　㉢ 수검자가 이 카드에서 어려워하는 경우, 많은 것을 동시에 처리하는 것에 압도되어 부담감을 느끼거나 검사 자체를 빨리 끝내고 싶어 하는 것으로 볼 수 있다.

순서	색상	평범반응
카드 I	무채색	박쥐 또는 나비
카드 II	무채색에 부분 적색	동물
카드 III	무채색에 부분 적색	인간의 형상
카드 IV	무채색	인간 또는 거인
카드 V	무채색	박쥐 또는 나비
카드 VI	무채색	양탄자 또는 동물가죽
카드 VII	무채색	인간의 얼굴 또는 동물의 머리
카드 VIII	유채색	움직이는 동물
카드 IX	유채색	인간 또는 인간과 흡사한 형상
카드 X	유채색	게 또는 거미

(4) 로샤검사의 실시과정

① 제1단계 : 소개단계

　㉠ 검사자는 로샤검사에 대해 수검자에게 자세히 설명한다.

　㉡ 수검자가 검사를 받는 목적을 어느 정도 이해하고 있는지 확인하기 위해 짧은 면접을 할 필요가 있다.

　㉢ 검사에 대한 부정적 이해나 오해가 확인되는 경우 검사의 전 절차를 개략적으로 설명해주어야 한다.

　　예 "지금부터 그림이 있는 10장의 카드를 보여드리겠습니다", "잘 보시고 그림이 무엇처럼 보이는지 말씀해주세요", "그림은 사람마다 다르게 보일 수 있습니다"

② 제2단계 : 반응단계

　㉠ 그림에 대한 수검자의 지각 및 자유연상이 이루어진다.

　㉡ 검사자는 수검자가 하는 말을 가능하면 있는 그대로 기록한다.

　㉢ 수검자가 하나의 카드에서 한 가지 반응을 보이고 멈추는 경우 다시 격려하여 연상하도록 한다.

　㉣ 수검자의 반응이 너무 적은 경우 질문단계로 넘어가지 않은 채 반응단계를 반복한다.

　　예 "보통 하나의 그림에서 2개 이상을 이야기하곤 합니다", "더 보시면 그것 외에 또 다른 것을 보실 수도 있어요"

③ 제3단계 : 질문단계

　㉠ 검사자는 수검자가 어떤 결정인에 의해 해당 반응을 형성한 것인지 확인할 수 있는 질문을 한다.

　㉡ 개방적인 질문을 통해 어떤 영역을 무엇 때문에 그렇게 보았는지 질문한다.

　㉢ 검사자는 수검자의 이야기를 반응기록지(Location Sheet)에 기재한다.

　㉣ 과도한 질문은 수검자의 저항과 거부감을 유발할 수 있으므로 삼간다.

　　예 "어디서 그렇게 보았나요?"(반응영역 또는 반응의 위치), "무엇 때문에 그렇게 보았나요?"(결정인), "무엇을 보았나요?"(반응내용)

⚡ **더 알아두기** 🔍

질문단계의 주의사항

- **적절한 질문**
  - 질문단계에서 검사자는 3가지 주요 영역, 즉 반응영역, 결정인, 반응내용에 초점을 둔다. 그러나 기초적인 질문 외에 수검자에게 좀 더 자세한 설명을 요구해야 하는 경우도 많다.
  - 검사자는 어떤 점이 ~처럼 보인 건가요?, 모양 외에 ~처럼 본 이유가 더 있습니까?, ~에 대해 좀 더 설명해 보시겠어요? 등 보충적인 질문과 격려적인 개입을 하게 된다.
  - 특히 검사자는 수검자의 응답이 잘 이해되지 않을 경우 당신이 어디를 그렇게 보았는지 잘 모르겠네요(반응영역), 그것처럼 보이게 하는 게 무엇인지 모르겠네요(결정인) 등의 질문을 해야 한다. 또한 수검자가 그냥 그렇게 보여요와 같이 애매하게 응답할 경우, 검사자는 그냥 그렇게 보인다고 하셨는데 어떤 것을 말씀하시는 것인지 조금 더 구체적으로 설명해 주시겠어요?와 같이 수검자가 회피하려는 것을 허용해서는 안 된다.
  - 만약 수검자가 반점을 보고 반응한 것인지, 단순히 카드에 대한 평을 한 것인지 모호한 경우, 그것은 카드에 대한 대답인가요?라고 질문한다.
- **부적절한 질문**
  - 검사자는 수검자에게 질문 시 다음과 같은 부적절한 질문을 삼가야 한다.
    직접적인 질문 : 그 사람이 뭔가를 하고 있나요?
    유도질문 : 어느 쪽이 위인가요?
    반응을 상세히 묘사하도록 하는 질문 : 그 동물은 왜 싸웠을까요?
  - 검사자는 채점을 하는데 직접적으로 관계가 없으나 검사자가 궁금한 사항들에 대해 질문하는 것을 삼가야 한다.
  - 검사자는 모든 반응 결정인을 염두에 두고 질문을 할 필요가 있으나 강박적인 생각을 할 필요는 없다. 즉, 질문은 간결하고 비지시적이어야 한다.
  - 질문 시 검사자와 수검자가 주고받은 말은 대화체로 기록하도록 하며, 위치를 표시하는 용지는 영역 확인 시에 정확히 기록해 두어야 한다.

④ **제4단계 : 한계검증단계**
  ㉠ 공식적인 검사가 끝난 후 수검자에게 자연스럽게 질문을 건네는 단계이다.
  ㉡ 수검자가 평범반응을 놓친 경우 검사자가 해당 카드에 대해 손으로 가리는 등의 일정한 한계를 준 후 재질문하는 과정이 포함된다.
  ㉢ 검사자는 수검자의 투사와 관련하여 유용한 해석정보를 얻을 수 있으나, 수검자의 새로운 반응내용을 채점에 포함시키지는 않는다.
  ㉣ 검사 과정상의 반응에 대해 추가적인 설명을 할 수 있도록 한다.
    예 수검자가 선호하는 카드 또는 거부하는 카드를 고르도록 하여 그 이유를 설명하도록 할 수 있다.

(5) 로샤검사의 채점

① 반응의 위치(반응영역)

    ㉠ "수검자의 주된 반응이 어느 영역에 대해 일어나고 있는가?"

    ㉡ 검사자는 수검자의 반응영역 자체를 평가하는 동시에 그와 관련된 인지적 활동을 평가한다.

기호	정의	기준 내용
W	전체반응	• 반점 전체를 보고 반응하는 경우 • 아주 작은 부분이 제외되어도 W로 기호화할 수 없음
D	흔히 사용하는 부분에 대해 반응 또는 보통 부분반응	자주 사용되는 반점 영역을 보는 경우
Dd	드문 부분반응 또는 이상 부분반응 (정상규준집단 5% 미만)	• 남들이 잘 보지 않는 부분이지만 검사자의 판단 상 그럴 듯하게 보이는 경우 • W반응, D반응이 아니면 자동적으로 Dd로 기호화함
S	흰 공간 부분이 사용되었을 경우의 공백반응 또는 간격반응	• 카드의 여백을 본 경우 • 흰 공간은 다른 영역과 함께 사용하는 경우도 있고, 흰 공간만 반응할 수 있음

② 발달질(Developmental Quality)

    ㉠ "반응의 질은 어떠한가?", "반응영역에서 발달수준은 어떠한가?"

    ㉡ 검사자는 수검자가 지각한 대상에 구체적인 형태가 있는지와 함께 그 대상들 간에 상호작용이 있는지를 평가한다.

기호	정의	기준 내용
+	통합반응	반응에 포함된 둘 이상의 대상이 서로 관련을 맺고 있고, 그 중 하나는 분명한 형태가 있을 경우
o	보통반응	단일 반점 영역이 형태를 가지고 있는 단일한 대상을 나타낼 경우
v / +	모호 – 통합반응	반응에 포함된 둘 이상의 대상이 서로 관련을 맺고 있고, 그들이 모두 분명한 형태가 없는 경우
v	모호반응	반응에서 형태를 가지고 있지 않은 단일 대상이 나타난 경우

③ 결정인(Determinant)

"반응하기 위해 잉크반점의 어떤 부분이 사용되었는가?", "반응을 결정하는 데 영향을 미친 반점의 특징은 어떠한가?"

분류	기호 및 채점		해석
형태 (Form)	F (형태반응)	형태를 단독으로 보고 반응할 때 채점	통제, 지연
운동 (Movement)	M (인간 움직임 반응)	인간이 동작을 보이거나 동물이나 가공적 인물이 인간과 유사한 움직임에 채점	개념화, 욕구, 스트레스
	FM (동물 움직임 반응)	동물의 움직임을 지각한 반응에 채점, 의인화 시킨 반응의 경우 M으로 채점	
	m (무생물 움직임 반응)	생명력이 없는 사물 움직임에 채점	
	운동반응은 능동적(적극적)인지 수동적(소극적)인지에 따라 a와 p의 기호로 표시하며, 의인화 표현일 때에는 사람으로 생각해야 함		
유채색 (Chromatic Color)	C (순수 색채 반응)	반점의 순수 색채만을 근거로 반응할 때 채점	정서 표현의 조정
	CF (색채-형태 반응)	반점의 색채가 일차적 결정요인이고 형태가 이차적일 때 채점	
	FC (형태 – 색채 반응)	반점의 형태가 주요 결정요인, 색채가 이차적 개입일 때 채점	
	Cn (색채명명반응)	반점색채가 명명되고, 그 명칭에 관한 반응으로 채점	
무채색 (Achromatic Color)	C' (순수 무채색반응)	무채색이 반응 결정요인으로 작용	정서 억제
	C'F (무채색 형태반응)	무채색이 일차적 결정요인, 이차적으로 형태가 결정요인으로 작용할 때 채점	
	FC' (형태 무채색반응)	형태가 일차적 결정요인, 이차적으로 무채색이 결정요인일 때 채점	
음영-재질 (Shading-Texture)	T (순수 재질반응)	반점의 음영이 개입 없이 순수할 때 채점	애정 욕구
	TF (재질-형태반응)	반점의 음영이 재질을 나타낼 때 일차적으로 지각되고 이차적으로 형태가 개입될 때 채점	
	FT (형태-재질반응)	형태에 따라 일차적 지각되고, 이차적으로 음영의 특징이 재질을 나타날 때 채점	

음영-차원 (Shading- Dimension)	V(순수-차원반응)	차원이나 깊이만일 경우 채점	부정적 자기 평가
	VF (차원-형태반응)	일차적으로 음영의 깊이와 차원이 지각되고 이차적으로 형태가 지각되는 경우 채점	
	FV (형태-차원반응)	형태가 일차적으로 결정되고, 깊이나 차원이 이차적 결정요인일 때 채점	
음영-확산 (Shading- Diffuse)	Y (순수-음영반응)	형태개입 없이 밝고 어두운 것에 따라 결정될 때 채점	불안감, 무력감
	YF (음영-형태반응)	밝고 어두운 것이 일차적으로 결정, 형태가 이차적으로 개입일 때 채점	
	FY (형태-음영반응)	주로 반점의 형태에 의존하여 반응이 결정되고 이차적으로 음영 특징이 반응을 결정할 때 채점	
형태차원 (Form Dimension)	FD (형태에 근거한 차원 반응)	깊이나 거리, 차원의 인상이 반점의 크기나 모양을 근거로 결정될 때 채점, 이때 음영 개입되지 않음	내성
쌍반응(Pairs) / 반사반응 (Reflections)	(2)	반점의 대칭성에 근거하여 두 개의 동일한 사물을 지각할 때 채점	자아 중심성
	rF (반사-형태반응)	반점의 대칭적인 성질에 근거하여 반사되거나 거울에 비친 모습을 나타낸다고 반응 될 때 채점, 형태를 갖추지 않은 사물로 반응(그림자)	
	Fr (형태-반사반응)	반응의 대칭성에 근거하여 반사하거나 거울에 비친 모습으로 지각되는 경우 채점, 일정한 형태를 가진 사물로 반응	

④ 형태질(Form quality)

　㉠ "반응이 잉크반점의 특징에 얼마나 부합하는가?"

　㉡ 검사자는 수검자가 사용한 반점 영역의 형태가 지각한 대상의 형태와 어느 정도 일치하는지를 평가한다.

기호	정의	기준 내용
+	우수 – 정교한	형태를 매우 구체적으로 자세하게 묘사한 경우
o	보통의	대상을 묘사함에 있어서 쉽게 이해할 수 있는 방식으로 언급하는 경우
u	드문	반점의 특징과 반응의 내용이 크게 부합하지 않지만 흔하지 않은 경우
–	왜곡된	반점의 특징에 대해 왜곡하고, 임의적, 비현실적으로 반응을 형성하는 경우

⑤ 쌍반응 및 반사반응

> • "사물에 대해 대칭적으로 지각하고 있는가?"
> • 검사자는 수검자가 반점에 대해 대칭을 근거로 하여 반응하고 있는지를 평가한다.
> • 쌍반응 기호인 (2)는 다른 결정인과 형태질 기호의 오른쪽에 표시한다.
> • 반사반응은 대상의 대칭성이라는 측면에서 쌍반응과 동일하나 해당 대칭이 반사된 것 또는 거울상이라는 점에서 다르다.

⑥ 반응내용(Content)

㉠ "반응은 어떤 내용의 범주에 포함되는가?"

㉡ 검사자는 수검자의 반응이 동시에 하나 이상의 대상을 경우 반응에 포함된 내용들을 모두 기호로 표시한다.

기호	반응내용	기호	반응내용
H	사람의 전체 모습	Bt	식물 또는 식물의 부분, 새둥지
(H)	가공인물, 신화 속 인물, 유령, 요정	Cg	의복, 신발, 벨트, 안경
Hd	인체의 일부	Cl	구름
(Hd)	가공인물 등의 불완전한 형태	Ex	불꽃놀이, 폭발, 폭풍
Hx	정서, 감각 경험	Fi	불, 연기
A	동물의 전체 모습	Fd	사람의 음식, 동물의 먹이
(A)	가공적, 신화적 동물	Ge	지도
Ad	동물의 불완전한 형태	Hh	가정용품, 주방가구, 램프, 양탄자
(Ad)	가공적, 신화적 동물의 불완전한 형태	Ls	풍경, 산, 섬, 동굴, 바다경치
An	골격, 근육, 해부학적 구조	Na	Bt와 Ls에서 제외된 자연환경 (태양, 달, 하늘)
Art	예술작품, 보석, 장식물	Sc	과학 및 과학적 산물 (자동차, 빌딩, 무기)
Ay	문화적, 역사적 의미의 물건, 토템	Sx	성기관 및 성행동
Bl	사람이나 동물의 피	Xy	엑스레이 반응에 의한 뼈나 내부기관

⑦ 평범(Popular)반응

㉠ 수검자 집단에서 반응빈도가 높은 13개의 반응을 말하며, P로 기호화하고 반응내용의 기호 뒤에 기록한다.

㉡ 객관적 기준에 따라 P와 유사하지만 완전히 일치하지 않거나, 반응내용과 사용한 영역이 일치하지 않는 경우는 배제한다.

기호	평범반응	기호	평범반응
I(W)	박쥐 / 나비	VI(W or D1)	동물가족
II(D1)	동물의 전체 형태	VII(D9)	얼굴(인간)
III(D9)	인간의 모습	VIII(D1)	동물전체
IV(W or D7)	거인	IX(D3)	인간, 괴물
V(W)	나비 / 박쥐	X(D1)	게 / 거미

⑧ 조직화(Organizational Activity)점수

 ㉠ 조직화 활동이란 수검자가 자극을 인지적으로 조직화하거나 또는 조직화하려 얼마나 노력했는가를 수치적으로 나타내는 것으로 Z점수를 통해 값을 매긴다.

 ㉡ 조직화 활동 Z점수를 줄 수 있으려면 형태가 포함되어 있는 반응이어야 한다.

 ㉢ 공백 공간을 포함하고 있는 반응에 대해 Z점수를 채점하려면 반점의 다른 영역도 포함하고 있어야 한다.

⑨ 특수점수(Special Scores)

반응내용에서 나타나는 특이한 면에 대해서 기호화하는 것으로, 특수점수를 사용함으로써 종합체계 이전에는 질적으로 해석하던 여러 가지 반응특징들을 수량화할 수 있게 되었다. 종합체계에서는 15가지 특수 점수를 제시하고 있다.

특이한 언어반응 (Unusual Verbalization)	일탈된 언어표현	• DV(일탈된 언어표현) : 수검자가 신어 조작을 보이거나 과잉 표현을 보일 때 채점 • DR(일탈된 반응) : 수검자가 부적절한 구를 사용하였거나 표현이 우회적일 때 채점
	부적절한 반응합성	• INCOM(조화되지 않는 합성) : 반점의 부분이나 이미지들이 부적절하게 하나의 대상으로 합쳐져서 압축하여 표현할 때 채점 • FABCOM(우화적인 합성) : 분명하게 분리되어 있는 두 가지 이상의 반점 영역들에 대해서, 대상들이 있을 수 없는 방식으로 관계를 맺고 있는 것으로 지각하는 경우 채점 • CONTAM(오염 반응) : 부적절한 반응합성 중에서 가장 부적절한 반응을 하였을 때 채점 • ALOG(부적절한 논리) : 검사자가 유도하지 않았는데도 수검자가 자신의 반응을 정당화하기 위하여 설명할 때, 논리가 부적절하고 비합리적일 대 채점
반응반복 (Perseveration ; PSV)		• 같은 카드에 대해서 위치, 발달질, 결정인, 형태질, 내용 및 Z점수까지 모두 같은 반응이 연속적으로 나타날 경우 • 카드 간 내용이 반복될 경우 기계적으로 계속 대상을 보고하는 경우

인간표상 반응		• GHR(Good Human Representation) : 질 좋은 인간표상
		• PHR(Poor Human Representation) : 질 나쁜 인간표상
		• 인간표상 반응은 다음의 세가지 준거를 충족시키면 특수점수를 주게 된다.
		  – 인간내용 기호를 포함하는 반응
		  – 결정인에 M을 포함하는 반응(내용은 A지만 결정인으로 M가능)
		  – COP나 AG특수점수를 포함하는 FM반응

특수내용 (Special Content)		• 추상적 내용(AB) : 수검자가 상징적인 표현을 사용하거나 인간의 정서, 감각적인 경험을 보고하는 경우 • 공격적 운동(AG) : 운동반응에서 싸움, 파괴, 논쟁, 공격 등의 분명하게 공격적인 내용이 포함되는 경우 • 협조적 운동(COP) : 운동 반응에서 둘 또는 그 이상의 대상들이 협조적인 상호작용을 하고 있는 경우 • 병적인 내용(MOR) : 죽은, 파괴된, 손상된, 폐허가 된, 상처 입은, 깨어진 등의 대상으로 지각한 경우 • 개인적 반응(PER) : 수검자가 자신의 반응을 정당화하고 명료화하기 위하여 자신의 개인적인 지식이나 경험을 언급하면서 반응하는 경우 • 특수한 색채 투사(CP) : 무채색 영역에서 유채색을 지각하는 경우

(6) 로샤검사의 해석

① 각 반응을 정확하게 부호화하고 채점하는 목적은 궁극적으로 구조적 요약을 완성하기 위함이다. 이러한 구조적 요약 자료들은 임상가가 피험자의 심리적 특성과 기능에 관한 가설을 세우고, 이러한 가설을 바탕으로 피험자의 성격적 특징과 임상진단에 관한 기술을 하도록 돕는다.

② 구조적 요약은 먼저 각 반응을 순서에 따라 부호화 채점을 한 후에 각 반응의 빈도를 기록하고 비율, 백분율 총 점수 등을 계산하는 순으로 한다.

> **더 알아두기 Q**
>
> **일곱 개의 군집과 각각의 군집이 나타내는 영역**
>
> | 군집의 종류 | 나타내는 영역 |
> | --- | --- |
> | 정보 – 처리 군집 | 자신의 세계에 주의를 기울이는 방식 |
> | 인지적 중재 | 주의를 기울이는 대상을 지각하는 방식 |
> | 관념 | 지각한 것에 대해 생각하는 방식 |
> | 통제와 스트레스 안내 | 요구에 대처해 나가고 스트레스를 관리하는데 유용한 적응 자원 |
> | 감정적 속성 | 정서상황을 다루는 방식과 느낌을 표현하는 방식 |
> | 자기 지각 | 자기자신에 대한 관점 |
> | 대인관계 지각 | 다른 사람에 대한 관점과 관계 맺는 방식 |

4 주제통각검사(Thematic Apperception Test : TAT)

(1) TAT의 의의

① 주제통각검사(Thematic Apperception Test)는 로샤검사와 더불어 전 세계적으로 널리 사용되고 있는 대표적인 투사적 검사이다.

② 1935년 하버드대학의 머레이와 모건(Murray & Morgan)이 『공상연구방법론: A Method for Investigating Fantasies』을 통해 처음 소개하였다.

③ 머레이는 기존의 아카데믹한 심리학이 인간 본성에 대한 실제적인 내용을 알려주지 못한다고 주장하며, 상상을 통해 인간 내면의 내용들을 탐구하는 새로운 검사방식을 고안하였다.

④ 머레이는 프로이트(Freud)와 융(Jung)의 정신분석이론을 통해 지각(Perception)보다는 상상(Imagenation)에 의한 반응이 우선한다는 점을 강조하였다.

⑤ 머레이는 융의 정신분석을 연구하던 모건과 함께 카드 형태의 TAT 도구를 개발하였으며, 이 카드는 1936년 처음 배포되기 시작하여 1943년 하버드 출판부에서 출판되었다.

⑥ 3회의 개정을 거쳐 1943년에 출판된 31개 도판의 TAT 도구는 현재까지 그대로 사용되고 있다.

> **참고**
>
> **CAT**
> - 아동용 주제통각검사(The Children's Apperception Test)의 약자
> - Bellak & Bellak이 개발하였으며, 3~10세 아동을 대상으로 함
> - TAT와 다른 점은 그림판에 동물이 등장한다는 것과 표준그림판 9매, 보충그림판 9매, 총 18매의 그림판으로 구성
> - 중요한 인물, 충동에 대응해 나가는 방식을 이해하는 데 유용

(2) TAT의 특징

① 통각(Apperception)이란 투사(Projection)와 유사하나 보다 포괄적인 의미를 가진 것으로, 지각에 대한 의미 있는 해석을 말한다. 즉, 통각은 지각에 의미가 부가되는 것으로, 외부세계에 대한 객관적인 지각 과정에 주관적인 요소가 개입된 통합적인 인식 과정으로 볼 수 있다.

② TAT는 투사적 검사로, 자아와 환경관계 및 대인관계의 역동적 측면 등을 평가한다.

③ 정신분석이론을 토대로 수검자 자신의 과거경험 및 꿈에서 비롯되는 투사와 상징을 기초로 한다.

④ 수검자가 동일시 할 수 있는 인물과 상황을 그림으로 제시하여 수검자의 반응양상을 분석·해석한다.

⑤ 수검자는 그림들을 보면서 현재의 상황과 그림 속 인물들의 생각 및 느낌과 행동, 그리고 과거와 미래의 상황들을 상상력을 발휘하여 이야기한다.

⑥ 수검자의 그림에 대한 반응을 통해 현재 수검자의 성격 및 정서, 갈등, 콤플렉스 등을 이해하는 동시에 수검자 개인의 내적 동기와 상황에 대한 지각방식 등에 대한 정보를 얻을 수 있다.

⑦ 로샤검사와 주제통각검사는 상호보완적으로 사용된다. 로샤검사가 주로 사고의 형식적·구조적 측면을 밝히는 데 반해, 주제통각검사는 주로 사고의 내용을 규명한다.

⑧ TAT는 가족관계 및 남녀관계와 같은 대인관계 상황에서의 욕구내용 및 위계, 원초아(Id), 자아(Ego), 초자아(Superego)의 타협구조 등을 파악할 수 있도록 한다.

⑨ 머레이는 TAT를 심리치료 과정의 첫 단계에 유용하게 사용할 수 있다고 제안하였다.

(3) TAT의 기본가정

벨락(Bellak)은 TAT의 기본가정으로서 통각(Apperception), 외현화(Externalization), 정신적 결정론(Psychic Determination)을 제시하였다.

통각 (Apperception)	개인은 대상을 인지할 때 지각, 이해, 추측, 심상의 심리적 과정을 거쳐 대상에 대한 결론을 내린다. 이러한 과정에서 개인은 내적 욕구와 선행 경험을 토대로 새로운 지각에 대해 상상력을 발휘하게 된다.
외현화 (Externalization)	수검자는 전의식적 수준에 있는 내적 욕구와 선행 경험을 외현화 과정을 통해 의식화한다. 수검자는 반응 시 즉각적으로 인식하지 못하더라도 질문과정을 거치면서 그것이 자기 자신에 대한 내용임을 부분적으로 인식하기에 이른다.
정신적 결정론 (Psychic Determination)	TAT를 비롯한 모든 투사적 검사는 자유연상의 과정을 포함하며, 검사결과의 해석에 있어서 정신적 결정론의 입장을 따른다. 즉, 수검자의 반응내용은 그의 역동적인 측면을 반영하므로, 수검자의 반응 모두 역동적인 원인과 유의미하게 연관된다는 것이다.

(4) TAT의 구성

① 주제통각검사는 30장의 흑백그림카드와 1장의 백지카드 등 총 31장으로 구성되어 있다.

② 그림카드 뒷면에는 공용도판, 남성공용도판(BM), 여성공용도판(GF), 성인공용도판(MF), 미성인공용도판(BG), 성인남성전용도판(M), 성인여성전용도판(12F), 소년전용도판(B), 소녀전용도판(G)으로 구분되어 있으며, 한 사람의 수검자에게 20장을 적용할 수 있도록 구성되어 있다.

③ 숫자로만 표시되어 있는 카드는 연령과 성별의 구분 없이 공통적으로 적용될 수 있다.

④ 주제통각검사의 31장의 카드는 로샤검사의 잉크반점카드와 달리 각 카드별 평범반응이나 채점기준이 명시되어 있지 않다.

(5) TAT의 시행방법

① 검사에 의한 피로를 최소화하기 위해 대략 한 시간 정도 두 번의 회기로 나누어 시행한다. 이때 회기 간에는 하루 정도의 간격을 두도록 한다.

② 보통 1~10번의 카드를 첫 회기에 시행하며, 나머지 11~20번의 카드를 다음 회기에 시행한다.

③ 검사는 검사자와 수검자 간에 관계형성(Rapport)이 이루어진 상태에서 시행하도록 한다.

④ 검사자는 수검자에게 각 카드를 보여주고 어떠한 극적인 이야기 혹은 연극적인 장면을 만들어 보도록 요구하며, 그에 대해 대략 5분 정도 이야기를 해 줄 것을 요청한다. 만약 수검자가 카드의 분명하지 않은 세부에 대해 질문하는 경우, 검사자는 수검자에게 보이는 대로 상상하여 이야기를 만들어보도록 요구한다.

⑤ 16번 백지카드에서는 수검자가 어떤 그림을 상상하고 있는지 말해 달라고 요청한다. 다만, 과도하게 상상력을 발휘할 것을 요구하여 수검자로 하여금 위협감을 느끼게 해서는 안 된다.

⑥ 검사자는 수검자의 응답상 불완전한 부분에 대해 중간질문을 하도록 한다. 다만, 이 경우 수검자의 연상의 흐름을 방해해서는 안 된다.

⑦ 검사자는 종결질문을 통해 수검자로 하여금 자유로운 연상 과정에서의 의미 있는 경험을 의식화할 수 있도록 돕는다. 이로써 수검자는 자신에 대한 통찰력을 얻을 수 있게 된다.

(6) TAT의 해석

① 표준화법(Hartman) : 수량화된 해석방법으로, 수검자의 반응을 항목별로 구분하여 표준화자료와 비교한다.

② 욕구-압력분석법(Murray) : 주인공 중심의 해석방법으로, 주인공의 욕구 및 압력, 욕구 방어 및 감정, 다른 등장인물과의 관계 등에 초점을 둔다. 일반적으로 가장 널리 사용되고 있다.

③ 대인관계법(Arnold) : 이야기에 등장하는 인물들의 상호 관계를 중심으로 한 해석방법으로, 이들 간의 공격성이나 친화성 등을 분석한다.

④ 직관적 해석법(Bellak) : 해석자의 통찰적인 감정이입능력이 요구되는 해석방법으로, 수검자의 반응에서 나타나는 무의식적 내용을 자유연상을 이용하여 해석한다.

⑤ 지각법(Rapaport) : 이야기 내용에 대한 형식적 해석방법으로, 수검자의 왜곡적 반응이나 일탈된 사고, 기괴한 언어 사용 등을 포착한다.

5 투사적 그림검사(HTP, KFD)

(1) 집-나무-사람 그림검사(House-Tree-Person; HTP)

① 의의
- ㉠ 집-나무-사람 그림검사(House-Tree-Person)는 1948년 벅(Buck)이 처음 개발한 투사적 그림 검사로서, 수검자가 자신의 개인적 발달사와 관련된 경험을 그림에 투사한다는 점에 기초한다.
- ㉡ 해머(Hammer)는 HTP를 임상적으로 확대 적용하였으며, 코피츠(Koppitz)는 투사적 채점 체계를 제시하였다.
- ㉢ 번스와 카우프만(Burns & Kaufman)은 기존의 HTP를 변형하여 동작성 HTP(Kinetic-HTP)를 고안하였다.

② 특징
- ㉠ 수검자의 무의식과 관련된 상징을 드러내줌으로써 더욱 풍부한 정보를 제공한다.
- ㉡ 기존의 인물화 검사(Draw-A-Person, DAP)에 의한 결과보다 더 많은 정보를 입수할 수 있으므로 개인의 성격구조를 이해하는 데 효과적이다.
- ㉢ HTP의 집, 나무, 사람은 수검자의 연령과 지식수준 등을 고려할 때 다른 어떠한 주제보다도 받아들이기 쉽다. 즉, HTP는 사실상 모든 연령의 수검자에게 실시가 가능하며, 특히 문맹자에게 적합하다.
- ㉣ 검사 자체가 간접적이므로, 수검자는 검사자가 요구하는 바를 알지 못하여 보다 솔직하고 자유롭게 반응한다.
- ㉤ 수검자의 그림은 모호하고 구조화되지 않은 것이므로 반응을 해석하는 데 어려움이 따른다.
- ㉥ 로샤검사(Rorschach Test)나 주제통각검사(TAT)가 제시된 자극에 대해 수검자가 어떻게 반응하는지 수검자의 수동적인 반응과정으로 전개되는 반면, HTP는 수검자가 직접 반응을 구성해 가는 능동적인 반응과정으로 전개된다.
- ㉦ 로샤검사나 주제통각검사가 언어 또는 이야기를 매개로 하는 반면, HTP는 언어적인 표현을 전제로 하지 않으므로 비언어적인 방식으로 표출되는 성격의 단면을 포착하는 것이 가능하다.
- ㉧ HTP를 통해 개인의 무의식이나 방어기제를 탐색하는 것이 가능하며, 특히 아동의 성격을 이해하는 데 매우 유효하다.

③ HTP의 투사적 상징
- ㉠ 집(House): 자기-지각(Self-Awareness), 가정생활의 질, 자신의 가족 내 관계에 대한 지각
  - 문: 환경과의 직접적 접촉의 성질 및 상호작용의 정도
  - 창문: 환경과의 간접적 접촉의 성질 및 상호작용의 정도
  - 지붕: 생활의 환상적 영역, 공상적 활동, 자기 자신에 대한 관념
  - 굴뚝: 가족 내 관계, 애정욕구, 성적 만족감
  - 벽: 자아 강도 및 통제력

ⓛ 나무(Tree) : 무의식적 · 원시적 자아개념, 심리적 갈등과 방어, 정신적 성숙도, 환경에 대한 적응 수준 등

- 뿌리 : 안정성 여부, 현실과의 접촉 수준
- 기둥 : 자아 강도, 내면화의 힘
- 가지 : 타인과의 접촉 성향, 수검자의 자원
- 잎 : 외계, 장식, 활력 수준

ⓒ 사람(Person) : 보다 직접적인 자기상(Self-Image)으로서 자화상, 이상적인 자아, 중요한 타인 등

- 머리 : 인지능력 및 지적 능력, 공상 활동, 충동 및 정서의 통제
- 얼굴 : 타인과의 의사소통 및 관계형성

> - 눈 : 기본적 성향 및 현재의 기분
> - 코 : 성적 상징, 외모에 대한 태도, 타인과의 관계형성
> - 입 : 심리적 성향, 타인과의 의사소통
> - 귀 : 정서자극에 대한 반응
> - 턱 : 공격성, 자기 주장적 성향
> - 목 : 지적 영역, 충동적 성향

- 몸통 : 기본적 추동(Drive)의 양상

> - 어깨 : 책임성, 책임 수행 능력
> - 가슴 : 남자의 경우 힘과 능력, 여자의 경우 성적 성숙과 애정욕구
> - 허리 : 성적 행동, 성충동
> - 엉덩이 : 성적 발달 미숙

- 팔다리

> - 팔 : 자아발달과 환경과의 접촉, 현실에서의 욕구충족 방식
> - 다리 : 목표를 위한 행동, 위험으로부터의 도피
> - 손 : 사회적 교류, 환경에 대한 통제능력
> - 발 : 독립성 vs. 의존성, 안정감 vs. 불안정감

④ HTP의 사람(Person) 그림을 통해 평가할 수 있는 3가지 측면

ⓐ 자화상(자기상) : 현재의 자아상태

- '자화상'은 수검자가 자신에 대해 스스로 어떻게 느끼는지를 묘사하는 것이다.
- 생리적 약점이나 신체적 장애를 가지고 있는 경우 그와 같은 약점이 수검자의 자아개념에 영향을 미치고 심리적인 감수성을 일으킬 때 그림 속에 재현된다.

- 심리적 자아의 모습이 그림 속에 나타나기도 한다. 예를 들어, 키 큰 수검자가 자신의 모습을 왜소하고 팔을 무기력하게 늘어뜨린 채 불쌍해 보이는 얼굴로 그렸다면, 이는 수검자 자신이 무기력하고 의존적이라고 느끼고 있는 것일 수 있다.

ⓛ 이상적인 자아 : 이상적으로 바라는 자기상
- '이상적인 자아'는 수검자가 이상적으로 바라는 자기상을 투사한 것이다.
- 예를 들어, 홀쭉하고 연약한 편집증의 남성은 자신이 바라는 이상적인 모습으로서 건장한 체격의 운동선수를 그릴 수 있다.
- 흔히 소년의 경우 수영복을 입은 운동선수를, 소녀의 경우 드레스를 입은 영화배우를 그리기도 한다.

ⓒ 중요한 타인 : 자신에게 영향을 미치는 중요 인물들
- '중요한 타인'은 수검자의 현재 혹은 과거의 경험 및 환경으로부터 도출되는 것으로서, 수검자에게 영향을 미치는 중요 인물들의 영향력을 반영한 것이다.
- 중요한 타인의 그림은 청소년이나 어른보다는 아동의 그림에서 더욱 잘 나타나며, 일반적으로 '부모'의 모습으로 표현된다.
- 아동이 부모를 그리는 이유는 그들의 생활에서 부모가 차지하는 비중이 크며, 아동의 입장에서 부모는 곧 그들이 동일시해야 할 모델이기 때문이다.

⑤ HTP의 구조적 해석
ⓐ 검사 소요시간
- 일반적 소요시간 : 하나의 그림을 완성하는 데 대략 10분 정도 소요
- 과도하게 빨리(2분 이내) 또는 느리게(30분 이상) 그린 경우 : 수검자의 갈등과 연관됨
- 오랜 시간 소요 : 완벽 성향, 강박 성향
- 어려움 호소 : 낮은 자존감, 우울감

ⓑ 그림의 순서
- 일반적 순서
  - 집 : 지붕 → 벽 → 문 → 창문
  - 나무 : 둥치(큰 줄기) → 가지 → 수관 → 뿌리 등
  - 사람 : 얼굴 → 눈 → 코 → 입 → 목 → 몸 → 팔 → 다리
- 일반적 순서와 다르게 그린 경우 : 사고장애, 발달장애
- 얼굴의 내부를 먼저, 윤곽을 나중에 그린 경우 : 평소 타인과의 대인관계에 문제가 있음
- 그림을 지우고 새로 그린 경우 : 해당 영역이 상징하는 것과 관련하여 열등감 또는 가장 성향을 지니고 있음

ⓒ 그림의 크기
- 일반적 크기 : 종이 크기의 2/3 정도 사용
- 그림을 과도하게 크게 그린 경우 : 공격성, 과장성, 낙천성, 행동화 성향, 자기 확대욕구 등
- 그림을 과도하게 작게 그린 경우 : 열등감, 불안감, 위축감, 낮은 자존감, 의존성 등

ㄹ 그림의 위치
- 일반적 위치 : 종이 가운데
- 가운데 : 적정 수준의 안정감, 융통성의 부족
- 위 : 높은 욕구, 목표달성에 대한 스트레스, 공상적 만족감
- 아래 : 불안정감, 우울성향, 실제적인 것을 선호하는 성향
- 왼쪽 : 충동성, 외향성, 변화욕구, 즉각적 만족 추구 성향
- 오른쪽 : 자기 통제적 성향, 내향성, 지적 만족 추구 성향
- 구석 : 두려움, 위축감, 자신감 결여

ㅁ 그림의 선
- 수평선 : 여성성, 두려움, 소극적·자기 방어적 성향
- 수직선 : 남성성, 결단성, 활동적·자기 주장적 성향
- 직선 : 경직성, 완고함, 공격성
- 곡선 : 유연성, 관습 거부 성향
- 길게 그린 선 : 안정성, 결단성, 높은 포부수준
- 끊긴 곡선 : 의존성, 우유부단함, 복종적 성향
- 선에 음영 : 불안정성, 불안감, 민감성, 신중함

ㅂ 필압
- 필압의 의미 : 에너지 수준
- 일반적 필압 : 강(强) 또는 약(弱)의 유연한 필압 사용
- 필압의 계속적인 변화 : 낮은 안정감
- 강한 필압 : 공격성, 독단성, 자기 주장적 성향, 극도의 긴장감, 뇌염 또는 뇌전증 상태 등
- 약한 필압 : 위축감, 두려움, 우유부단, 자기억제 성향, 우울증 상태 등

ㅅ 그림의 세부묘사
- 세부묘사의 의미 : 일상생활에서 실제적인 면을 의식 또는 처리하는 능력
- 생략된 세부묘사 : 위축감, 우울성향
- 과도한 세부묘사 : 강박성, 자기 억제성향, 주지화성향
- 부적절한 세부묘사 : 위축감, 불안감

ㅇ 그림의 대칭성
- 대칭성 결여 : 불안정성, 신체적 부적응감, 정신병적 상태, 뇌기능장애
- 대칭성 강조 : 경직성, 강박성, 충동성, 융통성 결여, 편집증적 성향

ㅈ 그림의 왜곡 또는 생략
- 왜곡 및 생략 : 불안감, 내적 갈등
- 극단적 왜곡 : 현실 검증력 장애, 뇌손상 또는 정신지체

ⓧ 동적 또는 정적 움직임

- 경직된 모습 : 우울감, 위축감, 정신병적 상태
- 극단적 움직임 : ADHD(주의력결핍 및 과잉행동장애), 경계성성격장애

㉠ 절단

- 용지 하단에서의 절단 : 강한 충동성 또는 충동성의 억제
- 용지 상단에서의 절단 : 주지화 성향, 지적인 면에서의 강한 성취욕구
- 용지 왼쪽에서의 절단 : 의존성, 강박성, 과거에 대한 고착, 솔직한 감정 표현
- 용지 오른쪽에서의 절단 : 행동에 대한 통제, 미래로의 도피 욕구, 감정 표현에 대한 두려움

㉡ 음영

- 음영의 의미 : 불안 또는 갈등 수준
- 진하게 칠한 음영 : 불안 및 강박에 의한 우울감, 미숙한 정신상태로의 퇴행
- 연하게 칠한 음영 : 대인관계에서의 과민성

㉢ 그림 지우기

- 빈번한 지우기 : 내적 갈등, 불안정, 자신에 대한 불만
- 반복적 지우기에도 그림이 개선되지 않음 : 특별한 불안 또는 갈등

㉣ 종이 돌리기

- 이리저리 돌리기 : 반항성, 내적 부적절감
- 계속 같은 방향으로 돌리기 : 하나의 개념에 얽매인 보속성

㉮ 투시화

- 투시화의 의미 : 성격 통합 상실, 현실검증장애, 병적 징조
- 신체 내부의 장기 투시 : 조현병(정신분열증)

⑥ HTP가 임상장면에서 널리 사용되는 이유(HTP의 사용상 이점)

㉠ 연필과 종이만 있으면 되므로 실시가 쉽다.

㉡ 대략 20~30분 정도 소요되므로 시간이 오래 걸리지 않는다.

㉢ 중간 채점이나 기호 채점의 절차 없이 그림을 직접 해석할 수 있다.

㉣ 수검자의 투사를 직접 목격할 수 있다.

㉤ 아동, 외국인, 문맹자 등 언어표현이 어려운 사람에게도 적용할 수 있다.

㉥ 연령, 지능, 예술적 재능 등에 제한을 받지 않는다.

㉦ 그림에의 투사 과정이 그 자체로 억압의 해소 등 치료적인 효과를 가진다.

(2) 동적가족화(Kinetic Family Drawing; KFD)

① 의의

- ㉠ KFD는 번즈와 카우프만(Burns & Kaufman, 1970)에 의해 개발된 기법으로 가족화에 움직임을 첨가한 투사화이다.
- ㉡ 동적 가족화의 목적은 가족 내에서의 자기 자신과 다른 가족구성원에 대한 지각을 파악하고 가족 간의 상호작용과 역동성을 파악하기 위한 것이다.
- ㉢ 동적 가족화는 일반적인 상담장면에서 그리게 하는데, 그다지 크지 않은 방에 적당한 높이의 책상과 의자가 있으면 충분하나, 수검자가 자유롭고, 수용적인 장면임을 느낄 수 있도록 라포를 형성하는 것이 중요하다.
- ㉣ 집단검사도 가능하나, 임상적 상황에서는 일대일로 검사하는 것이 바람직하다.

② 실시 방법

- ㉠ A4 용지, 연필, 지우개를 지급한 후, 아래의 지시사항에 따라서 그림을 그리게 한다.

> "지금 당신을 포함하여 당신 가족 모두가 무엇인가 하고 있는 그림을 그려 보세요. 만화나 막대기 같은 사람이 아닌 완전한 사람을 그려주세요. 무엇이든 어떠한 행위를 하고 있는 그림을 그려야 합니다. 당신 자신도 그리는 것을 잊어서는 안 됩니다."

- ㉡ 시간제한은 없지만, 대략 30분 정도가 적당하다. 일반적으로 투사적 심리검사를 일상장면에서 이용하는 경우에는 시간제한을 설정할 필요는 없으나 가급적 30~40분에 완료하도록 한다.
- ㉢ 그림을 그리는 도중에 여러 가지 질문에 대해서는 "자유입니다. 그리고 싶은 대로 그리세요. 완전히 자유롭게 그리십시오"라고 하고 어떠한 단서도 주지 않도록 한다.
- ㉣ 치료자는 내담자가 그림을 그리는 동안 그림을 그리는 순서나 그리는 태도 등의 과정을 잘 관찰한다.
- ㉤ 만약 가족 중 그리지 않은 사람이 있을 경우는 "누구는 없네요. 그려 보세요."라고 치료자가 제안하여 나중에 다시 그려 넣는 일이 없도록 한다.
- ㉥ 그림을 그린 후 치료자는 그린 순서, 인물의 나이, 하고 있는 행위, 생략한 사람, 가족 이외에 그린 사람이 있는지 물어서 기록한다.
- ㉦ 내담자의 그림을 보면서 그림을 그린 뒤의 느낌이나 자신이 생각하는 가족의 특성, 가족 간의 관계 등에 대하여 이야기하도록 한다.

③ 진단 및 해석 기준 : 5가지 진단영역

- ㉠ 인물상의 행위
  - 가족 모두가 상호작용하고 있는지 아니면 일부가 상호작용하고 있는지 또는 상호작용 행위 자체가 없는지에 따라 가족의 전체적 역동성을 파악할 수 있다.

- 각 인물상의 행위를 중심으로 가족 내 역할유형을 알 수 있다. 주로 아버지, 어머니, 자기상을 중심으로 분석하게 되는데, 이 세 사람이 공통되는 가족구성원이며 자녀에게 있어서 부모는 성격형성의 중요한 장을 형성해 주기 때문이다. 행위에 대한 해석은 그림의 양식, 상징 등을 고려하여 전체적 관점에서 해석되어야 한다.

ⓛ 양식

일반적 양식	보통의 신뢰감에 가득 찬 가족관계를 체험하고 있는 경우 그려지는 것으로 복잡하거나 명백한 장벽을 나타내지 않고 온화하고 우호적인 상호관계를 암시하는 그림이다.
구분	• 하나 또는 그 이상의 직선이나 곡선을 사용하여 그림에서 인물들을 의도적으로 분리하는 경우이다. • 사회적으로 고립되거나 내성적인 내담자에게서 보여 지는 것으로 다른 가족구성원으로부터 자신과 그들의 감정을 철회하고 분리시키려는 욕구를 표현한 것으로 해석된다.
종이접기	• 구분검사용지를 접어서 몇 개의 사각 형태를 만들고 그 안에 가족구성원을 그리는 것으로 구분의 극단적인 양식이다. • 이는 가족관계 내에 존재하는 강한 불안이나 공포를 나타내는 것으로 해석된다.
포위	• 하나 또는 그 이상의 인물을 어떤 사물이나 선으로 둘러싸는 경우다. • 가족 간의 관계에서 자기 자신이 개방적인 감정적 태도를 가지지 못할 때, 가족원 혹은 자기 자신을 닫아버리는 양식이다. • 강한 불안이나 불안의 표현으로 주로 책상, 그네, 자동차 등의 사물을 이용하여 교묘하게 표현하는 경우가 많다.
가장자리	• 인물상을 용지의 주변에 그리는 경우로, 상당히 방어적이며 문제의 핵심에서 회피하려는 경향이 있다. • 또한 친밀한 관계를 맺는 것에 대한 강한 저항을 나타낸다.
인물 아래의 선	• 자신이나 특정 가족구성원에 대해 불안감이 강한 경우에 인물상 아래에 선을 긋는 경우가 있다. • 가족성원 상호간의 인간관계의 불안정성을 시사하고 있다고 본다.
상·하부의 선	• 용지의 상부에 그려진 선으로 불안, 걱정, 공포가 존재함을 의미한다. • 하부의 선은 강한 스트레스 아래에 있는 내담자가 안정을 필요로 하고 구조 받고 싶은 욕구가 강할 때 나타난다. • 붕괴 직전에 놓여 있는 가정이라든지 스트레스 아래에 있는 내담자가 안정을 강하게 필요로 하고 또 구조 받고 싶은 욕구가 강할 때 나타난다.

ⓒ 상징

- 공격성 혹은 경쟁의식 : 공, 축구공, 던지는 물체들, 빗자루, 먼지떨이 등
- 애정, 온화함, 희망적임 : 태양, 전등, 난로 등의 열과 빛이 적절할 때(빛이나 열이 강렬하고 파괴적일 때는 애정이나 양육의 욕구, 증오심을 나타내기도 함)
- 분노, 거부, 적개심 : 칼, 총, 날카로운 물체, 불, 폭발물 등
- 힘의 과시 : 자전거, 오토바이, 차, 기차, 비행기 등. 자전거를 제외하고 모두 의존적 요소에 의한 힘의 과시
- 우울한 감정, 억울함 : 물과 관계되는 모든 것 예 비, 바다, 호수, 강 등

ⓔ 역동성

인물상의 순서	• 가족 내의 일상적 순서를 나타내는 경우가 많다. • 특정 인물이나 자기상이 제일 먼저 그려진 경우에 내담자의 가족 내 정서적 위치에 대해서 특별히 고찰할 필요가 있다.
인물상의 위치	• 위쪽으로 그려진 인물상은 가족 내 리더로서의 역할이 주어지는 인물을 나타내며 높은 목표를 가지고 그 목표에 도달하고자 노력한다. 　− 가족구성원 전원이 위쪽으로 그려진 경우는 가족 전체의 현재 상황에 대한 수검자의 불안이나 불안정감을 의미한다. 　− 아래쪽은 억울한 감정이나 침체감과 관계가 있다. 또한 가장자리나 아래쪽은 불안정, 낮은 자존감을 의미하기도 한다. • 좌우로 구분했을 때, 우측은 외향성과 활동성에 관계하며, 좌측은 내향성과 침체성과 관계가 있다. 　− 적절히 적응하는 사람들은 남녀 모두 자기상을 우측에 그리는 일이 많다. • 중앙부에 그려진 인물상은 가족의 중심인물인 경우가 많다. 　− 만약 내담자가 중앙부에 자기상을 위치시켰을 때는 자기중심성이나 미성숙한 인격을 의미하는 경우도 있다.
인물상의 크기	• 가족구성원에 대한 관심의 정도가 인물의 크기를 반영한다. • 부정적이든 긍정적이든 관심이 큰 인물이 크게 그려진다. • 전반적인 그림이 현저하게 큰 것은 공격적 성향이나 과장, 부적절한 보상적 방어의 감정이나 과잉행동을 나타낸다. • 반면에 현저하게 작은 그림은 열등감, 무능력함, 혹은 부적절한 감정, 억제적이고 소심함을 나타낸다.
인물상 간 거리	• 인물상 간의 거리는 내담자가 본 가족구성원들 간의 친밀성 정도나 심리적인 거리를 반영하는 것이라고 할 수 있다. • 인물상이 겹쳐지거나 접촉되어 있는 것은 두 사람 사이에 친밀함이 존재함을 의미한다. • 반대로 거리가 먼 경우에는 실제 생활에서도 상호작용이나 의사소통이 소원한 경우가 많다.
인물상의 방향	그려진 인물상의 방향이 정면일 경우에는 긍정적인 감정, 측면일 경우는 반 긍정, 반 부정적인 감정 그리고 뒷면일 경우에는 부정적인 감정을 반영한다고 볼 수 있다.
인물상의 생략	• 가족구성원의 생략은 그 가족구성원에 대한 적의나 공격성, 불안 등의 부정적인 감정을 표현한 것으로 볼 수 있다. • 인물상을 지운 흔적은 지워진 인물과의 양가감정 혹은 갈등이 있을 수 있음을 암시하거나 강박적이고 불안정한 심리상태를 나타낼 경우도 있다. • 가족구성원의 일부를 용지의 뒷면에 그리는 경우는 그 개인과의 간접적인 갈등을 시사한다.
타인의 묘사	• 가족구성원이 아닌 제3자를 그리는 경우에는 가족 내에 누구에게나 마음을 터놓을 수 없는 상태에 있음을 나타낸다. • 친구가 묘사되는 경우가 많다.

ⓜ 인물상의 특성

음영이나 갈기기	• 신체부분에 음영이 그려진 경우 그 신체부분에의 몰두, 고착, 불안을 시사한다. • 또한 정신신체증상의 호소와도 관련된다. • 그림의 윤곽선이 진하고 그림 안의 선들이 진하지 않을 경우 성격의 평형을 유지함이 곤란함을 나타낸다.
윤곽선 형태	• 강박적 사고와 관련이 있다. • 인물상을 빈틈없이 그릴 수 없을 정도로 과도하게 집착하고 있음을 시사한다.
신체부분의 과장	• 신체부분의 확대 혹은 과장은 그 부분의 기능에 대한 집착을 나타낸다. • 신체내부를 투명하게 보이는 경우는 현실왜곡, 빈약한 현실감각, 정신장애 가능성을 내포한다.
신체부분의 생략	그 신체부분 기능의 거부와 그 부분에 집착된 불안이나 죄의식을 나타낸다.
얼굴표정	• 직접적인 감정을 나타내므로 해석상 확실한 지표가 된다. • 인물의 표정은 가족활동 안에서 내담자가 지각하는 정서반응일 수 있다. • 얼굴표정을 생략한 경우 가족 내에서 느끼는 갈등이나 정서적 어려움을 회피하거나 거리감을 두려는 시도로 해석할 수 있다.
의복의 장식	• 나체상을 그리는 사람은 사회규범에 대해 반항적이며 성적 문제를 가지는 경향이 많으며, 의복을 통하여 신체가 보이도록 그리는 경우는 현실검증력이 낮고, 심리적으로 장애가 있는 경우가 많다. • 의복의 단추모양이나 액세서리의 강조는 의존성 또는 애정욕구의 불만을 의미한다.
회전된 인물상	• 인물상이 기울기도 하고 옆으로 누워 있는 경우가 있다. • 이는 가족에 대한 인식기능이 상실되었을 때, 혹은 거절이나 다른 가족구성원과의 분리감정을 나타낸다. • 즉, 보편적으로 강한 불안정과 정서통제가 되지 않는 내담자에게서 나타난다.
정교한 묘사	그림이 극히 정교하고 정확하며 질서가 있는 경우는 환경구성에 대한 그림을 그리는 사람의 관심이나 욕구를 반영하는 것이나, 과도한 표현은 강박적이고 불안정한 심리상태를 의미한다.
필압	• 선이 굵고 강하게 나타나는 경우는 충동이 밖으로 향하고 공격적이고 활동적이다. • 반대로 약하고 가는 선은 우울하고 소극적인 사람에게 나타난다.

④ 적용

　㉠ KFD는 가족이 무엇인가 하고 있는 것을 그리는 것으로 현재의 가족 모습이 나타나기도 하고 자신이 바라는 가족 모습이 나타날 수도 있으므로 그림 자체만으로 해석하는 것은 상당한 오류를 범할 수 있다.

　㉡ 치료자는 내담자의 현재의 상황과 잘 연결시켜 그림을 해석하도록 한다.

　㉢ 치료자가 해석기준만 참고하여 일방적으로 진단을 내리는 것은 위험할 수 있기 때문에 내담자에게 아래와 같이 질문하여 직접 자신의 그림을 설명할 수 있도록 하고 이를 해석에 참고하는 것이 바람직하다.

> • 그림을 그린 후 그림을 보고서 어떤 느낌을 받았나요?
> • 누구를 그릴 때 가장 힘들었나요?
> • 가족 중 나와 가장 가까운 사람은 누구인가요?
> • 평소에 생각하는 가족과 그림에서 나타나는 가족은 어떤 차이가 있나요?

⑥ 문장완성검사(Sentence Completion Test; SCT)

(1) 의의

① 문장완성검사(Sentence Completion Test, SCT)는 단어연상검사의 변형·발전된 형태로서, 다수의 미완성 문장들에 대해 수검자가 자신의 생각대로 문장을 완성하도록 하는 검사이다.

② 갈튼(Galton)의 자유연상법, 카텔(Cattell) 및 라파포트(Rapaport)의 단어연상법, 융(Jung)의 임상적 연구 등에 영향을 받았다.

③ 1897년 에빙하우스(Ebbinghaus)가 최초로 지능검사 도구로 미완성 문장을 활용하였으며, 1928년 페인(Payne)이 문장완성을 성격검사 도구로 처음 사용하였다. 이후 1930년 텐들러(Tendler)가 이를 사고반응 및 정서반응의 진단을 위한 도구로 발전시켰다.

④ 제2차 세계대전 당시 대규모의 인원을 대상으로 한 효과적인 병사 선발을 목적으로 일 대 일의 직접면담 대신 활용되었다. 이후 심리검사 배터리(Battery)에 포함되어 연구목적에 따라 다양한 형태로 변형·제작되었다.

⑤ 현재 임상현장에서는 삭스문장완성검사(Sacks Sentence Completion Test, SSCT)가 널리 사용되고 있다.

(2) 특징

① SCT는 완성되지 않은 문장을 완성하도록 되어 있는 투사검사 중 하나이다.

② 자유연상을 토대로 하므로 수검자의 내적 갈등이나 욕구, 환상, 주관적 감정, 가치관, 자아구조, 정서적 성숙도 등을 효과적으로 파악할 수 있다.

③ 언어표현을 사용하므로 수사법, 표현의 정확성 여부, 표현된 정서, 반응시간 등이 중요한 의미를 지닌다.

④ 보통 50~60개 문장을 통해 수검자의 복합적인 성격패턴을 도출해낸다.

⑤ 로샤검사나 주제통각검사(TAT)보다 더 구조화되어 있으므로, 몇몇 학자들에 의해 투사적 검사로 보기 어렵다는 견해도 있다.

⑥ 단어연상검사에 비해 연상의 다양성이 감소된다는 지적도 있으나, 검사문장을 통해 나타나는 상황적 맥락이나 감정적 색채 등이 오히려 수검자의 태도나 관심 영역을 잘 반영하고 있다는 주장이 받아들여지고 있다.

⑦ 수검자는 예/아니요와 같이 단정적으로 답을 강요당하지 않으며, 자신이 원하는 대로 답할 수 있다.

⑧ 수검자가 검사의 구체적인 의도를 명확히 알지 못하고, 옳은 답 또는 그른 답을 분간할 수 없으므로 비교적 솔직한 답을 얻을 수 있다. 다만, 다른 투사적 검사에 비해 검사의 의도가 완전히 은폐되지 않으므로 수검자의 응답이 왜곡되어 나타날 가능성을 완전히 배제하기는 어렵다.

⑨ 다른 투사적 검사에 비해 검사의 시행 및 해석에 있어서 특별한 훈련이 요구되지 않는다. 다만, 표준화검사와 같이 객관적인 채점을 할 수는 없으므로 검사결과의 임상적인 분석을 위해 보다 전문적인 수준의 지식과 훈련이 필요하다.

⑩ 집단적인 검사가 가능하므로 시간 및 노력이 상대적으로 적게 소요된다.

⑪ 검사문항의 작성이 매우 용이하며, 특히 다양한 상황에 부합하도록 검사문항을 수정할 수 있다.

⑫ 수검자의 언어표현능력이 검사결과에 영향을 미치므로, 언어발달이 완성되지 못한 아동에게는 적용하기 어렵다.

(3) 삭스문장완성검사(SSCT)

① 삭스문장완성검사(SSCT)는 20명의 심리학자들을 대상으로 가족, 성, 대인관계, 자아개념의 4가지 영역에 대해 중요한 태도를 유도할 수 있는 미완성 문장을 만들도록 한 후 선별의 과정을 거쳐 만들어졌다.

② 최종 검사문항은 가족 12문항, 성 8문항, 대인관계 16문항, 자아개념 24문항으로 총 60문항이었으나, 내용상 중복되는 것을 제외한 채 현재 50개 문항의 형태로 널리 사용되고 있다.

③ 삭스(Sacks)는 4개의 영역을 15개의 영역으로 보다 세분화하여, 각 영역에서 수검자가 보이는 손상의 정도에 따라 0, 1, 2점으로 평가하고, 해당평가에 대한 해석체계를 구성하였다.

④ SSCT의 4가지 주요 영역의 특징은 다음과 같다.

영역	특징
가족	어머니와 아버지, 그리고 가족에 대한 태도를 측정한다. 예 어머니와 나는 _____
성	남성과 여성, 결혼, 성적 관계 등 이성관계에 대한 태도를 측정한다. 예 내 생각에 여자들은 _____
대인관계	가족 외의 사람, 즉 친구와 지인, 권위자 등에 대한 태도를 측정한다. 예 내가 없을 때 친구들은 _____
자아개념	자신의 능력, 목표, 과거와 미래, 두려움과 죄책감 등에 대한 태도를 측정한다. 예 내가 저지른 가장 큰 잘못은 _____

⑤ SSCT의 반응유형은 다음과 같다.

유형	반응내용	판단
고집형	내용의 변화가 적으며, 특정대상이나 욕구를 반복적으로 제시함	성격의 경직성, 기호의 편벽성
감정단반응형	좋다 또는 싫다 등 간단하고 짤막한 어휘로 반응함	정신지체, 감정통제의 어려움
장황형	감정단반응형과 달리 장황하고 지루하게 반응함	신경증적·강박적 성향
자기중심형	자신과 관련되지 않은 문항에서조차 자기중심적인 주제로 반응함	미성숙
공상반응형	비현실적인 생각이나 공상으로 반응함	현실도피, 현실에의 부적응
허위반응형	자신의 본래 모습을 감추면서 도덕적으로 반응함	반사회성, 가장적 성향
모순형	검사 전체의 전후 내용을 고려할 때 내용상 모순적으로 반응함	무의식적 갈등
반문형	자극문항 앞에서 응답이 아닌 반문으로 반응함	권위에 대한 저항
은닉형	자극문항 앞에서 반응의 내용에 대해 구체적인 표현을 삼감	자기방어적 성향
거부형	자극문항 앞에서 고의로 없다 또는 모른다로 반응하거나 전혀 반응하지 않음	자기방어적 성향
병적 반응형	자극문항 앞에서 비정상적인 내용으로 반응함	정신장애

01 객관적 검사에 영향을 줄 수 있는 요인에 대한 설명으로 옳지 <u>않은</u> 것은?

① 사회적 바람직성 : 문항의 내용이 사회적으로 바람직한 내용인가가 문항에 대한 응답결과에 영향을 미친다.

② 반응경향성 : 개인의 응답방식에서 나타나는 일정한 흐름이 결과에 영향을 미친다.

③ 묵종경향성 : 자기이해와 관계없이 협조적인 대답으로 일관함으로써 결과에 영향을 미친다.

④ 문항제한성 : 응답의 범위가 제한되어 있으므로 개인의 독특한 문제에 대한 진술기회가 상대적으로 적으며, 수집된 자료에 개인의 문제가 노출되지 않을 수 있다.

01 문항제한성 : 검사문항이 개인의 주요 특성을 중심으로 전개됨으로써 특정 상황에서의 특성과 상황 간의 상호작용내용을 밝히기 어렵다.

02 투사적 검사에 대한 설명으로 옳지 <u>않은</u> 것은?

① '비구조적 검사(Unstructured Test)'라고도 한다.

② 개인의 독특한 심리적 특성을 측정하는 데 주목적을 둔다.

③ 검사의 신뢰도는 전반적으로 빈약하나 타당도는 높은 편이다.

④ 검사자의 태도, 수검자의 선입견 등 여러 상황적 요인들이 검사반응에 강한 영향을 미친다.

02 검사결과의 해석이 대부분 객관적으로 입증되는 자료가 아닌 임상적인 증거를 근거로 하므로 타당도 검증이 빈약하다.

정답 01 ④   02 ③

03 ② 실시할 수 있는 수검자의 연령 하한
선은 본래 16세이다. 다만, 일정 수
준의 독해력이 인정되는 경우 12세
까지 가능하다.
③ 수검자의 언어성 IQ(VIQ)가 80 이
하인 경우 검사실시가 부적합한
것으로 간주되고 있다.
④ 수검자가 심리적인 혼란 상태에 있
는 경우를 제외하고 수검자의 정
신적 손상을 검사 제한 사유로 고
려하지 않는다.

03 MMPI 검사를 실시할 때의 고려사항에 대한 내용으로 옳은
것은?

① 독해력은 초등학교 6학년 이상의 수준이어야 한다.

② 수검자의 연령 하한선은 본래 16세로 이는 어떤 경우에도
지켜야 한다.

③ 수검자의 언어성 IQ(VIQ)가 60 이하인 경우 검사실시가
부적합한 것으로 간주되고 있다.

④ 수검자의 가벼운 정신적 손상에도 검사는 제한되어야
한다.

04 척도 5 Mf는 임상척도에 해당한다.

04 MMPI의 타당도척도에 속하지 <u>않는</u> 것은?

① VRIN척도   ② 척도 5 Mf
③ L척도   ④ FB척도

05 4-6-8코드가 동시에 상승하였을 때
나타날 수 있는 특징이다.

05 아래의 성격특징은 MMPI의 어떤 코드쌍이 상승하였을 때
나타날 가능성이 있는가?

- 심리적인 갈등에 대해 회피적 · 방어적인 태도를 보이며,
  대인관계에서 적대적이고 화를 잘 내며 의심이 많다.
- 다른 사람의 비판에 대해 쉽게 상처를 받으며, 상대방의
  행동에 대해 악의를 가진 것으로 생각하는 경향이 있다.
- 자기도취적이고 자기중심적인 태도를 보이며, 자신의 문
  제를 인정하기보다는 이를 외부로 귀인하여 다른 사람을
  탓하거나 비난한다. 그러나 그와 같은 시도에도 불구하고
  자신의 심리적인 불안과 긴장을 해소하지 못한다.
- 합리화에 능하고 논쟁적이며, 권위에 대한 깊은 분노감
  이 내재해 있으므로, 이들을 치료하거나 면접하는 데 상
  당한 어려움이 있다.

① 4-7-2코드   ② 6-8-7코드
③ 4-6-8코드   ④ 2-1-3코드

정답 03 ① 04 ② 05 ③

06 MBTI의 선호지표에 대한 내용 중 옳지 <u>않은</u> 것은?

① 내향형(Introversion)은 에너지를 내부세계의 아이디어에 집중하는 것을 선호한다.

② 감각형(Sensing)은 오감을 통해 직접적으로 인식되는 정보에 주의를 기울이고 실제로 존재하는 것을 선호한다.

③ 사고형(Thinking)은 판단을 할 때 사실과 논리에 근거를 두고 객관적인 가치에 따라 결정을 내리는 것을 선호한다.

④ 인식형(Perceiving)은 무엇이든 나름대로 판단을 하여 서둘러 결정을 내리는 것을 선호한다.

06 인식형(Perceiving, P)은 결정을 가능한 한 미루면서 새로운 가능성의 소지를 남겨두는 것을 선호한다.

07 아래의 성격유형은 MBTI의 16가지 중 무엇인가?

> • 조용하고 과묵하고 절제된 호기심으로 인생을 관찰하며 상황을 파악하는 민감성과 도구를 다루는 뛰어난 능력이 있다.
> • 말이 없으며, 객관적으로 인생을 관찰하는 형이다.
> • 필요 이상으로 자신을 발휘하지 않으며, 일과 관계되지 않는 이상 어떤 상황이나 인간관계에 직접 뛰어들지 않는다.
> • 가능한 에너지 소비를 하지 않으려 하며, 사람에 따라 사실적 자료를 정리, 조직하길 좋아하며 기계를 만지거나 인과관계나 객관적 원리에 관심이 많다.
> • 연장, 도구, 기계를 다루는데 뛰어나며 사실들을 조직화하는 재능이 많으므로 법률, 경제, 마케팅, 판매, 통계분야에 능력을 발휘한다.
> • 민첩하게 상황을 파악하는 능력이 있다.
> • 느낌이나 감정, 타인에 대한 마음을 표현하기 어려워한다.

① ISTP ② INFP

③ ESFP ④ ENTP

07 해당 제시문은 ISTP형에 대한 내용이다.

정답 06 ④ 07 ①

checkpoint 해설 & 정답

08 우울증상이 있는 사람은 보통 음영차
원과 무채색 반응의 빈도가 높게 나타
난다.

08 로샤검사에 대한 내용 중 옳지 않은 것은?

① 추상적·비구성적인 잉크반점을 자극 자료로 하여 수검
자의 학습된 특정 반응이 아닌 여러 가지 다양한 반응을
유도한다.

② 수검자는 그가 지각한 것 속에 자신의 욕구, 경험, 습관적
반응양식을 투사한다.

③ 우울증상이 있는 사람은 보통 음영차원과 유채색 반응의
빈도가 높게 나타난다.

④ 개인이 잉크반점을 조직하고 구조화하는 방식이 근본적
으로 그 사람의 심리적 기능을 반영한다고 본다.

09 **제2단계: 반응단계**
• 그림에 대한 수검자의 지각 및 자유
연상이 이루어진다.
• 검사자는 수검자가 하는 말을 가능
하면 있는 그대로 기록한다.
• 수검자가 하나의 카드에서 한 가지
반응을 보이고 멈추는 경우 다시
격려하여 연상하도록 한다.
• 수검자의 반응이 너무 적은 경우 질
문단계로 넘어가지 않은 채 반응단
계를 반복한다.

09 로샤검사의 실시단계 중 반응단계에 대한 내용에 해당하는
것은?

① 검사자는 로샤검사에 대해 수검자에게 자세히 설명한다.

② 개방적인 질문을 통해 어떤 영역을 무엇 때문에 그렇게
보았는지 질문한다.

③ 검사과정상의 반응에 대해 추가적인 설명을 할 수 있도록
한다.

④ 그림에 대한 수검자의 지각 및 자유연상이 이루어진다.

10 ① 위치(Location)
② 반응결정인(Determinant)
④ 평범(Popular)반응

10 로샤검사의 해석에서 엑스너(Exner)의 종합체계방식에 따라
채점을 할 때 형태질(Form Quality)은 무엇에 대한 것인가?

① 내담자가 반응한 반점이 어느 위치인가?

② 반응하게 하는데 기여한 반점의 특징은 무엇인가?

③ 수검자가 기술한 대상이 반점에 적절한가?

④ 그 반응이 일반적으로 사람들이 많이 하는 반응인가?

정답 08 ③ 09 ④ 10 ③

11 **로샤검사의 질문단계에서 해서는 안 되는 질문은?**

① 어느 쪽이 위인가요?

② 그냥 그렇게 보인다고 하셨는데 어떤 것을 말씀하시는 것인지 조금 더 구체적으로 설명해 주시겠어요?

③ 어떤 점이 ~처럼 보인 건가요?

④ ~에 대해 좀 더 설명해 보시겠어요?

11 • 부적절한 질문
 – 검사자는 수검자에게 질문 시 다음과 같은 부적절한 질문을 삼가야 한다.
   직접적인 질문: 그 사람이 뭔가를 하고 있나요?
   유도질문: 어느 쪽이 위인가요?
   반응을 상세히 묘사하도록 하는 질문: 그 동물은 왜 싸웠을까요?
 – 검사자는 채점을 하는데 직접적으로 관계가 없으나 검사자가 궁금한 사항들에 대해 질문하는 것을 삼가야 한다.
 – 검사자는 모든 반응 결정인을 염두에 두고 질문을 할 필요가 있으나 강박적인 생각을 할 필요는 없다. 즉, 질문은 간결하고 비지시적이어야 한다.
 – 질문 시 검사자와 수검자가 주고받은 말은 대화체로 기록하도록 하며, 위치를 표시하는 용지는 영역 확인 시에 정확히 기록해 두어야 한다.

12 **TAT에 대한 설명으로 틀린 것은?**

① 3~10세 아동을 대상으로 한다.

② 로샤검사와 더불어 전 세계적으로 널리 사용되고 있는 대표적인 투사적 검사이다.

③ 정신분석이론을 토대로 수검자 자신의 과거경험 및 꿈에서 비롯되는 투사와 상징을 기초로 한다.

④ 해석 시 사용되는 방법 중 주인공의 욕구 및 압력, 욕구방어 및 감정, 다른 등장인물과의 관계 등에 초점을 두는 방법을 욕구-압력분석법이라고 한다.

12 아동용 주제통각검사(The Children's Apperception Test)가 3~10세를 대상으로 한다.

13 **HTP가 임상장면에서 널리 사용되는 이유에 해당하지 <u>않는</u> 것은?**

① 연필과 종이만 있으면 되므로 실시가 쉽다.

② 중간 채점이나 기호 채점의 절차를 포함하여 그림을 직접 해석할 수 있다.

③ 아동, 외국인, 문맹자 등 언어표현이 어려운 사람에게도 적용할 수 있다.

④ 그림에의 투사과정이 그 자체로 억압의 해소 등 치료적인 효과를 가진다.

13 중간 채점이나 기호 채점의 절차 없이 그림을 직접 해석할 수 있다.

정답 11 ① 12 ① 13 ②

14 ① 공격성 혹은 경쟁의식: 공, 축구공, 던지는 물체들, 빗자루, 먼지떨이 등
   ② 분노, 거부, 적개심: 칼, 총, 날카로운 물체, 불, 폭발물 등
   ④ 우울한 감정, 억울함: 물과 관계되는 모든 것

14 KFD의 해석에서 그려진 사물이 상징하는 것이 올바르게 표현된 것은?

① 공격성 혹은 경쟁의식 : 물과 관계되는 모든 것
② 분노, 거부, 적개심: 공, 축구공, 던지는 물체들, 빗자루, 먼지떨이 등
③ 힘의 과시 : 자전거, 오토바이, 차, 기차, 비행기 등
④ 우울한 감정, 억울함 : 칼, 총, 날카로운 물체, 불, 폭발물 등

15 ④ KFD에 대한 설명이다.

15 SCT에 대한 내용 중 틀린 것은?

① 자유연상을 토대로 하므로 수검자의 내적 갈등이나 욕구, 환상, 주관적 감정, 가치관, 자아구조, 정서적 성숙도 등을 효과적으로 파악할 수 있다.
② 로샤검사나 주제통각검사(TAT)보다 더 구조화되어 있으므로, 몇몇 학자들에 의해 투사적 검사로 보기 어렵다는 견해도 있다.
③ 수검자는 예/아니요와 같이 단정적으로 답을 강요당하지 않으며, 자신이 원하는 대로 답할 수 있다.
④ 가족 내에서의 자기 자신과 다른 가족구성원에 대한 지각을 파악하고 가족 간의 상호작용과 역동성을 파악하기 위한 것이다.

정답 14 ③ 15 ④

✅ 주관식 문제

01 투사적 검사의 특징과 종류에 대하여 기술하시오.

01

정답 투사적 검사(Projective Test)는 비구조적 검사과제를 제시하여 개인의 다양한 반응을 무제한적으로 허용하므로 '비구조적 검사(Unstructured Test)'라고도 한다. 주목적은 개인의 독특한 심리적 특성을 측정하는 데 있다.
투사검사에는 로샤검사(Rorschach Test), 단어연상검사, 주제통각검사(TAT), 문장완성검사(SCT), 인물화검사(Draw-A-Person), 집-나무-사람 그림검사(HTP) 등이 해당한다.

02 MMPI의 해석 시 고려하여야 할 내용을 간략히 기술하시오.

02

정답 ① 수검자의 특징적인 검사태도에 대한 고려
② 개별척도에 대한 해석의 시도
③ 2 코드 해석의 시도
④ 낮은 임상척도에 대한 고려
⑤ 전체 프로파일에 대한 형태분석

03
정답 A: 4
B: 16

03 아래의 A와 B에 들어갈 말로 적절한 것은?

> MBTI는 개인의 성격을 (A)개의 양극차원에 따라 분류하고 각 차원별로 2개의 선호 중 하나를 선택하도록 함으로써 총 (B)가지의 성격유형으로 구분한다.

04
정답 자기-지각(Self-Awareness), 가정생활의 질, 자신의 가족 내 관계에 대한 지각

04 HTP에서 집(House) 그림이 상징하는 것은 무엇인가?

05
정답 가족, 성, 대인관계, 자아개념

05 SSCT가 측정하는 4가지 영역을 기술하시오.

제 **5** 장

진로 및 직업평가

I wish you the best of luck

제 5 장 진로 및 직업 평가

제 1 절 스트롱(Strong) 검사

1 의의

(1) 스트롱 검사는 다양한 직업세계의 특징과 개인 흥미 간의 유의한 자료를 제공해 주는 도구로서 현재 세계 각국에서 활용되고 있는 흥미검사다.

(2) 오랜 기간 이론과 경험 자료의 연구 분석을 통해 체계적으로 구성된 흥미 목록의 형태(Inventory Form)로 광범위하고 친숙한 문항을 사용하여 반응자의 흥미 정도를 묻는다.

(3) 개인이 어떤 활동에 가치를 두는지, 어떤 직업이 적합한지, 어떤 환경이 적합한지, 어떤 사람들과 일하는 것을 좋아하는지 등에 관계되는 척도별 점수를 제공하여 개인의 전체적인 흥미의 경향성을 알아보고, 이들 경향성이 직업세계와 어떻게 관련되어 있는지, 이러한 발견점을 개인의 진로 및 직업을 탐색하는 데 어떻게 적용할 것인지를 알아볼 수 있도록 구성되어 있다.

2 실시

(1) 1927년 Strong이 최초로 스트롱 직업흥미검사(Strong Vocational Interest Blank; SVIB)를 제작한 이래 계속 개정되어 오고 있다.

(2) SVIB의 남성용과 여성용을 통합하여 1974년 David Campbell이 제작하고, 1981년과 1985년에 Jolda Hansen의 도움으로 개정 과정을 거쳤던 스트롱 – 캠벨 흥미검사(Strong–Campbell Interest Inventory, SCII)를 현재는 스트롱 흥미검사(Strong Interest Inventory, SII)가 대신하고 있다.

(3) SII는 1994년 스트롱 흥미검사(Harmon et al., 1994)를 거친 2004년 스트롱 흥미검사(SII, Donnay, Morris, Schaubhut, & Thompson, 2004)가 현재로서는 가장 최신판으로 1994년 SII와 2004년 SII가 함께 사용되고 있다.

(4) 미국에서 사용되고 있는 스트롱 흥미검사(SII)는 일반직업분류(General Occupational Theme scales; GOT), 기본흥미 척도(Basic Interest Scales; BIS), 직업 척도(Occupational Scales; OS), 개인특성 척도(Personal Style Scales; PSS)의 네 가지 하위 척도의 점수를 결과로 제시한다.

(5) 1994년 SII는 317문항, 2004년 SII는 291문항으로 대부분 25~35분에 마칠 수 있다. 검사지를 Consulting Psychologists Press(CPP)로 보내면 그곳의 컴퓨터나 채점담당자가 채점한다. 또한 CPP가 제공하는 온라인검사 사이트를 통해 온라인 검사도 받을 수 있다.

③ 구성

우리나라에서는 1994년 스트롱 흥미검사를 근간으로 중·고등학생용인 스트롱 진로탐색검사와 대학생 이상 일반인용인 스트롱 직업흥미검사가 2001년 출판되었다. 미국의 스트롱 흥미검사와 우리나라에서 사용되고 있는 스트롱 진로탐색검사 및 스트롱 직업흥미검사의 구성은 아래와 같다.

> **더 알아두기 Q**
>
> **스트롱 검사의 구성 비교**
>
> | 미국(Consulting Psychologists Press, CPP) | 한국(어세스타, 김정택, 김명준, 심혜숙, 공저) | |
> |---|---|---|
> | Strong Interest Inventory (SII) | 스트롱 진로탐색검사 | 스트롱 직업흥미검사 |
> | GOT(일반직업분류) BIS(기본흥미 척도) PSS(개인특성 척도) OS(직업 척도) | 중·고등학생 대상 미국 원검사의 GOT 척도 채택 진로성숙도 척도 (한국 자체 개발) | 대학생이상 일반인 대상 GOT, BIS, PSS의 세 가지 세부 척도를 적용 |

(1) 스트롱 진로탐색검사

광범위한 영역의 흥미 탐색을 통한 포괄적 흥미 영역 규명 및 계열 선택, 진학계획 수립을 위한 기초자료를 제공하기 위한 목적으로 미국의 스트롱 흥미검사의 네 가지 척도 가운데 일반직업분류(GOT) 척도를 채택하고 한국의 중·고등학생들의 진로성숙의 수준을 측정하기 위한 새로운 척도를 개발하여 진로성숙도검사와 직업흥미검사의 두 부분으로 구성하였다.

1부 진로성숙도검사에서는 진로정체감, 가족일치도, 진로준비도, 진로합리성, 정보 습득률 등을 측정하고, 2부 직업흥미검사에서는 직업, 활동, 교과목, 여가활동, 능력, 성격특성 등에 대한 문항을 통해 학생들의 흥미유형을 포괄적으로 파악할 수 있도록 한다. 진로성숙도 점수가 특히 낮을 경우 흥미유형도 명확히 나타나지 않는다. 따라서 결과 해석지에는 진로성숙도 부족 요인에 '*' 표시가 되고, 표시된 부족 요인이 있는지 확인한 후 이에 대해 전문적인 해석과 상담이 필요하다.

학생들에 대한 스트롱 진로탐색검사 결과 자료들은 각 개인에게 적합한 직업 관련 경험과 행동을 하도록 조언해 줌으로써 그들의 장래 진로를 위한 상담 자료로 활용될 수 있다. 학생들에게 진학과 진로, 직업 적응에 필요한 행동을 습득할 수 있도록 하는 것은 그들에게 장래 자신의 직업에 대한 명확한 정체성을 갖도록 해 주는 과정이 될 수 있다. 최근 정보화 사회로 접어들면서 새로운 직업이 늘어나고, 보다 전문화된 능력과 기술을 필요로 하는 등, 직업세계의 변화에 따라 청소년들의 진로선택에 대한 고민을 해결하는데 도움을 준다.

개인이 자신의 검사 결과 및 해석 과정에 대한 수용 여부, 인상, 평가 등을 정리해 보고, 수립된 진로탐색 결과를 좀 더 구체적으로 실행할 계획을 갖도록 하며, 마지막으로 진로탐색의 과정이 전 생애를 통한 끊임없는 과정으로 계속적인 노력을 기울여야 함을 강조한다.

(2) 스트롱 직업흥미검사

스트롱 직업흥미검사는 미국의 스트롱 흥미검사(SII)의 한국판으로 고등학교 이상 성인에게 적용 가능하다. 스트롱 직업흥미검사는 세분화된 직업흥미탐색을 통한 개인의 흥미 영역 세분화에 초점을 두고 보다 구체적인 진로탐색 및 진학계획, 경력개발 등에 효과적으로 사용될 수 있게 만들어졌다. 미국 SII를 구성하는 4개 하위 척도 중 직업 척도(OS)를 제외한 세 가지 척도의 317문항을 채택하여 8,865명을 대상으로 한국 규준을 마련하였다. 3개 하위 척도의 내용은 다음과 같다.

① 일반직업분류(GOT) 점수

직업심리학자 Holland의 진로선택 이론이 반영된 6개의 분류(RIASEC)로 GOT 점수들은 내담자의 흥미에 관한 포괄적인 전망을 제공한다. '그 유형의 사람들이 좋아하는 활동은 무엇인지', '그들에게 적합한 직업의 종류는 무엇인지' '어떠한 환경(직업, 여가 혹은 생활환경)이 그들에게 편안한지' '어떤 종류의 사람들이 그들의 마음을 끄는지' 등이다.

② 기본흥미척도(BIS) 점수

GOT의 하위 척도이며, 실제로 상관이 높은 문항을 집단화시켜 완성한 특정 활동과 주제에 대한 25개의 세부 척도로 GOT를 특정한 흥미들로 세분화한다. 모든 BIS는 그것과 관련된 GOT하에 있는 프로파일에 집단으로 배열되어 각각의 BIS는 내용의 특정한 분야를 다루게 된다. 따라서 GOT는 내용 및 범위에서 일반적으로 더 넓고 다양한 반면, BIS는 특정한 흥미 분야에 더 집중되어 있다. BIS는 가능성 있는 직업 분야를 확인하는 데 유용하고 또한 생활의 균형 문제를 다루는 데에도 쓰일 수 있다.

농업	야외 환경에서의 힘든 신체적 노동을 반영한다.
자연	자연의 아름다움을 감상하고 야영, 사냥, 낚시 등과 같이 야외에서와 재창조적인 활동에 대한 흥미이다.
군사 활동	구조화된 환경, 질서 있고 명령의 체계가 분명한 것에 대한 흥미다.
운동경기	경기 관람을 포함, 스포츠에 대한 강한 흥미를 말하며, 개인 스포츠보다는 단체 경기나 경쟁적인 스포츠에 대한 흥미이다.
기계 관련 활동	기계 장비뿐 아니라 정밀한 의료기기 등을 다루는 일에서 요구되는 작업에 대한 흥미를 반영, 화학자, 치과의사, 물리학자, 엔지니어 등이 해당된다.
과학	자연과학에 대한 흥미를 말하며, 특히 과학 이론과 진리에 대한 탐구, 과학적 연구와 실험 등에 대한 관심을 말한다.
수학	수를 다루고 통계적 분석에 대한 흥미를 말하며, 현실-탐구적인 영역에 대한 흥미를 포함한다.

의학	과학척도는 물리학에 대한 흥미를 나타내는 데 비해 이 항목은 의학, 생물학 등에 대한 흥미를 말한다.
음악 / 드라마	공연 활동에 참여하거나 공연 관람에 대한 흥미를 말한다.
미술	순수미술가, 디자이너, 건축가 등 작품을 창조하고 관람 또는 수집하는 것에 대한 흥미를 반영한다.
응용미술	시각적인 창의성과 공간을 시각화하는 포괄적인 면에 강조를 하는 항목으로, 기계제도 등과 같은 현실적인 예술 부문에 대한 강한 흥미를 말한다.
글쓰기	문학, 독서, 비평적인 글에 대한 흥미를 말하며, 언어와 관련된 직업, 국어교사, 변호사, 홍보책임자, 기자, 작가 등이 해당된다.
가정 / 가사	다른 사람을 접대하는 일에 대한 흥미다.
교육	초 · 중 · 고등학교 교직에 대한 흥미를 말한다.
사회봉사	사회사업, 사회봉사, 자선활동 등 사람과 함께 일하거나 사람을 돕는 데 대한 인간적인 흥미를 말한다.
의료봉사	앞서 설명한 의학 척도와 달리 진료 상황에서 환자를 직접적으로 돕는 데 대한 관심을 의미한다.
종교 활동	종교교육 지도자, 사제, 목사, 사회단체(YMCA 등) 지도자 등과 같이 영적 혹은 종교적 문제에 대한 흥미를 말한다.
대중연설	각광 받기를 좋아하고 다른 사람들의 생각과 관점에 영향을 주고자 하며 언어적 활동을 통하여 다른 사람을 설득하는 것에 대한 흥미를 말한다.
법 / 정치	논쟁과 토론을 통해서 개념을 전달하는 것에 대한 흥미로 정치학가, 공무행정가, 판매업자 등의 흥미를 말한다.
판매촉진	서비스보다는 물건을 파는 도 · 소매 활동에 대한 흥미를 말하며, 주로 백화점 관리자, 유통업자 등과 같이 구조화된 상점과 같은 환경에서 판매하는 것을 선호한다.
판매	방문 판매 등과 같은 예상치 않은 상황에 대해 적극적인 대처를 통한 활약이 가능한 흥미를 반영하는 항목이다.
조직관리	다른 사람들을 지휘하고 감독하는 권위와 힘에 대한 흥미를 말한다.
자료관리	자료 및 정보를 다루고 처리하는 것에 대한 흥미다. 아래의 사무 척도와는 달리 독립성과 의사결정권이 포함되는 위치에 있어서의 흥미를 포함한다.
컴퓨터	컴퓨터, 프로그래밍, 문서 작성, 그리고 사무기기를 다루는 작업에 대한 흥미를 말한다.
사무	워드프로세싱, 오탈자 교정 등과 같은 단순한 사무활동에 대한 흥미를 말한다.

③ 개인특성 척도(PSS) 점수

일상생활과 일의 세계에 관련된 광범위한 특성에 대해 개인이 선호하고 편안하게 느끼는 것을 측정하는 PSS(개인특성 척도)는 18,951명의 남녀 표본에 의해 개발된 4개 척도다.

PSS는 개인이 그들이 일반적으로 어떻게 학습하고, 일하고, 놀고, 생활하는지에 대해 탐색하게 함으로써, 어떤 특정 환경(교육 혹은 작업 환경 등)과 자신과의 관계에 대해 평가할 수 있는 틀을 제공한다. 결과적으로 PSS 점수는 GOT, BIS의 결과로 측정된 개인의 직업흥미에 대해 상당 부분 보완, 설명하는 기능을 갖는다.

💡 더 알아두기 🔍

개인특성 척도(PSS)의 세부 척도

PSS 척도	특징	프로파일 상에서 왼쪽으로 갈수록 ←	프로파일 상에서 오른쪽으로 갈수록 →
업무 유형 (Work Style)	사람과 함께 일하는 것을 좋아하는지, 자료·사물·아이디어 등을 다루는 것을 좋아하는지를 알아보는 항목	• 혼자 일하기를 선호한다. • 자료, 사물, 아이디어 다루기를 선호한다. • 자신의 독립적인 생각과 판단으로 과업을 완성한다.	• 조직이나 팀의 일원으로 사람들과 함께 일하는 것을 선호한다. • 다른 사람을 지원하는 일에 관심이 많다.
학습유형 (Learning Environment)	학문적인 분야에 관심을 두는지, 실용적인 분야에 관심을 두는지를 알아보는 항목	• 실제로 행하는 것을 통한 학습을 선호한다. • 단기간 학습을 선호한다. • 구체적인 목표와 기술습득을 선호한다.	• 책을 읽거나 강의 등을 통한 학습을 선호한다. • 장기간의 학교교육을 선호한다. • 본질적인 원리, 이론에 관심이 많다.
리더십 유형 (Leadership Style)	• 타인과의 업무접촉이나, 지시, 설득, 그리고 지도력을 측정하는 항목 • 조직화된 상황에서 조직의 부분, 혹은 전체를 책임지기를 좋아하는지, 다른 사람을 지도, 통솔하는 것을 좋아하는지 등을 알려준다.	• 다른 사람들 앞에 나서서 책임지는 일이 편하지 않다. • 다른 사람을 지휘, 통솔하기보다는 주어진 과업을 행하는 것을 선호한다. • 과업 중심적이고 과묵한 편이다.	• 다른 사람을 지휘, 통솔하는 일이 어렵지 않다. • 일과 행동을 시작하는 것이 즐겁다. • 자신의 견해를 자유롭게 표현할 수 있다.
모험심 유형 (Risk Taking)	신체적인 위험 상황을 감수하거나 위기상황을 극복하는 정도를 측정하는 항목	• 위험 부담이 없는 상황을 선호한다. • 조용한 활동을 선호한다. • 상황에 대한 안전 요소를 고려하는 편이다.	• 모험적인 활동을 좋아한다. • 위험부담이 있더라도 시도해 보는 것을 선호한다. • 기회를 활용하는 편이다.

홀랜드 직업적성검사(CAT)

1 의의

(1) 홀랜드(Holland)는 개인-환경 적합성 모형을 통해 직업 심리학적 특성과 직업 환경의 심리적 특성을 결부시킴으로써, 개인의 행동이 그들의 성격에 부합하는 직업 환경 특성들 간의 상호작용에 의해 결정된다고 보았다.

(2) 개인의 성격은 그들의 직업적 선택을 통해 표현되며, 개인의 직업적 만족이나 안정, 성취, 적응 또한 그들의 성격과 직업 환경 간의 적절한 연결에 달려있다고 본다.

(3) 홀랜드 유형 직업적성검사(CAT : Career Aptitude Test)는 직무의 다양한 특성들을 탐색하고, 개인이 해당 직무를 수행할 수 있는 능력이 있는지 판단함으로써 개인의 진로적성을 파악할 수 있도록 한다.

(4) 직무의 실제 특성을 6가지 유형으로 분류하여 개인이 어느 유형에 속하는지, 개인이 선호하는 유형의 특징적 양식은 어떠한지, 그에 적합한 직업은 무엇인지 제시한다.

2 기본가정

(1) 대부분의 사람들은 6가지 유형(실재형, 탐구형, 예술형, 사회형, 기업형, 관습형) 중 한 유형에 분류될 수 있다.

(2) 생활환경도 6가지 유형으로 분류될 수 있으며 각 환경유형은 그 환경에 포함되어 있는 구성원들의 성격 유형에 의해 결정된다.

(3) 개인은 자신의 능력과 기술을 발휘하고 태도와 가치를 표현하며 자신에게 맞는 역할을 수행할 수 있는 직업환경을 추구한다.

(4) 개인의 행동은 성격과 환경의 상호작용에 의해서 결정된다. 개인의 성격과 직업 환경에 대한 지식은 진로선택, 직업변경, 직업적 성취감에 관한 중요한 결과를 예측한다.

3 6가지 직업성격 유형

(1) 현실형(R ; Realistic Type)

① 일반적 특징

㉠ 확실하고 현재적 · 실질적인 것을 지향한다.

㉡ 현장에서 수행하는 활동 또는 직접 손이나 도구를 활용하는 활동을 선호한다.

ⓒ 추상적인 개념을 통해 자신의 생각을 표현하는 일이나 친밀한 대인관계를 요하는 일은 선호하지
않는다.

② 성격적 특징

㉠ 신체적으로 강인하며, 안정적이고 인내심이 있다.

㉡ 평범하고 솔직하며, 정치적 · 경제적인 측면에서 보수적인 양상을 보인다.

③ 직업활동 양상

㉠ 일의 성과에 대한 구체적이고 신속한 확인을 통해 직무활동에 보람을 느낀다.

㉡ 기술직 · 토목직, 자동차엔지니어, 비행기조종사, 농부, 전기 · 기계기사 등이 적합하다.

(2) 탐구형(I ; Investigative Type)

① 일반적 특징

㉠ 추상적인 문제나 애매한 상황에 대한 분석적이고 논리적인 탐구활동을 선호한다.

㉡ 새로운 지식이나 이론을 추구하는 학문적 활동을 선호한다.

ⓒ 대인관계에 관심을 가지지 않으며, 공동 작업을 선호하지 않는다.

② 성격적 특징

㉠ 자신의 지적인 능력에 대한 자부심이 있다.

㉡ 새로운 정보에 대해 관심을 가지며, 문제 해결보다는 문제 자체에 대해 더 많은 관심을 가진다.

③ 직업활동 양상

㉠ 복잡한 원리 또는 첨단기술 등의 새로운 분야에 도전을 하여 내면적인 호기심을 충족시킴으로써
보람을 느낀다.

㉡ 화학자, 생물학자, 물리학자, 의료기술자, 인류학자, 지질학자, 설계기술자 등이 적합하다.

(3) 예술형(A ; Artistic Type)

① 일반적 특징

㉠ 어떤 것의 시비보다는 상상적이고 창조적인 것을 지향하는 문학, 미술, 연극 등의 문화 관련 활동
분야를 선호한다.

㉡ 직업 활동이 자신의 개인적인 관심 분야와 밀접하게 연관된다.

ⓒ 구조화된 상황이나 정서적으로 억압적인 상황을 선호하지 않는다.

② 성격적 특징

㉠ 독립적인 상황에서 자신의 내면세계를 작품으로 표현하고자 한다.

㉡ 심미적인 가치를 높이 평가하며, 예술적인 방법으로 자신을 표현한다.

③ 직업활동 양상

㉠ 새로운 것을 창조하거나 창의적인 사람과 관계를 형성할 때 보람을 느낀다.

㉡ 문학가, 작곡가, 미술가, 무용가, 무대감독, 디자이너, 인테리어 장식가 등이 적합하다.

(4) 사회형(S ; Social Type)

① 일반적 특징

　⊙ 인간의 문제와 성장, 인간관계를 지향하고 사람과 직접 일하기를 좋아하며, 원만한 대인관계를 맺는다.

　ⓒ 다른 사람을 교육 · 육성하는 일을 좋아하며, 개인적인 이익을 추구하기보다 타인을 돕는 활동을 선호한다.

　ⓒ 논리적 · 분석적인 활동이나 인간의 가치가 배제된 경쟁적인 활동을 선호하지 않는다.

② 성격적 특징

　⊙ 다른 사람에 대해 협력적이고 친절하며, 유머 감각과 재치를 가지고 있다.

　ⓒ 평화로운 인간관계를 선호하며, 다른 사람의 복지에 관심을 가진다.

③ 직업활동 양상

　⊙ 동료들과 친밀한 관계를 형성하며, 상대방의 능력에 대해 서로 신뢰를 나타낼 때 보람을 느낀다.

　ⓒ 사회사업가, 교사, 상담사, 간호사, 임상치료사, 언어치료사, 목회자 등이 적합하다.

(5) 진취형(E ; Enterprising Type)

① 일반적 특징

　⊙ 정치적 · 경제적 도전극복을 지향하며, 지위와 권한을 통해 다른 사람의 행동을 이끌고 통제하는 활동을 선호한다.

　ⓒ 다른 사람들과 함께 일하는 것을 선호하며, 조직화된 환경에서 공동의 목표를 달성하고자 한다.

　ⓒ 추상적이고 애매한 상황에서 관찰적이고 상징적인 활동을 선호하지 않는다.

② 성격적 특징

　⊙ 다른 성격유형보다 자기주장이 강하고 지배적이며, 자기확신이 강하다.

　ⓒ 자신감과 모험심이 강하며, 낙천적이고 논쟁적이다.

③ 직업활동 양상

　⊙ 조직활동 내에서 적절한 권한 행사를 통해 조직의 목표를 달성할 때 보람을 느낀다.

　ⓒ 기업실무자, 영업사원, 보험설계사, 정치가, 변호사, 판매원, 연출가 등이 적합하다.

(6) 관습형(C ; Conventional Type)

① 일반적 특징

　⊙ 구조화된 상황에서 구체적인 정보를 토대로 정확하고 세밀한 작업을 요하는 일을 선호한다.

　ⓒ 정확성을 요하는 활동, 회계 등과 같이 숫자를 이용하는 활동을 선호한다.

　ⓒ 비구조화된 상황, 창의성을 요하는 활동을 선호하지 않는다.

② 성격적 특징

　⊙ 보수적 · 안정적이며, 성실하고 꼼꼼하다.

　ⓒ 스스로 자기통제를 잘 하며, 인내심을 가지고 주어진 일을 묵묵히 수행한다.

③ 직업활동 양상

    ㉠ 자신의 기여에 의한 실질적인 성과가 조직의 목표 달성에 긍정적인 결과를 가져올 때 보람을 느낀다.

    ㉡ 사무직 근로자, 경리사원, 컴퓨터 프로그래머, 사서, 은행원, 회계사, 법무사, 세무사 등이 적합하다.

④ 홀랜드 모형과 해석

(1) 모형

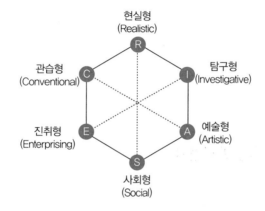

(2) 해석

① 일관성

    ㉠ 성격과 환경유형 모두에 적용되는 것으로서, 유형들의 어떤 쌍들은 다른 유형의 쌍들보다 공통점을 더 많이 가지고 있다.

    ㉡ 탐구적이고 관습적인 활동에 흥미를 가진 현실적인 사람(RIC)은 진취적이고 사회적인 활동에 선호를 나타내는 현실적인 사람(RES)보다 더 일관성이 있다.

② 일치성

    ㉠ 한 개인이 자기 자신의 성격유형과 동일하거나 유사한 환경에서 일, 또는 생활하는 경우에 해당한다.

    ㉡ 육각형 모델을 통해 개인의 유형과 환경 간의 일치 정도를 측정할 수 있으며, 가장 완벽한 적합은 현실적 환경에 현실적인 유형이라 할 수 있다.

③ 차별성(변별성)

　　㉠ 어떤 사람 또는 환경은 매우 단순하여 어느 유형과는 매우 유사한 반면 다른 유형과는 차별적인 모습을 보인다.

　　㉡ 모든 유형에 거의 동일한 유사성을 보이는 사람은 차별적 특징이 없거나 잘 규정되지 않았다고 볼 수 있다.

④ 정체성

　　㉠ 성격과 환경유형 모두를 형성하도록 지원해주는 이차적인 구조로 간주된다.

　　㉡ 성격적 측면에서의 정체성은 개인의 목표, 흥미, 재능에 대한 명확하고 견고한 청사진을 말하는 반면, 환경적 측면에서의 정체성은 조직의 투명성 및 안정성, 목표 · 일 · 보상의 통합을 의미한다.

⑤ 계측성(타산성)

　　㉠ 유형들 내 또는 유형들 간의 관계는 육각형 모델에 의해 정리되며, 육각형 모델에서의 유형들 간의 거리는 그 이론적인 관계에 반비례한다.

　　㉡ 육각형은 이론의 본질적 관계를 설명해주는 것으로서, 여러 가지 실제적인 용도를 가지고 있다.

제3절　MIQ 직업가치검사

1 의의

(1) 미네소타 직업가치검사(Minnesota Importance Questionnaire ; MIQ)는 20가지의 일에 대한 요구와 가치에 대해 직업을 선택할 때 얼마나 중요하게 생각하는가에 대해 질문한다.

(2) 20가지 요구는 직업적응 이론에 기초한 직무만족(job satisfaction)연구로부터 도출된 것이다.

(3) 직업적응 이론에서는 근로자의 능력이 일을 성공하는데 충분하다면, 근로자의 만족감은 근로자의 요구와 직업적 보상의 일치도에 의해 결정된다고 본다.

2 실시

※ MIQ는 비교형과 순위형의 두 가지 유형 검사가 있다.

(1) 비교형은 두 가지 서로 상반되는 요구의 쌍 가운데 하나를 선택하도록 만들어진 190문항으로 구성되어 있다.

(2) 간편형인 순위형은 5개 가치를 가지고 그 중요도의 순위를 매기는 22개 문항으로 구성되어 있다. 간편형 검사에 소요되는 시간은 약 20분이다.

(3) 컴퓨터로 자동 채점된다.

(4) MIC는 초등학교 5학년 정도의 읽기능력을 요구하지만 16세 이하 청소년에게 사용하기에는 적합하지 않다. 16세 이전까지는 발달적으로 일에 대한 요구나 가치가 잘 정립되어 있지 않기 때문이다.

3 구성

(1) 척도

미네소타직업가치 검사(MIQ)는 직업가치에 대한 6개의 상위척도와 직업 욕구에 대한 21개의 하위척도로 구성된다. 총 190개의 문항에 5점 리커트 척도로 응답한다.

① 상위 척도(직업 가치)

성취(achievement), 편안함(comfort), 지위(status), 이타심(altruism), 안전(safety), 자율성(autonomy)

② 하위 척도(직업 욕구)

가치	욕구척도	내용
성취	• 능력활용(ability utilization) • 성취(achievement)	• 나의 능력을 활용할 수 있는 일을 할 수 있다. • 일은 나에게 성취감을 준다.
편안함	• 활동(activity) • 독립성(independence) • 다양성(variaty) • 보수(compensation) • 고용안정(security) • 작업조건(working condition)	• 나는 언제나 일할 때 바쁘다. • 나는 혼자서 일을 할 수 있다. • 나는 매일 다른 일을 할 수 있다. • 나의 보수는 다른 일에 비해 좋다. • 그 일은 안정된 고용을 보장한다. • 그 일은 좋은 근무조건을 가지고 있다.
지위	• 발전(advancement) • 인정(recognition) • 권한(authority) • 사회적지위(social status)	• 그 일은 발전의 기회를 제공한다. • 내가 하고 있는 일에 인정을 받을 수 있다. • 사람들에게 할 일을 지시할 수 있다. • 공동체에서 중요한 누군가가 될 수 있다.
이타심	• 동료(coworkers) • 도덕적 가치(moral values) • 사회적 서비스(social service)	• 나의 동료들은 친해지기 쉽다. • 도덕적으로 잘못되었다는 감정없이 일 할 수 있다. • 다른 사람들에게 무언가를 해줄 수 있다.

안전	• 회사 정책과 관행
	  (company policies and practices)
	• 감독자와의 인간적 관계
	  (supervision–human relations)
	• 감독자와의 기술적 관계
	  (supervision–technical relations)
		• 회사는 정책을 공정하게 집행한다.
		• 상사는 직원들을 지원해준다.
		• 상사는 직원들을 잘 훈련시킨다.

자율성	• 창조성(creativity) • 책임성(responsibility)	• 나의 아이디어를 실행해볼 수 있다. • 내 스스로 결정할 수 있다.

(2) 해석

① 미네소타직업가치 검사(MIQ)의 해석은 두 가지 차원으로 구성된다. 하나는 21가지 욕구와 6가지 직업가치에 대한 개인의 점수가 제시되고, 또 하나는 개인의 욕구와 직업가치에 대한 다양한 직업적 강화패턴(ORPS)과의 비교로 구성되어 있다.

② 첫 번째 페이지는 개인 내 비교, 두 번째 페이지는 규준집단과의 비교이다.

　㉠ 개인 내 비교

> • 한 가지 차원은 개인 내 비교로 6가지 직업 가치와 21가지 직업 욕구에 대한 개인의 점수가 제시된다. 점수의 범위는 '−1.0'에서 '+3.0'까지이고, '0.0' 이하는 중요하지 않음(unimportant)이며, '0.0' 초과는 중요함(important)으로 나타낸다.
> • 높은 점수 : 다른 욕구에 비하여 중요한 욕구를 의미한다.
> • 낮은 점수 : 다른 욕구에 비하여 덜 중요한 욕구를 의미한다.
> • 가장 낮은 점수 : 대수롭지 않은 욕구나 피하고 싶은 상황이다.
> • 6개의 직업 가치 영역뿐만 아니라 21가지 직업 욕구를 알아보고, 두 수준의 점수가 나타내는 일치 또는 불일치의 정도를 알아보는 것이 유용하다.
> • 개인이 일관된 방식으로 반응한 정도를 나타내는 '반응일관도(LCT : Logically Consistent Triads)'를 살펴볼 수 있다.

　㉡ 규준집단과의 비교

> • 미네소타직업가치 검사(MIQ)점수는 6개의 군집 각각에 15개의 직업들이 포함되어 총 90개의 직업이 알파벳순으로 정리되어 있으며, 각 군집에서의 직업에 대한 일치 정도(C지표 C-index)와 만족 수준(만족S(satisfied : 50 이상), 약간 만족 L(likely satisfied : 10~49) 그리고 불만족 N(not satisfied : 10 미만)으로 제시하고 있다.
> • 규준집단(norm group)과의 비교를 하며, 미네소타직업가치 검사(MIQ)에 나타난 개인의 직업가치 프로파일과 직업적 강화인 패턴(ORP : Occupational Reinforcer Patterns, 각 직업에서 MIQ에 평가된 개인의 욕구를 얼마나 충족시킬 수 있는지에 대한 프로파일링)과의 비교 내지 조화 정도를 알 수 있다.

제4절 진로성숙도 검사

1 의의

한국직업능력개발원에서 개발한 진로성숙도검사는 다음의 목적으로 새롭게 문항을 구성하고 표준화 작업을 실시하였다.

(1) 진로성숙과 관련된 다양한 요인을 총괄적으로 포함함으로써 다양한 진로지도의 목적에 적합하게 활용할 수 있게 하였다.

(2) 언어능력과 일반적 인지능력과의 상관의 정도가 상대적으로 낮다.

(3) 검사의 과정 자체가 진로발달을 촉진시키는 교육적 경험을 제공한다.

(4) 진로성숙만이 아니라 진로미결정의 이유에 대한 진단을 통하여 상담을 위한 구체적인 자료를 제공한다.

2 특징

(1) 진로성숙도검사의 대상은 중학교 2학년부터 고등학교 3학년으로 초등학교 5학년의 언어이해력을 전제로 구성되었다.

(2) 총 135문항으로 구성된 진로성숙도검사(한국형)는 진로성숙을 태도와 능력 및 행동의 세 측면으로 구분하고, 하위요소를 갖는다.

(3) 모집단의 학교 급별 / 지역별 / 계열별 / 성별 비율을 고려하여 유층표집을 한 결과 전국의 79개 중·고등학교로부터 2,161명의 중학생, 1,956명의 일반계 고등학생, 1,219명의 실업계 고등학생이 참여하여 모두 5,336명이 규준집단에 포함되었다.

(4) 검사의 규준은 각 하위 영역별로 중2, 중3, 고1, 고2의 전체 집단 및 성별 규준을 제작하였다.

❸ 구성 및 해석

(1) 구성

영역	하위 검사 (문항 수)	정의
태도	독립성 (13문항)	진로결정의 책임을 수용하고 자기 스스로 진로를 탐색하고 선택하려는 태도
	일에 대한 태도 (13문항)	직업의 의미에 대한 올바른 인식과 직업에 중요성을 부여하는 정도
	계획성 (13문항)	자기 진로의 방향을 설정하고 그것을 위한 계획을 수립해 보는 태도
능력	자기이해 (15문항)	능력, 흥미, 가치, 신체적 조건, 환경적 제약 등 진로선택에서 고려해야 할 개인적 특성들에 대한 이해의 정도
	정보활용 및 진로결정능력 (16문항)	진로와 관련된 정보를 활용하여 자신에게 적합한 진로를 합리적으로 선택할 수 있다고 생각하는 정도
	직업에 대한 지식 (60문항)	일반적 직업에 대하여 알고 있는 정도
		자신이 관심을 갖는 직업에 대해 구체적으로 알고 있는 정도
행동	진로 탐색 및 준비행동 (15문항)	자신의 진로를 적극적으로 탐색하고 준비하는 정도

(2) 해석

검사의 결과는 하위 영역별로 원점수, 백분위, T점수 등이 제시되며 각 하위 영역별 문항 수의 차이 및 중요도의 차이로 인한 진로성숙도 점수를 제시하지는 않는다. 결과표에는 각 하위 영역에 대한 설명과 함께 백분위에 따른 조언표가 제시되며 백분위 75이상인 경우 진로성숙도가 높은 것으로, 25보다 낮을 경우 진로성숙도가 낮은 것으로 구분한다.

01 스트롱 검사에 대한 설명으로 옳은 것은?

① 기본흥미척도는 홀랜드의 6가지 유형을 제공한다.

② 스트롱 진로탐색검사는 진로성숙도 검사와 직업흥미검사로 구성되어 있다.

③ 업무, 학습, 리더십, 모험심을 알아보는 기본흥미척도가 포함되어 있다.

④ 개인특성척도는 일반직업분류의 하위척도로서 특정흥미분야를 파악하는데 도움이 된다.

02 개인특성 척도(PSS)의 세부 척도가 바르게 짝지어진 것은?

① 업무유형 : 학문적인 분야에 관심을 두는지, 실용적인 분야에 관심을 두는지 알아보는 항목

② 학습유형 : 사람과 함께 일하는 것을 좋아하는지, 자료 · 사물 · 아이디어 등을 다루는 것을 좋아하는지 알아보는 항목

③ 리더십유형 : 타인과의 업무접촉이나, 지시, 설득, 그리고 지도력을 측정하는 항목

④ 모험심유형 : 조직화된 상황에서 조직의 부분, 혹은 전체를 책임지기를 좋아하는지를 알아보는 항목

01 미국의 스트롱 흥미검사(SII)의 한국판
으로 고등학교 이상 성인에게 적용 가
능하다.

03 **스트롱 직업흥미검사에 대한 설명이 <u>아닌</u> 것은?**

① 중 · 고등학생에게 적용이 가능하다.

② 보다 구체적인 진로탐색 및 진학계획, 경력개발 등에 효
과적으로 사용될 수 있게 만들어졌다.

③ 군사 활동은 구조화된 환경, 질서 있고 명령의 체계가 분
명한 것에 대한 흥미다.

④ 농업은 야외 환경에서의 힘든 신체적 노동을 반영한다.

02 제시문은 사회형의 일반적 특징이며,
사회형은 다른 사람에 대해 협력적이
고 친절하며, 유머 감각과 재치를 가지
고 있다는 점이 성격적 특징 중 하나
이다.

04 **홀랜드의 직업적 성격유형에서 다음 내용에 해당하는 유형은?**

- 인간의 문제와 성장, 인간관계를 지향하고 사람과 직접
일하기를 좋아하며, 원만한 대인관계를 맺는다.
- 다른 사람을 교육, 육성하는 일을 좋아하며, 개인적인 이
익을 추구하기보다 타인을 돕는 활동을 선호한다.
- 논리적. 분석적인 활동이나 인간의 가치가 배제된 경쟁
적인 활동을 선호하지 않는다.

① 현실형(R ; Realistic Type)

② 탐구형(1 ; Investigative Type)

③ 예술형(A ; Artistic Type)

④ 사회형(S ; Social Type)

정답 03 ① 04 ④

05 CAT 직업성격 유형 중 탐구형(I)과 진취형(E)의 비교 설명으로 옳지 <u>않은</u> 것은?

① 탐구형은 추상적인 문제나 애매한 상황에 대한 분석적이고 논리적인 탐구활동을 선호한다.

② 진취형은 정치적, 경제적 도전극복을 지향하며, 지위와 권한을 통해 다른 사람의 행동을 이끌고 통제하는 활동을 선호한다.

③ 탐구형은 인류학자 지질학자, 설계기술자 등이 적합하다.

④ 진취형은 교사, 상담사, 언어치료사, 목회자 등이 적합하다.

06 CAT 직업성격 유형의 해석 차원 중 다음 내용에 해당하는 것은?

- 유형들 내 또는 유형들 간의 관계는 육각형 모델에 의해 정리되며, 육각형 모델에서의 유형들 간의 거리는 그 이론적인 관계에 반비례한다.
- 육각형은 이론의 본질적 관계를 설명해주는 것으로, 실제적인 용도를 가지고 있다.

① 정체성　　② 일관성
③ 일치성　　④ 계측성

정답 05 ④　06 ④

07 개인 내 비교, 규준집단과의 비교가 가능하다.

07 미네소타 직업가치검사의 해석에 관한 설명 중 틀린 것은?

① 프로파일 점수는 개인 내 점수의 비교만 가능하다.

② 중요도가 가장 낮은 점수는 대수롭지 않은 욕구이거나 피하고 싶은 상황일 수 있다.

③ 6가지 직업가치 외에 21가지 욕구를 알아보고 이 두 수준의 점수에서 보이는 일치와 불일치 정도를 찾아보는 것도 유용하다.

④ 높은 점수는 다른 욕구에 비하여 중요한 욕구를, 낮은 점수는 다른 욕구에 비하여 덜 중요한 욕구를 의미한다.

08 ① 순위형에 관한 설명이다.
③ 간편형 검사 소요시간은 약 20분이다.
④ 20가지 일에 대한 요구

08 미네소타 직업가치검사에 대한 설명으로 옳은 것은?

① 비교형은 5개 가치를 가지고 그 중요도의 순위를 매기는 22개 문항으로 구성되어 있다.

② MIC는 초등학교 5학년 정도의 읽기능력을 요구하지만 16세 이하 청소년에게 사용하기에는 적합하지 않다.

③ 간편형 검사에 소요되는 시간은 약 90분이다.

④ 50가지 일에 대한 요구는 직업적응 이론에 기초한 직무만족(job satisfaction)연구로부터 도출된 것이다.

09 독립성, 일에 대한 태도, 계획성, 자기이해, 정보 활용 및 진로결정능력, 직업에 대한 지식, 진로 탐색 및 준비행동

09 진로성숙도검사의 하위영역에 해당하지 않는 것은?

① 독립성   ② 진취성
③ 자기이해   ④ 계획성

정답 07 ① 08 ② 09 ②

10 진로성숙도검사에 대한 설명으로 <u>틀린</u> 것은?

① 진로성숙도검사의 대상은 중학교 2학년부터 고등학교 3학년이고 초등학교 5학년의 언어이해력을 전제로 구성되었다.

② 백분위 75 이상인 경우 진로성숙도가 높은 것으로, 25보다 낮을 경우 진로성숙도가 낮은 것으로 구분한다.

③ 검사의 결과는 하위 영역별로 원점수, 백분위, T점수 등이 제시된다.

④ 결과표에는 각 하위 영역에 대한 설명과 함께 각 하위 영역에서의 원점수의 조언표가 제시된다.

10 결과표에는 각 하위 영역에 대한 설명과 함께 각 하위 영역에서의 백분위에 따른 조언표가 제시된다.

✔ **주관식 문제**

01 스트롱 직업흥미검사의 척도 3가지를 쓰고, 각각에 대해 설명하시오.

_____

_____

_____

_____

_____

01

정답 ・일반직업분류(GOT) : 홀랜드의 직업선택이론에 의한 6가지 주제로 구성되었고 GOT점수들은 피검자의 흥미에 관한 포괄적 직업전망을 제공한다.

・기본흥미척도(BIS) : 일반직업분류(GOT)의 하위척도이며, 수검자의 특정분야의 흥미들을 25개의 세부척도로 구성되어 있으며 개인의 특정한 활동이나 주제에 대한 흥미도를 측정한다.

・개인특성척도(PSS) : 일상생활과 일의 세계와 관련된 광범위한 특성에 대해 개인이 선호하고 편안하게 느끼는 것을 측정하는 4개의 척도인 업무유형, 학습유형, 리더십유형, 모험심유형의 하위 척도로 구성되어 있으며, 결과적으로 PSS점수는 GOT, BIS의 결과로 측정된 개인의 직업 흥미에 대해 상당부분 보완, 설명해줄 수 있는 기능을 갖는다.

정답 10 ④

안심Touch

02

정답 • 태도척도 : 독립성, 일에 대한 태도,
계획성
• 능력척도 : 자기이해, 정보활용 및
진로결정능력, 직업에 대한 지식

02 진로성숙도 검사의 태도척도와 능력척도를 각각 3가지씩
쓰시오.

03

정답 성취, 안전, 지위, 이타심, 안정, 자율성

03 미네소타 직업가치검사의 6가지 직업가치를 기술하시오.

정답 33 ② 34 ④

최종모의고사
/ 정답 및 해설

I wish you the best of luck

제한시간: 50분 | 시작 _____시 _____분 – 종료 _____시 _____분

➡ 정답 및 해설 216p

01 표준화검사가 다른 검사에 비하여 객관적인 해석을 가능하게 해주는 이유는 무엇인가?

① 타당도가 높기 때문이다.

② 규준이 확보되어 있기 때문이다.

③ 신뢰도가 높기 때문이다.

④ 실시하는 것이 편하기 때문이다.

02 문장완성검사(Senstence Completion Test, SCT)에 관한 설명으로 옳은 것은?

① 심사숙고하여 떠오르는 생각을 기록하도록 해야 한다.

② 검사해석에 대한 규준이 마련되어 있다.

③ 미완성 문장을 완성하도록 되어 있는 투사검사 중의 하나이다.

④ 상상력과 창의력을 알아볼 수 있는 검사이다.

03 개념타당도(Construct Validity)와 바꾸어 쓸 수 <u>없는</u> 용어는?

① 구성타당도

② 구인타당도

③ 내용타당도

④ 구조적 타당도

04 지능에 대한 학자들의 견해가 알맞게 연결되지 <u>않은</u> 것은?

① 웩슬러(Wechsler) : 지능은 개인이 합목적적으로 행동하고 합리적으로 사고하며, 환경을 효율적으로 다룰 수 있는 총체적인 능력

② 비네(Binet) : 지능은 일정한 방향을 설정하고 그것을 유지하는 능력, 목표달성을 위해 일하는 능력, 행동의 결과를 수정하는 능력

③ 터만(Terman) : 지능은 추상적 사고를 하는 능력, 즉 다양한 문제들을 해결하기 위해 추상적 상징을 사용하는 능력

④ 스피어만(Spearman) : 지능은 추상적 개념과 구체적 사실을 연관시킬 수 있는 능력

05 가드너(Gardner)의 다중지능이론의 가정이 아닌 것은?

① 가드너는 문제해결능력과 함께 특정 사회적·문화적 상황에서 산물을 창조하는 능력을 강조하였다.

② 인간의 지능은 일반지능과 같은 단일한 능력이 아닌 다수의 능력으로 구성되며, 각각의 능력들의 상대적 중요도는 서로 동일하다고 보았다.

③ 각 하위이론들은 내부영역, 경험영역, 외부영역에서 지능의 근원적 요소들을 포착하여 해당 요소들이 어떻게 지적 사고와 행동을 산출하는지 제시하였다.

④ 최근에는 자연탐구지능(Naturalist Intelligence) 및 실존적 지능(Existential Intelligence)을 비롯하여, 도덕적 감수성(Moral Sensibility), 성적 관심(Sexuality), 유머(Humor), 직관(Intuition), 창의성(Creativity) 등 다양한 지능의 존재가능성을 제기하고 있다.

06 작문능력을 측정하려고 했으나 암기력을 측정한 경우 무엇에 문제가 있다고 볼 수 있나?

① 신뢰도
② 타당도
③ 객관도
④ 실용도

07 MMPI의 검사문항에서 정상인들이 응답하는 방식에서 벗어나는 경향성을 측정하는 것은 무엇인가?

① K척도
② L척도
③ Es척도
④ F척도

08 신경심리평가에 있어 배터리(Battery)검사의 장점으로 볼 수 있는 것은?

① 다른 불필요한 검사들을 제외하며, 필요한 검사에 대하여 보다 집중적인 실행이 가능하다.

② 필요한 검사에 대하여 집중적으로 검사를 실시할 수 있다.

③ 임상적 평가 목적과 연구 목적이 함께 충족될 수 있다.

④ 최신의 신경심리학적 연구결과들을 반영하는 것이 용이하다.

09 로샤검사의 질문단계에서 검사자의 질문 또는 반응으로 적절하지 않은 것은?

① 어느 쪽이 위인가요?
② 당신이 어디를 그렇게 보았는지를 잘 모르겠네요.
③ 그냥 그렇게 보인다고 하셨는데 어떤 것을 말씀하시는 것인지 조금 더 구체적으로 설명해 주세요.
④ 모양 외에 그것처럼 보신 이유가 더 있습니까?

10 K-ABC의 특징으로 <u>틀린</u> 것은?

① 지능을 인지처리과정으로 가정한다.

② 좌뇌와 우뇌의 기능을 고루 측정할 수 있다.

③ 만 2세 6개월부터 만 12세 6개월까지의 아동을 대상으로 한다.

④ 의사소통에 문제가 있는 아동에게는 적합하지 않다.

11 수검자에게 MMPI-2를 제대로 실시할 수 있는지 여부를 확인하기 위하여 알아보아야 할 사항과 가장 거리가 <u>먼</u> 것은?

① 지능수준

② 신체장애

③ 연령

④ 독해력

12 K-WAIS-Ⅳ의 소검사 중 어휘(Vocabulary)가 측정하는 요인과 가장 거리가 <u>먼</u> 것은?

① 언어발달 정도

② 언어 사용 및 축적된 언어학습능력

③ 본질과 비본질을 구분하는 능력

④ 장기기억

13 지능에 관한 환경론적 설명 중 <u>틀린</u> 것은?

① 부모의 양육태도가 지능에 영향을 미칠 수 있다.

② 이란성쌍생아의 경우 서로 다른 환경에서 자라면 지능에서 차이를 보인다는 결과는 환경론을 지지한다.

③ 발달초기인 취학 전 가정환경이 지능에 미치는 영향은 지대하다.

④ 초기 환경의 스트레스는 두뇌발달에 부정적 영향을 미친다.

14 K-WAIS-Ⅳ 검사시행에 관한 설명으로 옳은 것은?

① 언어성검사를 먼저 실시한 후 동작성검사를 시행한다.

② 집단적으로 시행하는 것을 원칙으로 하지만 경우에 따라 개별적으로 시행한다.

③ K-WAIS-Ⅳ는 단순히 평가 뿐 아니라 교육적 성격을 가지기 때문에 검사에 대해 정답을 피드백해주는 것이 일반적이다.

④ 검사수행 시의 세밀한 행동관찰도 검사결과를 해석하는 데 중요한 자료가 된다.

15 심리검사 중 그 실시 목적이 나머지 셋과 <u>다른</u> 것은?

① CAT

② K-WPPSI

③ MBTI

④ KFD

16 신경심리검사를 유용하게 사용할 수 있는 환자 집단이 <u>아닌</u> 것은?

① 신경증 환자
② 뇌손상 환자
③ 뇌전증 환자
④ 중추신경계 손상 환자

17 다음 중 지능에 관한 일반적인 정의와 가장 거리가 먼 것은?

① 지능이란 적응능력이다.
② 지능이란 학습능력이다.
③ 지능이란 기억능력이다.
④ 지능이란 총합적 · 전체적 능력이다.

18 같은 사람에게 첫 번째 시행한 검사와 측정영역, 문항 수, 난이도가 같은 검사로 두 번째 검사를 실시한 후 두 검사점수 간의 상관으로 신뢰도를 추정하는 방법은?

① 반분신뢰도
② 관찰자신뢰도
③ 동형검사신뢰도
④ 검사−재검사신뢰도

19 Cattell과 Horn의 지능이론에 관한 설명으로 옳지 <u>않은</u> 것은?

① Cattell은 지능을 유동성지능과 결정성지능으로 구별하였다.
② 유동성지능은 22세 이후까지도 지속적으로 발달한다.
③ 결정성지능은 문화적, 교육적 경험에 따라 영향을 받는다.
④ 유동성지능은 개인의 독특한 신체구조와 과정에 기초한 선천적 기능이다.

20 K−WISC−Ⅴ의 5가지 기본지표가 <u>아닌</u> 것은?

① 시각공간
② 양적추론
③ 작업기억
④ 처리속도

21 치매가 의심되는 노인 환자를 대상으로 실시할 검사와 관련이 <u>없는</u> 것은?

① MMPI−2
② K−MMSE
③ 기억력검사
④ GDS

22 지능검사의 결과해석 시 주의해야 할 사항으로 옳지 **않은** 것은?

① IQ 점수를 표시된 숫자 그 자체로 생각한다.

② 과잉해석을 피한다.

③ 합리적이지만 융통성 있게 해석한다.

④ 학교성적을 예측할 수 있는 여러 변인 중의 하나로 고려한다.

23 TAT의 실시에 관한 내용으로 옳은 것은?

① 수검자가 "이 사람은 남자인가요? 여자인가요?"라고 묻는 경우, 검사요강을 참고하여 성별을 알려준다.

② 자연스러운 반응을 위해, 수검자의 반응이 지나치게 피상적이고 기술적인 경우라도 검사자가 개입해서는 안 되며, 다음 반응으로 넘어가야 한다.

③ 카드를 보여주고, 각 그림을 보면서 될 수 있는 대로 연극적인 장면을 만들어 보라고 지시한다.

④ 모든 수검자에게 24장의 카드를 전부 실시한다.

24 표준화검사의 개발과정으로 옳은 것은?

① 검사목적정의→사전검사설계→문항준비→문항분석→표준화 및 규준작성→최종검사준비 및 출판

② 검사목적정의→사전검사설계→문항분석→문항준비→표준화 및 규준작성→최종검사준비 및 출판

③ 검사목적정의→사전검사설계→표준화 및 규준작성→문항준비→문항분석→최종검사준비 및 출판

④ 검사목적정의→문항준비→문항분석→사전검사설계→표준화 및 규준작성→최종검사준비 및 출판

✔ **주관식** 문제

01 측정에 있어 신뢰도의 개념을 기술하시오.

02 웩슬러지능검사에서 아래의 특징을 보이는 환자는
    어떤 질환을 가지고 있을 가능성이 높은가?

> • 토막짜기(Block Design), 바꿔쓰기(Digit
>   Symbol), 차례 맞추기(Picture Arrange
>   ment), 모양 맞추기(Object Assembly)의
>   점수가 상대적으로 낮다.
> • 숫자 외우기(Digit Span) 소검사에서 '바로
>   따라 외우기'와 '거꾸로 따라 외우기' 간의
>   점수 차이가 크게 나타난다.
> • 공통성(Similarities) 소검사의 낮은 점수가
>   개념적 사고의 손상을 시사한다.
> • 상식(Information), 어휘(Vocabulary), 이해
>   (Comprehension) 소검사의 점수는 비교
>   적 유지된 상태이다.

03 아래의 검사는 무엇인가?

> • 간단한 지시를 알아듣고 따를 수 있는 아
>   동이라면 정상아동 뿐 아니라 언어나 동
>   작성장애를 가진 아동, 정서장애 및 자폐
>   를 가진 아동, 그리고 뇌성마미가 있는 아
>   동들도 쉽게 검사를 받을 수 있다.
> • 검사 시 주어진 답에서 고르게 하는 것이
>   므로 우연히 맞힌 문항 때문에 점수가 높
>   아질 수 있다는 점에 주의한다.

04 로샤검사에서 4가지 발달질의 정의와 기준을
    기술하시오.

제2회 최종모의고사 | 심리검사

제한시간: 50분 | 시작 _____시 _____분 – 종료 _____시 _____분

→ 정답 및 해설 220p

01 편차지능지수의 개념을 사용하고 있는 웩슬러 지능검사는 평균과 표준편차를 얼마로 산정하고 있는가?

① 평균은 90, 표준편차는 10이다.
② 평균은 100, 표준편차는 15이다.
③ 평균은 90, 표준편차는 15이다.
④ 평균은 100, 표준편차는 10이다.

02 MMPI-2의 타당도척도에 해당되지 <u>않는</u> 것은?

① S척도
② H척도
③ F(B)척도
④ 무응답척도

03 동일한 검사를 동일한 집단에 일정 간격을 두고 다시 실시하여 전후 검사결과를 상관계수로 계산하는 신뢰도는 무엇인가?

① 동형검사신뢰도
② 검사-재검사신뢰도
③ 반분신뢰도
④ 문항내적합치도

04 MMPI-2에서 4-6 또는 6-4척도가 상승한 사람의 특징으로 옳지 <u>않은</u> 것은?

① 항상 긴장되어 있고 다양한 신체적 증상을 나타낼 가능성이 높다.
② 분노와 적개심이 억제되어 있을 가능성이 높다.
③ 타인에 대한 불신감이 많을 가능성이 높다.
④ 다른 사람을 의심하며, 정서적인 유대관계를 맺지 않으려고 한다.

05 투사검사와 비교할 경우 객관적 검사의 장점은 무엇인가?

① 객관성 증대
② 반응의 다양성
③ 방어 곤란
④ 무의식적 반응 표출

안심Touch

06 표준점수에 관한 설명으로 옳지 <u>않은</u> 것은?

① 대표적인 표준점수로는 Z점수가 있다.

② 표준점수는 원점수를 직선변환하여 얻는다.

③ 웩슬러지능검사의 IQ 지수도 일종의 표준점수이다.

④ 원점수를 표준점수로 변환함으로써 상대적 위치는 알 수 있으나 검사결과의 비교는 어렵다.

07 로샤검사의 각 카드별 평범반응이 <u>잘못</u> 짝지어진 것은?

① 카드 Ⅰ : 양탄자

② 카드 Ⅳ : 거인

③ 카드 Ⅴ : 나비

④ 카드 Ⅵ : 동물의 가죽

08 K-WAIS-Ⅳ 의 기본지식 소검사가 측정하는 요인에 해당하지 <u>않는</u> 것은?

① 일상의 사실적 지식의 범위

② 과거의 학습 및 학교 교육

③ 지적 호기심

④ 기계적 학습

09 아래의 내용은 무엇과 관련되는가?

> • Cattell이 두 가지 차원의 지능으로 구별한 것 중 하나이다.
> • 타고나는 지능으로 생애 초기 비교적 급속히 발달하고 20대 초반부터 감소한다.
> • Wechsler 지능검사의 소검사 중 빠진곳찾기, 차례맞추기, 토막짜기, 모양맞추기, 공통성문제, 숫자외우기 등과 관련된다.

① 결정성지능   ② 다중지능

③ 유동성지능   ④ 일반지능

10 MBTI의 하위척도에 해당하지 <u>않는</u> 것은?

① 감각-직관

② 외향성-내향성

③ 판단-인식

④ 개방-폐쇄

11 MMPI의 상승척도쌍에 관한 해석으로 <u>틀린</u> 것은?

① 1-3 : 평소 우울한 상태에 있으며, 그러한 우울한 감정에는 분노와 적개심이 내재해 있다.

② 4-6 : 만성적인 적대감과 분노감이 있으며, 이로 인해 친밀한 관계를 형성하기 어렵다.

③ 6-8 : 사고장애와 현실판단력 장애 등 정신병적 상태를 나타낸다.

④ 7-8 : 불안과 긴장수준이 높고, 이로 인해 사회적 상황을 회피하는 경향을 나타낼 수 있다.

12 웩슬러 지능검사에서 병전 지능 추정을 위해 흔히 사용되는 소검사가 <u>아닌</u> 것은?

① 기본지식
② 빠진 곳 찾기
③ 어휘
④ 토막짜기

13 다음 중 MMPI의 9번 척도 상승과 관련된 해석으로 가능성이 가장 높은 것은?

① 과잉활동
② 사고의 혼란
③ 정서적 침체
④ 신체증상

14 웩슬러 지능검사에 의한 정신증의 일반적 특징과 거리가 <u>먼</u> 것은?

① 동작성 지능이 언어성 지능에 비해 상대적으로 낮은 수준을 보인다.
② 상식, 어휘 소검사를 중심으로 나타나는 극단적인 분산의 양상이 지적 기능의 심각한 불균형을 시사한다.
③ 반응의 질적인 면에서의 정교화나 언어표현의 유창성 등이 부족하다.
④ 쉬운 문장에서 잦은 실패 양상을 보이며 문항을 잘못 이해하는 경우가 많다.

15 MMPI의 실시방법에 관한 설명으로 옳지 <u>않은</u> 것은?

① 검사를 실시하는 방의 분위기는 조용하고 안정되어 있어야 한다.
② 수검자들이 피로해 있지 않고 권태를 느끼지 않는 시간을 택하는 것이 좋다.
③ 수검자의 독해력 여부를 확인하는 일이 중요하다.
④ 수검자가 환자이고 개인적으로 실시할 경우에는 검사자와 수검자 간 친화력이 중요하지 않다.

16 스탠포드-비네 지능검사에 관한 설명으로 옳지 <u>않은</u> 것은?

① 정신연령과 실제(생활)연령 간의 비율을 토대로 지능수준을 계산하였다.
② 언어나 문화적 차이를 반영하는 것이 어렵다.
③ 인지심리학과 신경심리학의 지능이론을 토대로 문항을 개발하였다.
④ 초기 검사는 20세 이상에게는 적용하기 어려웠다.

17 다음 중 검사윤리에 관한 설명으로 옳지 <u>않은</u> 것은?

① 제대로 자격을 갖춘 검사자만이 검사를 사용해야 한다.

② 일정한 자격을 갖춘 사람만이 심리검사를 구매할 수 있다.

③ 쉽게 이해할 수 있고 검사목적에 맞는 용어로 검사결과를 제시하는 것이 좋다.

④ 검사결과는 어떠한 경우라도 사생활보장과 비밀유지를 위해 수검자 본인에게만 전달되어야 한다.

18 신경심리검사의 해석에 관한 설명으로 옳은 것은?

① 반응의 질적 측면은 해석에서 배제된다.

② 피검사자의 정서적 및 성격적 특징은 해석에서 고려되지 않는다.

③ 과제에 접근하는 방식과 검사자와의 상호작용 양상도 해석적 자료가 된다.

④ 과거의 기능에 관한 정보는 배제하고 현재의 기능에 초점을 맞추어 평가한다.

19 아래에서 그림이나 조각, 문장 등을 제시하여 순서나 이야기를 구성하도록 하는 구성기법을 사용하는 검사는?

① 로샤검사

② TAT

③ SCT

④ HTP

20 MMPI의 임상척도 중 점수가 높을 때 정상인의 경우 창의성과 상상력이 풍부함을 반영하나 문제가 있는 사람의 경우 비현실적이고 기태적임을 반영하는 척도는?

① 척도 1

② 척도 4

③ 척도 8

④ 척도 9

21 TAT의 해석방법 중 주인공 중심의 해석방식으로 가장 널리 사용되는 방법은 무엇인가?

① 표준화법

② 욕구 – 압력분석법

③ 대인관계법

④ 지각법

22 HTP에서 집(House)의 투사적 상징이 올바르게 연결된 것은?

① 문 : 가족 내 관계, 애정욕구, 성적 만족감

② 창문 : 환경과의 직접적 접촉의 성질 및 상호작용의 정도

③ 굴뚝 : 환경과의 간접적 접촉의 성질 및 상호작용의 정도

④ 벽 : 자아 강도 및 통제력

23 아래의 내용은 CAT검사에서 어떤 유형과 관련 되는가?

> • 인간의 성장에 관심이 많고 교육 및 육성하는 일을 좋아한다.
> • 논리적 분석적 활동이나 인간의 가치가 배제된 경쟁적인 활동을 선호하지 않는다.
> • 개인의 이익을 추구하기보다 타인을 돕는 활동을 선호한다.

① 사회형 ② 예술형
③ 탐구형 ④ 관습형

24 인물화지능검사에 대한 설명 중 옳지 <u>않은</u> 것은?

① 3세에서 12세의 아동을 대상으로 한다.
② 집단검사로도 개별검사로도 모두 사용이 가능하다.
③ 투사검사로서 아동에 대한 유용한 자료를 제공해 준다.
④ 타당도가 높다.

✔ **주관식** 문제

01 신경심리검사의 목적을 두 가지 이상 기술하시오.

02 로샤검사의 해석 시 일반적으로 가장 많이 사용되는 방식은?

03 벨락(Bellak)이 제시한 TAT의 기본가정 세 가지를 기술하시오.

04 HTP가 임상장면에서 널리 사용되는 이유를 기술하시오.

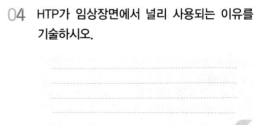

정답 및 해설

제1회

01	02	03	04	05	06	07	08	09	10	11	12
②	③	③	④	③	②	④	③	①	④	②	③

13	14	15	16	17	18	19	20	21	22	23	24
②	④	②	①	③	③	②	②	①	①	③	①

주관식 정답	
01	신뢰도란 측정도구가 측정하고자 하는 현상을 일관성 있게 측정하는 능력을 말하는 것으로, 어떤 측정도구(척도)를 동일한 현상에 반복 적용하여 동일한 결과를 얻게 되는 정도를 그 측정도구의 신뢰도라고 한다.
02	기질적 뇌손상
03	PTI
04	• 통합 반응 : 반응에 포함된 둘 이상의 대상이 서로 관련을 맺고 있고, 그 중 적어도 하나는 분명한 형태가 있을 경우 • 보통 반응 : 단일 반점 영역이 형태를 가지고 있는 단일한 대상을 나타낼 경우 • 모호/통합 반응 : 반응에 포함된 둘 이상의 대상이 서로 관련을 맺고 있고, 그들이 모두 분명한 형태가 없는 경우 • 모호 반응 : 반응에서 형태를 가지고 있지 않은 단일 대상이 나타난 경우

01 정답 ②

표준화된 심리검사는 검사의 실시에서 채점 및 해석에 이르기까지 일정한 조건 또는 규준 하에서 이루어지므로 여러 수검자들에게 유효하게 적용할 수 있으며, 결과 간 비교도 가능하다. 이와 같이 표준화검사는 규준의 확보를 통해 검사의 객관적인 해석을 가능하도록 해준다.

02 정답 ③

③ SCT는 완성되지 않은 문장을 완성하도록 되어 있는 투사검사 중 하나이다.

03 정답 ③

내용타당도는 논리적 타당도(Logical Validity)라고도 하며, 측정항목이 연구자가 의도한 내용대로 실제로 측정되고 있는가와 관련된다.

04 정답 ④

④ 스피어만(Spearman) : 지능은 사물의 관련성을 추출할 수 있도록 하는 정신작용

05 정답 ③

③의 내용은 스턴버그(Sternberg)의 삼원지능이론의 가정에 해당한다.

06 정답 ②

타당도

조사자가 측정하고자 한 것을 실제로 정확히 측정했는지와 관련된다.

07 정답 ④

F척도(비전형척도, Infrequency)

• 비전형적인 방식으로 응답하는 사람들을 탐지하기 위한 것으로, 검사문항에 대해 정상인들이 응답하는 방식에서 벗어나는 경향성을 측정한다.
• F척도 점수가 높을수록 수검자는 대부분의 정상적인 사람들이 하는 것처럼 반응하지 않는 것을, 그가 가지고 있는 문제영역이 많고 문제의 정도가 심각한 것을 나타낸다.

08 정답 ③

배터리검사의 특징

• 배터리(Battery)는 여러 종류의 검사를 하나의 세트로 묶어 사용하는 방식으로, 배터리형으로 제작된 검사세트를 모두 실시하는 방법에 해당한다.
• 평가되는 기능에 관하여 총체적인 자료를 제공해 준다.
• 자동화된 해석체계가 존재하므로 검사자의 채용을 촉진한다.
• 환자의 병전 기능수준에 대한 평가와 함께 현재 기능수준에 대한 파악이 가능하다.
• 임상적 평가 목적과 연구 목적이 함께 충족될 수 있다.
• 자료가 광범위하거나 불충분하게 제공될 수 있으며, 시간과 비용이 많이 소요된다.
• 최신의 신경심리학적 연구결과들을 반영하기 어렵다.

09 정답 ①

로샤검사의 질문단계

• 로샤검사의 질문단계에서 얻어야 할 정보는 반응위치(어디서 그렇게 보았는지), 반응결정요인(무엇 때문에 그렇게 보게 되었는지), 반응·내용(무엇으로 보았는지)이다.

• 피검자들의 모호한 보고에 대해서는 추가적인 질문을 할 수 있다. 그러나 질문은 비지시적이어야 하며 피검자가 반응단계에서 했던 내용 이외에 다른 새로운 반응을 하도록 유도해서는 안 된다.

10 정답 ④

④ 비언어적 과제에 비중을 두어 의사소통에 문제가 있는 특수아동이나 타문화권 아동에게도 실시할 수 있도록 제작되었다.

11 정답 ②

MMPI 검사실시 전 수검자 고려사항

• 수검자의 독해력 : 검사자는 수검자가 MMPI에 제대로 응답할 수 있는지 수검자의 독해력 수준을 파악해야 한다. 이 경우 독해력은 초등학교 6학년 이상의 수준이어야 한다.
• 수검자의 연령 : MMPI를 실시할 수 있는 수검자의 연령 하한선은 본래 16세이다. 다만, 일정 수준의 독해력이 인정되는 경우 12세까지 가능하다.
• 수검자의 지능수준 : 일반적으로 수검자의 언어성 IQ(VIQ)가 80 이하인 경우 검사실시가 부적합한 것으로 간주되고 있다.
• 수검자의 임상적 상태 : MMPI는 원칙적으로 검사시간에 제한이 없으므로 수검자가 심리적인 혼란상태에 있는 경우를 제외하고 수검자의 정신적 손상을 검사제한 사유로 고려하지 않는다. 다만, 검사소요시간에 영향을 미치는 수검자의 우울증이나 강박증 성향 또는 충동성이나 비협조적 태도 등은 진단적으로 유의미할 수 있다.

12 정답 ③

어휘 소검사에 의해 측정되는 주요 내용

• 언어발달 정도
• 단어지식 및 언어적 개념형성능력
• 언어 사용 및 축적된 언어학습능력
• 우수한 학업성취 및 교육적 배경
• 장기기억 등

13 정답 ②

② 일란성쌍생아의 경우 서로 다른 환경에서 자라면 지능에서 차이를 보인다는 결과는 환경론을 지지한다.

14 정답 ④

① K-WAIS-Ⅳ는 언어성지능과 동작성지능이 아닌 언어이해, 지각추론, 작업기억, 처리속도 4가지 요인으로 구성되어 있다.
② K-WAIS-Ⅳ는 개별적으로 시행하는 검사이다.
③ K-WAIS-Ⅳ는 정답에 대한 피드백을 제공해 주지 않는다.

15 정답 ②

② 한국판 웩슬러 유아용 지능검사(K-WPPSI)는 4세~7세 7개월 아동을 대상으로 하는 지능검사이다.
① 아동용 주제통각검사(CAT)는 주로 3~10세의 아동을 대상으로 개발된 투사적 검사로서 성격검사에 해당한다.
③ 마이어스-브릭스 성격유형검사(MBTI)는 자신의 성격유형을 파악하도록 하여 자신을 보다 깊이 이해하며, 진로나 직업을 선택하는 데 도움을 제공한다.
④ 동적가족화(KFD)검사는 가족성원을 그림으로 그려보도록 하는 과정을 통해 가족의 역동 및 정서적 관계, 가족 내에서 수검자의 위치 등을 살펴보는 투사적 검사로서 성격검사에 해당한다.

16 정답 ①

신경심리검사

후천적이거나 선천적인 뇌손상과 뇌기능장애를 진단하는 검사로, 뇌와 행동과의 관계를 다룬다. 신경심리검사에서는 대표적으로 기억력, 언어능력, 시공간능력, 실행기능, 전두엽-관리기능 등을 평가하고, 더 나아가 뇌기능의 변화로 인한 성격 및 정서의 변화, 사회적 적응행동상의 변화를 고려한다.

신경증

내적인 심리적 갈등이 있거나 외부에서 오는 스트레스를 다루는 과정에서 무리가 생겨 심리적 긴장이나 증상이 일어나는 인격 변화로, 우울장애, 불안장애, 신체화장애 등을 말한다.

17 정답 ③

지능의 일반적 정의

- 학습능력
- 적응능력
- 추상적 사고능력
- 총합적 · 전체적 능력

18 정답 ③

동형검사신뢰도

동일한 표본에게 두 개 이상의 유사한 측정도구로 검사를 실시하고, 그 결과를 비교하여 신뢰도를 추정하는 방법

19 정답 ②

유동성지능

- 유전적 · 신경생리적 영향에 의해 발달이 이루어지는 반면 경험이나 학습의 영향을 거의 받지 않는다.
- 신체적 요인에 따라 청소년기에 이르기까지 발달이 이루어지다가 이후 퇴보현상이 나타난다.

20 정답 ②

② 양적추론은 K-WISC-Ⅴ의 추가지표에 해당한다.

21 정답 ①

치매가 의심되는 노인 환자에 대해서는 신경심리평가를 위한 각종 심리검사도구들을 활용한다. 이는 선천적 또는 후천적 뇌손상 및 뇌기능 장애를 진단하기 위한 것으로, 환자의 지능, 기억과 학습능력, 언어기능, 주의력과 정신처리속도, 시각구성능력(시공간기능), 집행기능(실행기능), 성격 및 정서적 행동 등을 측정한다. 미네소타다면적인성검사(MMPI-2)는 신경학적 손상을 입은 환자의 병전 성격 및 정서 상태와의 비교를 위해 사용될 수도 있으나, 주로 외상성뇌손상 환자들에 대해 부가적으로 사용할 뿐 치매 환자를 대상으로 한 다양한 배터리검사에서 제외되어 있다.

22 정답 ①

지능검사를 해석할 때에는 IQ 점수를 숫자 그 자체로만 생각하는 기능적인 해석을 지양하고 지능점수에 대한 수치적인 한계를 정하는 것이 바람직하다.

23 정답 ③

① 수검자가 카드의 분명하지 않은 세부에 대해 질문하는 경우, 검사자는 수검자에게 보이는 대로 상상하여 이야기를 만들어보도록 요구하는 것이 바람직하다.

② 수검자가 지나치게 피상적이고 기술적으로 반응하는 경우, 검사자는 수검자의 연상의 흐름을 방해하지 않는 선에서 중간질문을 하도록 한다.

④ TAT는 30장의 흑백그림카드와 1장의 백지카드 등 총 31장으로 구성되어 있다. 그림카드 뒷면에는 공용도판, 남성공용도판(BM), 여성공용도판(GF), 성인공용도판(MF), 미성인공용도판(BG), 성인남성전용도판(M), 성인여성전용도판(12F), 소년전용도판(B), 소녀전용도판(G)으로 구분되어 있으며, 한 사람의 수검자에게 20장을 적용할 수 있도록 구성되어 있다.

24 정답 ①

표준화검사의 제작과정
- 제1단계 : 검사목적정의
- 제2단계 : 사전검사설계
- 제3단계 : 문항준비
- 제4단계 : 문항분석
- 제5단계 : 표준화 및 규준작성
- 제6단계 : 최종검사준비 및 출판

주관식 해설

01 정답 신뢰도란 측정도구가 측정하고자 하는 현상을 일관성 있게 측정하는 능력을 말하는 것으로, 어떤 측정도구(척도)를 동일한 현상에 반복 적용하여 동일한 결과를 얻게 되는 정도를 그 측정도구의 신뢰도라고 한다.

02 정답 기질적 뇌손상

03 정답 PTI

04 정답 발달질은 반응에서 의미 있는 조직화 혹은 통합이 일어난 정도를 의미하며 4가지 기호에 대한 정의는 다음과 같다.

기호	정의	기준
+	통합 반응	반응에 포함된 둘 이상의 대상이 서로 관련을 맺고 있고, 그 중 적어도 하나는 분명한 형태가 있을 경우
o	보통 반응	단일 반점 영역이 형태를 가지고 있는 단일한 대상을 나타낼 경우
v / +	모호/통합 반응	반응에 포함된 둘 이상의 대상이 서로 관련을 맺고 있고, 그들이 모두 분명한 형태가 없는 경우
v	모호 반응	반응에서 형태를 가지고 있지 않은 단일 대상이 나타난 경우

제2회

01	02	03	04	05	06	07	08	09	10	11	12
②	②	②	①	①	④	①	④	③	④	①	②
13	14	15	16	17	18	19	20	21	22	23	24
①	③	④	③	④	③	②	③	②	④	①	④

	주관식 정답
01	① 환자상태의 예측 ② 환자관리 및 치료계획 수립 ③ 재활 및 치료평가 ④ 연구
02	엑스너(Exner)의 종합체계방식
03	통각(Apperception), 외현화(Externalization), 정신적 결정론(Psychic Determination)
04	실시가 간편하고 시간이 오래 걸리지 않으며, 수검자의 투사를 직접 목격할 수 있다.

01 **정답** ②

웩슬러지능검사는 동일연령을 대상으로 실시하여 평균 100, 표준편차 15를 적용 · 산출한다.

02 **정답** ②

MMPI-2의 타당도척도
- 응답태도를 평가하는 척도 : ?(무응답척도), VRIN, TRIN
- 비전형성을 평가하는 척도 : F, F(B), F(P)
- 방어성을 평가하는 척도 : L, K, S

03 **정답** ②

① 새로 개발한 검사와 여러 면에서 거의 동일한 검사를 하나 더 개발해서 두 검사의 점수 간의 상관계수를 구하는 방법이다.
③ 조사항목의 반을 가지고 조사결과를 획득한 다음 항목의 다른 반쪽을 동일한 대상에게 적용하여 얻은 결과와 일치성 또는 동질성 정도를 비교하는 방법이다.

④ 단일의 신뢰도계수를 계산할 수 없는 반분법의 문제점을 고려하여, 가능한 한 모든 반분신뢰도를 구한 다음 그 평균값을 신뢰도로 추정하는 방법이다.

04 **정답** ①

4-6 또는 6-4코드(Pd & Pa)
- 사회적 부적응이 현저하고 공격적 태도를 보이는 비행청소년에게서 종종 나타난다.
- 미성숙하고 자기중심적인 성향을 보이며, 다른 사람들에게서 관심과 동정을 유도한다.
- 화를 내면서 내부의 억압된 분노를 표출하나, 그 분노의 원인을 항상 외부에 전가한다.
- 부인이나 합리화의 방어기제를 사용하여 자신의 심리적인 문제를 외면하며, 이를 지적하는 사람에게 분노와 비난을 퍼붓는다.
- 다른 사람을 의심하며, 정서적인 유대관계를 맺지 않으려고 한다.
- 비현실적인 사고를 하기도 하며, 자신에 대해 과대망상적인 평가를 내리기도 한다.

카드 V	무채색	박쥐 또는 나비
카드 VI	무채색	양탄자 또는 동물가죽
카드 VII	무채색	인간의 얼굴 또는 동물의 머리
카드 VIII	유채색	움직이는 동물
카드 IX	유채색	인간 또는 인간과 흡사한 형상
카드 X	유채색	게 또는 거미

05 정답 ①
객관적 검사 vs. 투사적 검사

구분	객관적 검사	투사적 검사
장점	• 신뢰도와 타당도 수준이 비교적 높음 • 검사의 시행·채점·해석이 용이함 • 검사자나 상황변인의 영향을 덜 받음 • 검사자의 주관성이 배제되어 객관성이 보장됨	• 수검자의 독특한 반응을 이끌어냄 • 수검자의 방어적 반응이 어려우므로 솔직한 응답이 유도됨 • 수검자의 풍부한 심리적 특성 및 무의식적 요인이 반영됨
단점	• 사회적 바람직성(Social Desirability), 반응경향성(Orientation), 묵종경향성(Acquiescence)에 영향을 받음 • 수검자의 감정이나 신념, 무의식적 요인을 다루는데 한계가 있음 • 문항내용 및 응답의 범위가 제한됨	• 신뢰도와 타당도의 검증이 어려움 • 검사의 채점 및 해석에 있어서 높은 전문성이 요구됨 • 검사자나 상황변인의 영향을 받아 객관성이 결여됨

06 정답 ④
④ 원점수를 표준점수로 변환함으로써 상대적인 위치를 짐작할 수 있으며, 검사결과를 비교할 수도 있다.

07 정답 ①
로샤검사의 카드별 반응내용

순서	색상	평범반응
카드 I	무채색	박쥐 또는 나비
카드 II	무채색에 부분 적색	동물
카드 III	무채색에 부분 적색	인간의 형상
카드 IV	무채색	인간 또는 거인

08 정답 ④
기본지식(Information): 주요 측정 측면
• 일상의 사실적 지식의 범위
• 과거의 학습 및 학교 교육
• 지적 호기심 혹은 지식추구 충동
• 일상생활에서의 기민성 혹은 일상세계에 대한 관심
• 장기기억

09 정답 ③
③ 유동성지능에 대한 설명이다.

10 정답 ④
MBTI의 네 가지 선호지표

외향(E)	에너지의 방향	내향(I)
감각(S)	인식기능	직관(N)
사고(T)	판단과 결정	감정(F)
판단(J)	생활양식	인식(P)

11 정답 ①
1-3 또는 3-1코드(Hs & Hy)
• 심리적인 문제가 신체적인 증상으로 전환되어 나타난다.
• 자신의 외현적 증상이 심리적인 요인에 의한 것임을 인정하지 않으려 한다.
• 부인(Denial)의 방어기제를 사용하여 자신의 우울감이나 불안감을 잘 드러내지 않는다.

안심Touch

- 스트레스를 받는 경우 사지의 통증이나 두통, 흉통을 보이며, 식욕부진, 어지럼증, 불면증을 호소하기도 한다.
- 자기중심적인 동시에 의존적인 성향을 나타내며, 대인관계에 있어서 피상적이다.
- 전환장애의 가능성이 있다.

12 정답 ②

웩슬러 지능검사에서 병전 지능 추정에 사용되는 것은 기본지식(Information), 어휘문제(Vocabulary), 토막짜기(Block Design) 등이다.

13 정답 ①

척도 9 Ma(Hypomania, 경조증)

- 심리적·정신적 에너지의 수준을 반영하며, 사고나 행동에 대한 효율적 통제의 지표로 활용된다.
- 인지영역에서는 사고의 비약이나 과장을, 행동영역에서는 과잉활동적 성향을, 정서영역에서는 과도한 흥분상태, 민감성, 불안정성을 반영한다.
- 정상적인 사람으로서 척도 9의 점수가 약간 높은 경우 적극적·열성적인 성격을 가진 것으로 볼 수 있으나, 과도한 스트레스 상황에 처하는 경우 피상적이고 신뢰성이 결여되며 일을 끝맺지 못한다.
- 측정결과가 70T 이상인 경우, 외향적·충동적·과대망상적 성향과 함께 사고의 비약을 반영한다. 비현실성으로 인해 근거 없는 낙관성을 보이기도 하며, 신경질적으로 자신의 갈등을 행동으로 표출하기도 한다.
- 측정결과가 40T 이하인 경우, 소극적·통제적 성향, 조심스러움, 정서적 표현의 삼감을 반영한다. 또한 만성적인 피로나 흥미의 상실, 우울장애를 반영하기도 한다.

14 정답 ③

우울증 환자의 일반적인 특징에 해당한다.

15 정답 ④

④ 수검자가 환자이고 개인적으로 실시할 경우에는 검사자와 수검자 간 친화력이 중요하다.

16 정답 ③

③ K-ABC의 특징에 해당한다.

17 정답 ④

검사자는 내담자의 사생활과 비밀유지에 대한 권리를 최대한 존중해야 할 의무가 있다. 그러나 이와 같은 의무는 절대적인 것이 아니며, 경우에 따라 내담자의 비밀보장의 권리가 제한될 수도 있다. 예를 들어 내담자가 자신이나 타인의 신체 또는 재산을 해칠 위험이 있는 경우, 아동학대나 성폭력 등 중대한 범죄에 대한 내용을 상담을 통해 알게 된 경우 이를 해당분야의 전문가나 관련 기관에 알려야 한다. 또한 법원의 정보공개 명령이 있는 경우 내담자에 대한 기본적인 정보를 공개하며, 더 많은 사항을 공개해야 하는 경우 사전에 내담자에게 알려줄 필요가 있다.

18 정답 ③

① 신경심리검사 해석 시 질적 측면 분석을 위해 내담자의 가족력, 개인정보 등의 인구통계학적 정보에 대한 분석이 이루어진다.
② 신경심리검사는 환자의 관리 및 치료계획을 수립하기 위해 환자의 성격특성이나 인지상태 등에 대한 자세한 정보를 입수하여 신경학적 장애가 있는 환자들을 보다 세심하게 관리하며, 환자가 겪고 있는 심리적 변화가 그의 행동에 어떠한 영향을 미치는지 파악함으로써 합리적인 치료계획을 세우도록 한다.
④ 환자의 반응에 의한 평가결과는 그 환자의 인구통계학적 및 심리사회적 배경에 따라 다르게 나타난다. 따라서 환자 및 환자가족의 학력, 직업력, 가족력, 결혼력 등의 사회력을 비롯하여 가계소득, 직업, 여가활동, 종교활동 등의 생활환경을 종합적으로 고려할 필요가 있다.

19 정답 ②

투사기법에 따른 분류
- 연상기법 : 로샤검사(Rorschach Test), 단어연상검사 등
- 구성기법 : 주제통각검사(TAT) 등
- 완성기법 : 문장완성검사(SCT) 등
- 표현기법 : 인물화검사(Draw-A-Person), 집-나무-사람 그림검사(HTP) 등

20 정답 ③

③ 척도 8 (Sc)과 관련된 내용으로 볼 수 있다.

21 정답 ②

욕구-압력분석법(Murray)
주인공 중심의 해석방법으로, 주인공의 욕구 및 압력, 욕구 방어 및 감정, 다른 등장인물과의 관계 등에 초점을 둔다. 일반적으로 가장 널리 사용되고 있다.

22 정답 ④

① 문 : 환경과의 직접적 접촉의 성질 및 상호작용의 정도
② 창문 : 환경과의 간접적 접촉의 성질 및 상호작용의 정도
③ 굴뚝 : 가족 내 관계, 애정욕구, 성적 만족감

23 정답 ①

사회형(S ; Social Type)에 대한 설명이다.

24 정답 ④

투사검사이기 때문에 높은 타당도를 확보하고 있지는 않다.

주관식 해설

01 정답 ① 환자상태의 예측
② 환자관리 및 치료계획 수립
③ 재활 및 치료평가
④ 연구

02 정답 엑스너(Exner)의 종합체계방식

03 정답 통각(Apperception), 외현화(Externalization), 정신적 결정론(Psychic Determination)

04 정답 실시가 간편하고 시간이 오래 걸리지 않으며, 수검자의 투사를 직접 목격할 수 있다.

여기서 멈출 거예요? 고지가 바로 눈앞에 있어요.
마지막 한 걸음까지 시대에듀가 함께할게요!

남도 전공심화과정인정시험 답안지(객관식)

컴퓨터용 사인펜만 사용

★ 수험생은 수험번호와 응시과목 코드번호를 표기(마킹)한 후 일치여부를 반드시 확인할 것.

전공분야

성명

전공분야

(1) 3 -

(2) ① ● ② ④

수험번호

※ 감독관 확인란

(서명)
감독관 확인란

관리번호 (연번)

(응시자수)

과목코드 응시과목

교시코드

과목코드		응시과목		
		1 ① ② ③ ④	14 ① ② ③ ④	
		2 ① ② ③ ④	15 ① ② ③ ④	
		3 ① ② ③ ④	16 ① ② ③ ④	
		4 ① ② ③ ④	17 ① ② ③ ④	
		5 ① ② ③ ④	18 ① ② ③ ④	
		6 ① ② ③ ④	19 ① ② ③ ④	
		7 ① ② ③ ④	20 ① ② ③ ④	
		8 ① ② ③ ④	21 ① ② ③ ④	
		9 ① ② ③ ④	22 ① ② ③ ④	
		10 ① ② ③ ④	23 ① ② ③ ④	
		11 ① ② ③ ④	24 ① ② ③ ④	
		12 ① ② ③ ④		
		13 ① ② ③ ④		

답안지 작성시 유의사항

1. 답안지는 반드시 컴퓨터용 사인펜을 사용하여 다음 보기와 같이 표기할 것.
   보기 정답 표기: ● 잘못된 표기: ⊗ ⊘ ◑ ◐ ○○

2. 수험번호 (1)에는 아라비아 숫자로 쓰고, (2)에는 " ● "와 같이 표기할 것.

3. 과목코드는 뒷면 "과목코드번호"를 보고 해당과목의 코드번호를 찾아 표기하고,
   응시과목란에는 응시과목명을 한글로 기재할 것.

4. 교시코드는 문제지 전면의 교시를 해당란에 " ● "와 같이 표기할 것.

5. 한번 표기한 답은 긁거나 수정액 및 스티커 등 어떠한 방법으로도 고쳐서는
   아니되고, 고친 문항은 "0"점 처리됨.

[이 답안지는 마킹연습용 모의답안지입니다.]

년도 전공심화과정
인정시험 답안지(주관식)

★ 수험생은 수험번호와 응시과목 코드번호를 코드번호를 표기(마킹)한 후 일치여부를 반드시 확인할 것.

전공분야

성 명

과목코드

① ② ③ ④ ⑤ ⑥ ⑦ ⑧ ⑨ ⑩
① ② ③ ④ ⑤ ⑥ ⑦ ⑧ ⑨ ⑩
① ② ③ ④ ⑤ ⑥ ⑦ ⑧ ⑨ ⑩
① ② ③ ④ ⑤ ⑥ ⑦ ⑧ ⑨ ⑩
① ② ③ ④ ⑤ ⑥ ⑦ ⑧ ⑨ ⑩

교시코드
① ② ③ ④

수 험 번 호

| ① ② ③ ④ ⑤ ⑥ ⑦ ⑧ ⑨ ⓪ |
| ① ② ③ ④ ⑤ ⑥ ⑦ ⑧ ⑨ ⓪ |
| ① ② ③ ④ ⑤ ⑥ ⑦ ⑧ ⑨ ⓪ |
| — |
| ① ② ③ ④ ⑤ ⑥ ⑦ ⑧ ⑨ ⓪ |
| ① ② ③ ④ ⑤ ⑥ ⑦ ⑧ ⑨ ⓪ |
| — |
| ① ② ③ ④ ⑤ ⑥ ⑦ ⑧ ⑨ ⓪ |
| ① ② ③ ④ ⑤ ⑥ ⑦ ⑧ ⑨ ⓪ |
| — |
| 3 |
| (1) ① ② ● ④ |
| (2) |

답안지 작성시 유의사항

1. ※란은 표기하지 말 것.
2. 수험번호 (2)란, 과목코드, 교시코드 표기는 반드시 컴퓨터용 싸인펜으로 표기할 것.
3. 교시코드는 문제지 전면 의 교시를 해당란에 컴퓨터용 싸인펜으로 표기할 것.
4. 답안은 반드시 흑·청색 볼펜 또는 만년필을 사용할 것. (연필 또는 적색 필기구 사용불가)
5. 답안을 수정할 때에는 두줄(=)을 긋고 수정할 것.
6. 답란이 부족하면 해당답란에 "뒷면기재"라고 쓰고 뒷면 '추가답란'에 문제번호를 기재한 후 답안을 작성할 것.
7. 기타 유의사항은 객관식 답안지의 유의사항과 동일함.

※ 감독관 확인란

감독관확인란

(인)

※응시과목 응시과목

번호	※ 1차 점수	※ 1차 채점	※1차확인	응 시 과 목	※2차확인	※ 2차 채점	※ 2차 점수
1	⓪ ① ② ③ ④ ⑤ ⑥ ⑦ ⑧ ⑨ ⑩						⓪ ① ② ③ ④ ⑤ ⑥ ⑦ ⑧ ⑨ ⑩
2	⓪ ① ② ③ ④ ⑤ ⑥ ⑦ ⑧ ⑨ ⑩						⓪ ① ② ③ ④ ⑤ ⑥ ⑦ ⑧ ⑨ ⑩
3	⓪ ① ② ③ ④ ⑤ ⑥ ⑦ ⑧ ⑨ ⑩						⓪ ① ② ③ ④ ⑤ ⑥ ⑦ ⑧ ⑨ ⑩
4	⓪ ① ② ③ ④ ⑤ ⑥ ⑦ ⑧ ⑨ ⑩						⓪ ① ② ③ ④ ⑤ ⑥ ⑦ ⑧ ⑨ ⑩
5	⓪ ① ② ③ ④ ⑤ ⑥ ⑦ ⑧ ⑨ ⑩						⓪ ① ② ③ ④ ⑤ ⑥ ⑦ ⑧ ⑨ ⑩

남도 전공심화과정인정시험 답안지(객관식)

★ 수험생은 수험번호와 응시과목 코드번호를 표기(마킹)한 후 일치여부를 반드시 확인할 것.

전공분야

성명

(1) 3

(2)

과목코드	응시과목
	1 ① ② ③ ④
	2 ① ② ③ ④
	3 ① ② ③ ④
	4 ① ② ③ ④
	5 ① ② ③ ④
	6 ① ② ③ ④
교시코드	7 ① ② ③ ④
① ② ③ ④	8 ① ② ③ ④
	9 ① ② ③ ④
	10 ① ② ③ ④
	11 ① ② ③ ④
	12 ① ② ③ ④
	13 ① ② ③ ④

응시과목
14 ① ② ③ ④
15 ① ② ③ ④
16 ① ② ③ ④
17 ① ② ③ ④
18 ① ② ③ ④
19 ① ② ③ ④
20 ① ② ③ ④
21 ① ② ③ ④
22 ① ② ③ ④
23 ① ② ③ ④
24 ① ② ③ ④

답안지 작성시 유의사항

1. 답안지는 반드시 컴퓨터용 사인펜을 사용하여 다음 보기와 같이 표기할 것.
   보기 정답 표기: ● 잘못된 표기: ⊘ ⊗ ◑ ◐ ○
2. 수험번호 (1)에는 아라비아 숫자로 쓰고, (2)에는 "●"와 같이 표기할 것.
3. 과목코드는 해당과목의 코드번호를 찾아 표기하고,
   응시과목란에는 응시과목명을 한글로 기재할 것.
4. 교시코드는 문제지 전면 의 교시를 해당란에 "●"와 같이 표기할 것.
5. 한번 표기한 답은 긁거나 수정액 및 스티커 등 어떠한 방법으로도 고쳐서는
   아니되고, 고친 문항은 "0"점 처리함.

※ 감독관 확인란

(인)

관 리 번 호

과목코드	응시과목
	1 ① ② ③ ④
	2 ① ② ③ ④
	3 ① ② ③ ④
	4 ① ② ③ ④
	5 ① ② ③ ④
	6 ① ② ③ ④
	7 ① ② ③ ④
	8 ① ② ③ ④
	9 ① ② ③ ④
	10 ① ② ③ ④
	11 ① ② ③ ④
	12 ① ② ③ ④
	13 ① ② ③ ④

응시과목
14 ① ② ③ ④
15 ① ② ③ ④
16 ① ② ③ ④
17 ① ② ③ ④
18 ① ② ③ ④
19 ① ② ③ ④
20 ① ② ③ ④
21 ① ② ③ ④
22 ① ② ③ ④
23 ① ② ③ ④
24 ① ② ③ ④

관리번호

(연번)

(응시자수)

[이 답안지는 마킹연습용 모의답안지입니다]

년도 전공심화과정
인정시험 답안지(주관식)

★ 수험생은 수험번호와 응시과목 코드번호를 표기(마킹)한 후 일치여부를 반드시 확인할 것.

전공분야

성명

과목코드

| ① ② ③ ④ ⑤ ⑥ ⑦ ⑧ ⑨ ⑩ |
| ① ② ③ ④ ⑤ ⑥ ⑦ ⑧ ⑨ ⑩ |
| ① ② ③ ④ ⑤ ⑥ ⑦ ⑧ ⑨ ⑩ |
| ① ② ③ ④ ⑤ ⑥ ⑦ ⑧ ⑨ ⑩ |
| ① ② ③ ④ ⑤ ⑥ ⑦ ⑧ ⑨ ⑩ |

교시코드

① ② ③ ④

수험번호

(1) 3 — ① ② ● ④

(2) ① ② ③ ④ ⑤ ⑥ ⑦ ⑧ ⑨ ⑩ (반복)

답안지 작성시 유의사항

1. ※란은 표기하지 말 것.
2. 수험번호 (2)란, 과목코드, 교시코드 표기는 반드시 컴퓨터용 싸인펜으로 표기할 것.
3. 교시코드는 문제지 전면 의 교시를 해당란에 컴퓨터용 싸인펜으로 표기할 것.
4. 답안은 반드시 흑·청색 볼펜 또는 만년필을 사용할 것. (연필 또는 적색 필기구 사용불가)
5. 답안을 수정할 때에는 두줄(=)을 긋고 수정할 것.
6. 답란이 부족하면 해당답란에 "뒷면기재"라고 쓰고 뒷면 추가답란에 문제번호를 기재한 후 답안을 작성할 것.
7. 기타 유의사항은 객관식 답안지의 유의사항과 동일함.

※ 감독관 확인란

(인)

번호	※ 1 차 점수	※ 1 차 채점	※1차확인	응 시 과 목	※2차확인	2 차 채 점	※ 2 차 점 수
1	⓪ ① ② ③ ④ ⑤ ⑥ ⑦ ⑧ ⑨ ⑩						⓪ ① ② ③ ④ ⑤ ⑥ ⑦ ⑧ ⑨ ⑩
2	⓪ ① ② ③ ④ ⑤ ⑥ ⑦ ⑧ ⑨ ⑩						⓪ ① ② ③ ④ ⑤ ⑥ ⑦ ⑧ ⑨ ⑩
3	⓪ ① ② ③ ④ ⑤ ⑥ ⑦ ⑧ ⑨ ⑩						⓪ ① ② ③ ④ ⑤ ⑥ ⑦ ⑧ ⑨ ⑩
4	⓪ ① ② ③ ④ ⑤ ⑥ ⑦ ⑧ ⑨ ⑩						⓪ ① ② ③ ④ ⑤ ⑥ ⑦ ⑧ ⑨ ⑩
5	⓪ ① ② ③ ④ ⑤ ⑥ ⑦ ⑧ ⑨ ⑩						⓪ ① ② ③ ④ ⑤ ⑥ ⑦ ⑧ ⑨ ⑩

냅도 전공심화과정인정시험 답안지(객관식)

★ 수험생은 수험번호와 응시과목 코드번호를 표기(마킹)한 후 일치여부를 반드시 확인할 것.

전공분야

성명

(1) 3 - - -

(2) ① ② ● ④ -

수 험 번 호

과목코드	응시과목
	1 ① ② ③ ④
	2 ① ② ③ ④
	3 ① ② ③ ④
	4 ① ② ③ ④
	5 ① ② ③ ④
	6 ① ② ③ ④
	7 ① ② ③ ④
	8 ① ② ③ ④
	9 ① ② ③ ④
	10 ① ② ③ ④
	11 ① ② ③ ④
	12 ① ② ③ ④
	13 ① ② ③ ④

14 ① ② ③ ④
15 ① ② ③ ④
16 ① ② ③ ④
17 ① ② ③ ④
18 ① ② ③ ④
19 ① ② ③ ④
20 ① ② ③ ④
21 ① ② ③ ④
22 ① ② ③ ④
23 ① ② ③ ④
24 ① ② ③ ④

교시코드 ① ② ③ ④

과목코드	응시과목
	1 ① ② ③ ④
	2 ① ② ③ ④
	3 ① ② ③ ④
	4 ① ② ③ ④
	5 ① ② ③ ④
	6 ① ② ③ ④
	7 ① ② ③ ④
	8 ① ② ③ ④
	9 ① ② ③ ④
	10 ① ② ③ ④
	11 ① ② ③ ④
	12 ① ② ③ ④
	13 ① ② ③ ④

14 ① ② ③ ④
15 ① ② ③ ④
16 ① ② ③ ④
17 ① ② ③ ④
18 ① ② ③ ④
19 ① ② ③ ④
20 ① ② ③ ④
21 ① ② ③ ④
22 ① ② ③ ④
23 ① ② ③ ④
24 ① ② ③ ④

관 리 번 호
(응시자수)
(연번)

※ 감독관 확인란
(인)

답안지 작성시 유의사항

1. 답안지는 반드시 컴퓨터용 사인펜을 사용하여 다음 보기와 같이 표기할 것.
   보기 잘된 표기: ●
   잘못된 표기: ⊗ ⊗ ⊙ ○ ◑ ◐
2. 수험번호 (1)에는 아라비아 숫자로 쓰고, (2)에는 " ● "와 같이 표기할 것.
3. 과목코드는 뒷면 "과목코드번호"를 보고 해당과목의 코드번호를 찾아 표기하고,
   응시과목란에는 응시과목명을 한글로 기재할 것.
4. 교시코드는 문제지 전면 의 교시를 해당란에 " ● "와 같이 표기할 것.
5. 한번 표기한 답은 긁거나 수정액 및 스티커 등 어떠한 방법으로도 고쳐서는
   아니되고, 고친 문항은 "0"점 처리함.

[이 답안지는 마킹연습용 모의답안지입니다.]

년도 전공심화과정
인정시험 답안지(주관식)

★ 수험생은 수험번호와 응시과목 코드번호를 표기(마킹)한 후 일치여부를 반드시 확인할 것.

전공분야

성명

과목코드

	① ② ③ ④ ⑤ ⑥ ⑦ ⑧ ⑨ ⑩
	① ② ③ ④ ⑤ ⑥ ⑦ ⑧ ⑨ ⑩
	① ② ③ ④ ⑤ ⑥ ⑦ ⑧ ⑨ ⑩
	① ② ③ ④ ⑤ ⑥ ⑦ ⑧ ⑨ ⑩
	① ② ③ ④ ⑤ ⑥ ⑦ ⑧ ⑨ ⑩

교시코드

① ② ③ ④

수험번호

| (1) | 3 | | ① ② ● ④ |

응	① ② ③ ④ ⑤ ⑥ ⑦ ⑧ ⑨ ⑩
답	① ② ③ ④ ⑤ ⑥ ⑦ ⑧ ⑨ ⑩
번	① ② ③ ④ ⑤ ⑥ ⑦ ⑧ ⑨ ⑩
호	① ② ③ ④ ⑤ ⑥ ⑦ ⑧ ⑨ ⑩

(2)

번호	※1차점수	※1차채점	응시과목	※1차확인	과목	※2차확인	※2차채점	※2차점수
1	⓪ ① ② ③ ④ ⑤ ⑥ ⑦ ⑧ ⑨ ⑩							⓪ ① ② ③ ④ ⑤ ⑥ ⑦ ⑧ ⑨ ⑩
2	⓪ ① ② ③ ④ ⑤ ⑥ ⑦ ⑧ ⑨ ⑩							⓪ ① ② ③ ④ ⑤ ⑥ ⑦ ⑧ ⑨ ⑩
3	⓪ ① ② ③ ④ ⑤ ⑥ ⑦ ⑧ ⑨ ⑩							⓪ ① ② ③ ④ ⑤ ⑥ ⑦ ⑧ ⑨ ⑩
4	⓪ ① ② ③ ④ ⑤ ⑥ ⑦ ⑧ ⑨ ⑩							⓪ ① ② ③ ④ ⑤ ⑥ ⑦ ⑧ ⑨ ⑩
5	⓪ ① ② ③ ④ ⑤ ⑥ ⑦ ⑧ ⑨ ⑩							⓪ ① ② ③ ④ ⑤ ⑥ ⑦ ⑧ ⑨ ⑩

답안지 작성시 유의사항

1. ※란은 표기하지 말 것.
2. 수험번호 (2)란, 과목코드, 교시코드는 반드시 컴퓨터용 싸인펜으로 표기할 것
3. 교시코드는 문제지 전면 의 교시를 해당란에 컴퓨터용 싸인펜으로 표기할 것.
4. 답란은 반드시 흑·청색 볼펜 또는 만년필을 사용할 것. (연필 또는 적색 필기구 사용불가)
5. 답안을 수정할 때에는 두줄(=)을 긋고 수정할 것.
6. 답란이 부족하면 해당답란에 "뒷면기재"라고 쓰고 뒷면 '추가답란'에 문제번호를 기재한 후 답안을 작성할 것.
7. 기타 유의사항은 객관식 답안지의 유의사항과 동일함.

※ 감독관 확인란	
	㊞

좋은 책을 만드는 길
독자님과 함께하겠습니다.

도서나 동영상에 궁금한 점, 아쉬운 점, 만족스러운 점이
있으시다면 어떤 의견이라도 말씀해 주세요.
시대고시기획은 독자님의 의견을 모아 더 좋은 책으로 보답하겠습니다.

www.sidaegosi.com

시대에듀 독학사 심리학과 3단계 심리검사

개정2판1쇄 발행	2022년 05월 06일 (인쇄 2022년 03월 10일)
초 판 발 행	2019년 08월 05일 (인쇄 2019년 06월 27일)
발 행 인	박영일
책 임 편 집	이해욱
편 저	이문식 · 박경화
편 집 진 행	송영진
표지디자인	박종우
편집디자인	채경신 · 박서희
발 행 처	(주)시대교육
공 급 처	(주)시대고시기획
출 판 등 록	제 10-1521호
주 소	서울시 마포구 큰우물로 75 [도화동 538 성지 B/D] 9F
전 화	1600-3600
팩 스	02-701-8823
홈 페 이 지	www.edusd.co.kr
I S B N	979-11-383-1523-4 (13180)
정 가	27,000원

혼자 공부하기 힘드시다면 방법이 있습니다.
SD에듀의 동영상강의를 이용하시면 됩니다.
www.sdedu.co.kr → 회원가입(로그인) → 강의 살펴보기

시대에듀 독학사
심리학과

왜? 독학사 심리학과인가? *why*

4년제 심리학 학위를 최소 시간과 비용으로 **단 1년 만에 초고속 합격 가능!**

독학사 11개 학과 중 2014년에 **가장 최근에 신설된 학과**

학위취득 후 청소년 상담사나 임상 심리사 등 **심리학 관련 자격증 응시자격 가능**

심리치료사, 심리학 관련 언론사, 연구소, 공공기관 등의 **취업 진출**

심리학과 과정별 시험과목(2~4과정)

1~2과정 교양 및 전공기초 과정은 객관식 40문제 구성

3~4과정 전공심화 및 학위취득 과정은 객관식 24문제 + **주관식 4문제** 구성

2과정(전공기초)	3과정(전공심화)	4과정(학위취득)
동기와 정서	학습심리학	인지신경과학
성격심리학	심리검사	임상심리학
발달심리학	학교심리학	소비자 및 광고심리학
사회심리학	산업 및 조직심리학	심리학연구방법론(근간)
이상심리학	상담심리학	
감각 및 지각심리학(근간)	인지심리학(근간)	

시대에듀 심리학과 학습 커리큘럼

기본이론부터 실전 문제풀이 훈련까지!

시대에듀가 제시하는 각 과정별 최적화된 커리큘럼 따라 학습해보세요.

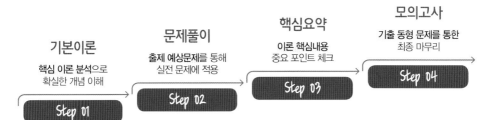

모의고사
기출 동형 문제를 통한
최종 마무리
Step 04

핵심요약
이론 핵심내용
중요 포인트 체크
Step 03

문제풀이
출제 예상문제를 통해
실전 문제에 적용
Step 02

기본이론
핵심 이론 분석으로
확실한 개념 이해
Step 01

※ 전공별·과정별 커리큘럼은 변경될 수 있습니다.

독학사 2~4과정 심리학과 교재

독학학위제 출제영역을 100% 반영한 내용과 문제로 구성된 완벽한 최신 기본서 라인업!

2과정
- 전공 기본서 [전 6종]
  - 동기와 정서 / 성격심리학 /
    발달심리학 / 사회심리학 /
    이상심리학 / 감각 및 지각심리학(근간)

3과정
- 전공 기본서 [전 6종]
  - 학습심리학 / 심리검사 /
    학교심리학 / 산업 및 조직심리학 /
    상담심리학 / 인지심리학(근간)

4과정
- 전공 기본서 [전 4종]
  - 인지신경과학 / 임상심리학 /
    소비자 및 광고심리학 /
    심리학연구방법론(근간)

독학사 심리학과 최고의 교수진

독학사 수험생 여러분의 합격을 책임질 최고의 독학사 심리학과 전문 교수진과 함께!

김윤수 교수	류소형 교수	장경은 교수	천은영 교수	정경아 교수
이상심리학	학교심리학 발달심리학 동기와 정서 사회심리학	산업 및 조직심리학 상담심리학 소비자 및 광고심리학 인지신경과학	성격심리학	심리검사

➕ 심리학과 동영상 패키지 강의 수강생을 위한 특별 혜택

청소년상담사
임상심리사

> **자격증 과정 강의 무료제공!**
> 수강기간 내 학사학위 취득 시
> 청소년상담사 or 임상심리사 자격과정 무료제공

나는 이렇게 합격했다

여러분의 힘든 노력이 기억될 수 있도록
당신의 합격 스토리를 들려주세요.

합격생 인터뷰
상품권 증정

추첨을 통해
선물 증정

베스트 리뷰자 1등
아이패드 증정

베스트 리뷰자 2등
에어팟 증정

SD에듀 합격생이 전하는 합격 노하우

**"기초 없는 저도 합격했어요
여러분도 가능해요."**
검정고시 합격생 이*주

**"불안하시다고요?
시대에듀와 나 자신을 믿으세요."**
소방직 합격생 이*화

**"강의를 듣다 보니
자연스럽게 합격했어요."**
사회복지직 합격생 곽*수

**"선생님 감사합니다.
제 인생의 최고의 선생님입니다."**
G-TELP 합격생 김*진

**"시험에 꼭 필요한 것만 딱딱!
시대에듀 인강 추천합니다."**
물류관리사 합격생 이*환

**"시작과 끝은 시대에듀와 함께!
시대에듀를 선택한 건 최고의 선택 "**
경비지도사 합격생 박*익

합격을 진심으로 축하드립니다!

합격수기 작성 / 인터뷰 신청

QR코드 스캔하고 ▷ ▷ ▷
이벤트 참여하여 푸짐한 경품받자!

합격의 공식 시대에듀